国家留学基金资助（202108210172）

辽宁省社会科学规划基金教育学项目（L20BED011）"育人方式变革背景下辽宁中小学教师的学生发展指导能力现状调查及提升对策研究"

辽宁省普通高等教育本科教学改革研究项目"卓越教师职业能力提升背景下中学教育专业师范生生涯规划指导能力培养的研究与实践"

辽宁省兴辽英才计划项目（XLYC1807267）"辽宁高等学校学科专业调整与新高考实施下中学生生涯规划整合"

辽宁省高等学校一流学科建设项目（教育学）资助

中学生涯教育的
国际比较研究

International Comparative Study of
Secondary School Career Education

潘黎◎著

ZHEJIANG UNIVERSITY PRESS
浙江大学出版社
·杭州·

图书在版编目(CIP)数据

中学生涯教育的国际比较研究 / 潘黎著. —杭州：
浙江大学出版社，2023.9
ISBN 978-7-308-23796-3

Ⅰ.①中… Ⅱ.①潘… Ⅲ.①中学生－职业选择
Ⅳ.①G635.5

中国国家版本馆 CIP 数据核字(2023)第 086655 号

中学生涯教育的国际比较研究

ZHONGXUE SHENGYA JIAOYU DE GUOJI BIJIAO YANJIU

潘　黎　著

策划编辑	吴伟伟
责任编辑	陈逸行
文字编辑	梅　雪
责任校对	马一萍
封面设计	雷建军
出版发行	浙江大学出版社
	（杭州市天目山路 148 号　邮政编码 310007）
	（网址:http://www.zjupress.com）
排　　版	浙江时代出版服务有限公司
印　　刷	杭州宏雅印刷有限公司
开　　本	710mm×1000mm　1/16
印　　张	12.75
字　　数	209 千
版 印 次	2023 年 9 月第 1 版　2023 年 9 月第 1 次印刷
书　　号	ISBN 978-7-308-23796-3
定　　价	68.00 元

目　录

第一章 绪 论

一、研究背景及意义

(一)研究背景

2019 年 6 月出台的《国务院办公厅关于新时代推进普通高中育人方式改革的指导意见》指出,当前我国普通高中应加强学生发展指导,注重指导实效和健全指导机制。[①] 该意见旨在通过对学生理想、心理、学习、生活、生涯规划等方面的指导,使学生更好适应高中学习生活,处理好个人兴趣与国家和社会需要的关系,进而促进学生全面发展。在新高考背景下,"高校择科而考,高中选科而备"的制度设计倒逼中学大力开展生涯教育,帮助学生有效认识自我,初步确定职业方向,明确学生自身的未来发展方向,强化其自主规划、自主选择和自主发展的能力。以新高考为契机,进一步提高对中学生涯教育的重视程度,逐步构建并健全适合我国国情的本土化中学生涯教育体系迫在眉睫。

舒伯的生涯发展观认为,个体对自我的了解在青春期之前就已萌芽,发展到青春期就较为明晰,而成人期后逐渐由自我概念转化成职业生涯概念。因此,中学阶段属于学生生涯发展的寻觅阶段。在此期间,学生的生理和心理获得一定程度的发展,为学生生涯意识的形成和生涯技能的提高打下了坚实的基础。同时,中学属于学生的第一个人生选择阶段,学生面临着升学和就业的双重选择,对于如何做出正确的、适合的选择,生涯教育在此时将发挥重要作用。

据不完全调查,我国生涯教育在高等教育阶段广泛开展,但中学生涯教

[①] 国务院办公厅.国务院办公厅关于新时代推进普通高中育人方式改革的指导意见[EB/OL].[2022-03-06]. http://www.gov.cn/zhengce/content/2019-06/19/content_5401568.htm.

育还不够充分。事实上,我国很多中学生在自我认知以及升学、就业和职业生涯发展等方面缺乏明确的认识和规划。面对升学的压力,大部分中学生将学习文化课、提升分数作为自己的主要目标,而对自己的兴趣、爱好、能力、性格等方面还不十分了解,对自己未来的发展没有比较明确的规划,对当前的就业形势、劳动力市场以及各种职业的性质也都不太了解。因此,在这种情况之下,我们应充分重视并完善中等教育阶段的生涯教育体系,使中学生获得更好的生涯教育指导并得到有效发展。

近年来,推行素质教育一直是我国基础教育的发展方向,但由于各种原因,在现实中应试教育仍处于强势主导地位。因此,目前我国学校的课程内容仍然集中在传递知识经验、规范社会行为以及继承传统文化上,很少涉及学生个人的生涯规划和未来职业工作方面。此外,多数学校将提高升学率作为学校工作的重中之重,教师和家长都会要求学生将所有精力放在提高成绩之上。这种情况使学校教育与学生的日常生活、未来工作和就业分离,同时也使各级教育之间难以有效衔接。素质教育的目的是使学生在德、智、体、美、劳等方面获得全面发展,而生涯教育的目的是使学生更加了解自己,具有自我生涯规划意识,帮助学生掌握从事某项职业所必备的基础知识和专业技能,从而形成基础性、阶段性和全局性的职业生涯观念,做出正确的职业决策。因此,对中学生实施生涯教育不仅是素质教育的重要组成部分,也是青少年茁壮成长的必然需要。

从国际视野来看,英国、德国、日本、加拿大、澳大利亚五国生涯教育体系较为完备,生涯教育在中学得以广泛开展,在帮助学生形成正确自我认识,培养学生生涯规划和决策能力以及适应社会发展和未来职场能力等方面取得了显著成效。因此,本书拟对英、德、日、加、澳五国的中学生涯教育进行国别研究,借鉴其相对成熟的经验,并在此基础上结合我国实际,以期改进和完善我国中学生涯教育体系。

（二）研究意义

1.理论意义

西方职业教育思想起源于 20 世纪初,经历了从职业指导到职业教育再到生涯教育的转变,产生了一系列的生涯教育理论。我国学者对国际生涯教育理论的研究主要集中于介评性和阐释性研究。因此,我国的生涯教育理论尚停留在相对薄弱的阶段,理论指导实践水平尚不足。本书的研究有利于加深对生涯教育的了解,同时也有助于促进形成适合我国本土化的生涯教育理念和相关理论体系。

2.实践意义

其一,有利于完善我国中学生涯教育体系。据不完全调查分析,我国中学生涯教育领域尚缺乏系统性、综合性的研究。通过深入分析生涯教育在西方发达国家的发展和应用,以及英、德、日、加、澳等国生涯教育在中学教育阶段的具体情况,总结其特点,再结合对我国中学生涯教育发展完善的必要性及其现状的分析,为我国中学生涯教育的改进和完善提供有价值的参考和建议。

其二,有利于实现素质教育目标。生涯教育的目标是使每一个学生都能对自己的兴趣、爱好、能力和性格进行深入了解,在此基础上做出明确的生涯选择,从而使自己的未来发展更加理性化和个性化。对英、德、日、加、澳等国中学生涯教育体系进行剖析,在立足于我国国情的基础上借鉴相关经验,探索适合我国中学生涯教育的新体系、新模式,使生涯教育成为实现素质教育目标的有效推手。

二、研究回顾及文献综述

(一)2010 年以前:我国中学生涯教育研究之发轫与兴起

自 1971 年美国教育总署署长马兰博士正式提出生涯教育(Career Education)的概念起,生涯教育作为一种贯穿个体整个职业生涯的指导性教育受到了世界各国的广泛关注。与此同时,在经济全球化飞速推进,社会环境和就业环境日新月异的背景下,世界各国受青年就业形势严峻和高质量人才市场供应不足的影响,都开始不遗余力地深入研究生涯教育。出于社会历史原因,我国针对生涯教育的研究起步较晚,开展的时间还比较短。

1.2010 年以前我国中学生涯教育研究之纵向梳理

我国的生涯教育思想起源于 20 世纪二三十年代的职业教育研究。黄炎培在其"大职业教育主义"理论中认为,职业教育应在学校教育中占有一席之地,且其应是连贯一致的、整体的和正统的。① 这一观点将职业教育与学校教育联系起来,使两者相互补充,打破职业教育与普通教育之间的壁垒。这与生涯教育为普通中学学生提供职业指导、解决职业教育与普通教育脱节问题的思想有着相似之处。1934 年,喻鉴清和陈重寅在其《中小学升学及就业指导》中探讨了职业指导与小学教育、中学教育以及升学之间的关系,并提出中学阶段是实施职业指导的最佳时期,同时提出了职业指导的实施方案——职业指导运动周。20 世纪二三十年代的乡村教育、平民教育以及职业教育课程改革思想对当今我国中学开展生涯教育的方式方法产生了一定的影响。

中华人民共和国成立之后,受经济体制等因素所限,之后的几十年我国职业指导工作处于比较沉寂的状态,直到改革开放后,职业指导才又引起了研究者的关注。1987 年,"职业指导的理论研究与实验"被列入国家教育委员会重点课题,课题组在当时的上海卢湾区、北京东城区和广东深圳市一些学校进行实验,进一步促进了中学职业指导的发展并取得了相应成效。② 《教育与职业》杂志上刊发了《积极开展职业指导工作 主动为社会主义经济服务》一文,文中就开展职业指导工作的重要性、必要性、开展措施和初步成效等进行了论述。③ 刘泽民提出学校实施职业指导的五个方面,即普通教育学科教学、劳动技术课和选修课、专门职业定向教育活动与课程、课外活动以及公益和生产劳动。④ 李佩城创造了"讲、介、看"三位一体的教育方法,即老师讲到哪个专业内容,就请从事这个专业的家长介绍这个专业的情况,再带学生到相关单位参观,收到了较好效果。⑤ 金一鸣认为职业指导课的重点是帮助学生认识社会、了解职业,激发学生从事某一方面工作的决心和信心。⑥ 欧阳文珍、伍德勤认为初中职业指导的任务是进行人生观和择业观教育,了解各种职业对人才素质的要求,帮助学生发现他们对某种职业

① 田正平,李笑贤.黄炎培教育论著选[M].北京:人民教育出版社,2018.

② 李卫华.美国犹他州 7 年级生涯教育研究[D].重庆:西南大学,2009.

③ 上海市卢湾区教育局.积极开展职业指导工作 主动为社会主义经济服务[J].教育与职业,1989(6):17-20.

④ 刘泽民.教育科学原理与应用[M].天津:南开大学出版社,1991.

⑤ 李佩城.开展中学职业指导实验的探索与成效[J].现代技能开发,1994(7):8-9.

⑥ 金一鸣.教育原理[M].2 版.北京:高等教育出版社,2006.

的才能和爱好。①

20 世纪 90 年代,我国学者对中学职业指导研究十分热衷且重视,然而进入 21 世纪后,对于中学职业指导的研究却相对冷了下来。这一时期研究的热点从中学转向中职和大学,特别是针对大学生的职业指导、生涯辅导、生涯教育的文章、著作明显增多,而对于中学阶段的研究相对较少。② 武淑清强调了兴趣对于学生生涯指导的重要性,提出以学生的兴趣和优势作基础,为学生制定合乎个人的生涯规划③;熊贤君则在实施生计教育的现状与意义、普通中学生计教育的内容与课程、生计课程的教学和学生出路三方面详细论述了我国当前的生计教育现状④;尤敬党、吴大同主张把生涯教育引入我国基础教育,论述了生涯及生涯教育的概念、内容方法和途径⑤;李亦桃认为中学阶段的生计教育十分重要,一个全面的生计规划方案应包括预测、保障、对象、合作、管理以及评估等六个步骤,并以美国佐治亚州的贝尔·格里克中学为例,详细介绍了其成功实施的中学生涯规划方案⑥;杨迎春则在预防青少年犯罪的综合治理措施中引入生涯教育的概念,为从根本上遏止年轻人犯罪提出建议⑦;李金碧则将学生的人格品质和经济社会发展联系在一起,为学生提供生涯发展辅导,并对中小学生生涯发展辅导的课程、目标、内容与途径提出基础构想⑧;刘辉提出中学生涯教育研究内容主要包括两个,一是生涯教育的概念辨析,二是生涯教育的实施途径⑨;教育部教育发展研究中心基础教育研究室"农村中学实施职业生涯教育"项目组全面分析了我国中小学现有教科书中职业生涯教育的渗透情况,同时,将国外职业生涯教育教材的内容体系、实施模式引入国内⑩;廖利华对自编教材《生涯发展与职业生涯规划》和国家规划教材《职业道德与就业指导》进行了

---

① 欧阳文珍,伍德勤.初中班级管理[M].合肥:安徽大学出版社,1998.
② 李卫华.美国犹他州 7 年级生涯教育研究[D].重庆:西南大学,2009.
③ 武淑清.学生个人生涯设计应以其兴趣和优势为基础[J].教育实践与研究,2001(12):13-14.
④ 熊贤君.普通中学实施生计教育的思考[J].教育评论,2002(3):39-41.
⑤ 尤敬党,吴大同.生涯教育论[J].江苏教育学院学报(社会科学版),2003(1):12-16.
⑥ 李亦桃.生涯规划:美国初中教育一例[J].上海教育科研,2004(5):72-73.
⑦ 杨迎春.生涯辅导——青少年犯罪预防的对策之一[J].中国职业技术教育,2005(29):28-32.
⑧ 李金碧.中小学生生涯发展辅导构想[J].教育理论与实践,2005(15):13-16.
⑨ 刘辉.中学生涯教育研究[J].现代中小学教育,2006(3):7-9.
⑩ 教育部教育发展研究中心基础教育研究室"农村中学实施职业生涯教育"项目组.职业生涯教育实验中期调研报告[J].国家教育行政学院学报,2006(1):79-85.

对比试验,结果表明其自编教材更有助于学生明晰自我概念、明确生活目标以及提升自主进行职业生涯规划的能力,并证明《生涯发展与职业生涯规划》课程更为适合我国中学生[①];申仁洪则认为基础教育课程不仅具有学术和发展学生智力的价值,还应关注学生的未来发展,基础教育与生涯教育的相互融合对学生的可持续发展、终身幸福与完满生活来说是十分重要的[②];夏惠贤将上海市天山中学生涯教育成功的关键总结为:以学生发展为本、结合社会发展需求以及重视德育课程的内容和实施[③]。

2.2010 年以前我国中学生涯教育研究之横向内容

从横向来看,2010 年以前的中国生涯教育研究总体可以分为三个方面,首先是借鉴世界生涯教育领先国家的优秀经验,取其精华、去其糟粕,结合现实为我国生涯教育提出可供参考的建议。例如,司荫贞详细介绍了日本高中通过培养职业意识、提供职业信息、组织职业实践等途径对学生进行职业指导[④];张伟远介绍了加拿大具有本国特色的职业指导体系和模式,为我国发展具有中国特色的中学生涯教育提供了借鉴[⑤];王黎明详细介绍了美国中学职业生涯教育发展目标和标准,以及性向测试与职业生涯规划的关系[⑥];杨燕燕详细介绍了加拿大安大略省中学"职业生涯教育与指导"课程,具体包括"学习策略:在中学获得成功的技能""职业生涯研究""发现职场""设计你的未来""领导与同伴支持""高级学习策略:在中学后获得成功的技能"和"驾驭职场"等不同的生涯教育内容[⑦];谷峪对日本小学、初中、高中以及大学各阶段进行的职业生涯教育活动进行了详细介绍,表明生涯教育并不是某一阶段的教育,强调了生涯教育的连贯性,并对我国中小学生涯教育发展提出建议[⑧];陈娜介绍了英国生涯教育的目标、内容、途径、特点和

①　廖利华.《生涯发展与职业生涯规划》课程实验研究[J].韶关学院学报(社会科学),2006(8):162-165.

②　申仁洪.论基础教育课程的生涯发展特性[J].教育理论与实践,2007(7):49-52.

③　夏惠贤.统筹规划引领生涯发展——上海市天山中学"高中生涯发展指导的实践研究"述评[J].思想理论教育,2009(2):31-33.

④　司荫贞.日本高中的职业指导[J].外国教育动态,1985(1):41-43,40.

⑤　张伟远.加拿大普通中学职业指导见闻[J].教育与职业,1987(3):10-12.

⑥　王黎明.美国中学的生涯规划[J].教学与管理,2004(4):78-80.

⑦　杨燕燕.加拿大安大略省中学《职业生涯教育与指导》课程述评[J].比较教育研究,2005(12):73-77.

⑧　谷峪.日本的职业生涯教育及其启示[J].职业技术教育,2006(10):81-84.

启示①;陆素菊通过对日本战后在初高中教育阶段实施职业预备教育实践探索过程的梳理和分析,探讨日本在普通初、高中教育阶段实施职业预备教育和职业指导的内在规律②。薛弥通过深入研究与分析,对美国生涯教育模式、实施内容与过程和英国生涯教育的课程设置、组织实践以及生涯教育服务机构进行对比研究,并结合两国生涯教育优势为我国生涯教育发展提供借鉴③;丁杰总结各国生涯教育优势经验,提出应立法保障职业生涯教育的实施,学校内部也应进行积极主动改革④;葛鑫和李森总结国外生涯教育先进经验,提出我国生涯教育当前的任务是要形成理性的职业生涯意识、提升教师职业生涯教育意识和能力以及完善职业生涯教育组织和制度保障⑤。

其次是强调生涯教育的重要性,呼吁社会、政府和学校重视中学生涯教育实施。例如,吴昌顺论述了在中学阶段进行职业指导的重要性,中学生应树立正确的职业理想⑥;刘军指出帮助学生进行职业生涯的自我设计应包含五个步骤,即帮助学生确定志向、帮助学生进行 SWOT 分析、职业选择、制订行动计划与措施以及评估与回馈⑦;李金碧详细分析了"生涯发展"与"生涯教育","生涯教育"与"基础教育"的内在关联,为进一步明晰生涯教育概念作出了贡献⑧;陈华安提出实施职业生涯规划教育的途径和方法主要为:让学生形成正确的心理认知、学会剖判现状、学会适应人生发展的环境、学会了解自我职业兴趣、编制职业生涯规划方案以及学会选择适合的工作,规划自己的职业生涯⑨;杨曦在深入分析生涯教育概念以及我国生涯教育缺失的基础上提出了确立生涯教育目标体系和基本内容,构建生涯教育体系的基本设想⑩。

最后是有关中学生涯教育的实施内容与途径研究。例如,殷雷对职业

① 陈娜.英国中学生涯教育及其启示[J].教学研究,2007(5):456-459.
② 陆素菊.战后日本普通中等教育阶段职业预备教育的发展历程[J].比较教育研究,2007(3):78-81.
③ 薛弥.美、英两国生涯教育模式特点及其启示[J].职业技术教育,2007,28(20):81-82,95.
④ 丁杰.国际职业生涯教育的经验[J].职业技术,2007(7):54-55.
⑤ 葛鑫,李森.国外中学职业生涯教育对我国的启示[J].教育探索,2008(9):140-141.
⑥ 吴昌顺.职业指导是中学理想教育的有效途径[J].天津职业技术师范学院学报,1999(4):27-28.
⑦ 刘军.中学生亟需职业生涯设计指导[J].中小学管理,2004(8):32-33.
⑧ 李金碧.生涯教育:基础教育不可或缺的领域[J].教育理论与实践,2005(7):15-18.
⑨ 陈华安.中学毕业生不可或缺的补课:职业生涯规划教育[J].广东教育,2006(17):25-26.
⑩ 杨曦.对中学生涯教育的再认识[J].中国教育学刊,2007(9):26-29.

指导的作用、组织形式、内容、方法、原则等进行了详细的论述,认为职业指导的内容应该包括了解学生情况、职业信息流通和提供职业咨询等。[①] 叶大元对世界职业指导课程化的进展,特别是对开发职业指导课程的两条主要途径做了深入比较研究,并在此基础上,结合我国现阶段国情,提出了基础教育阶段职业指导课程(学科领域)的框架图[②];葛少宪和金建陵分析了国内外生涯教育的研究现状,提出"规则修炼"是人的生涯发展的基石,也是生涯教育的一项重要内容,生涯教育的实施途径应以"规则体验"为主[③];尤敬党在分析我国中学生课外阅读现状的基础上,以"生涯阅读"为目标,进行了实验整体假设,并对实验效果做出了定性分析与评价[④];董珉、向丽和祝文慧以武汉市为个例调查分析目前我国基础教育阶段实施职业生涯教育的状况[⑤];刘海娟以一名高校心理健康教育工作者的视角,从大学生面临的专业困扰入手,提出了中学开展职业生涯规划教育的五条途径[⑥]。

(二)2010—2014 年:我国中学生涯教育研究之蓬勃发展

2010 年出台的《国家中长期教育改革和发展规划纲要(2010—2020年)》(以下简称《纲要》)提出,高中阶段教育是学生个性形成、自主发展的关键时期,对提高国民素质和培养创新人才具有特殊意义。应注重培养学生自主学习、自立自强和适应社会的能力,克服应试教育倾向。在此基础上,推动普通高中多样化发展;推进培养模式多样化,满足不同潜质学生的发展需要;探索发现和培养创新人才的途径;鼓励有条件的普通高中根据需要适当增加职业教育的教学内容;探索采取多种方式,为在校生和未升学毕业生提供职业教育。[⑦]《纲要》旨在将职业教育与普通教育有机结合,对高中生实施生涯教育。从这一阶段开始,我国生涯教育相关研究开始逐渐增多。

① 殷雷.中学生怎样适应未来的竞争[M].北京:科学技术文献出版社,1989.

② 叶大元.中学职业指导课程在学科领域的开发[J].天津职业技术师范学院学报,1999(4):94-97.

③ 葛少宪,金建陵.规则——当代青少年生涯规划和发展指导的一门必修课[J].四川教育学院学报,2004(4):64-65.

④ 尤敬党.中学生生涯阅读指导实验的设计与操作评价[J].新世纪图书馆,2004(2):15-18.

⑤ 董珉,向丽,祝文慧.基础教育阶段推行职业生涯教育的问题与对策——以武汉市为个案的调查与分析[J].教育发展研究,2007(3):52-55.

⑥ 刘海娟.中学应大力开展职业生涯规划教育[J].中国教育学刊,2010(2):87.

⑦ 新华社.国家中长期教育改革和发展规划纲要(2010—2020 年)[EB/OL].[2022-03-06].http://www.gov.cn/jrzg/2010-07/29/content_1667143.htm.

1.2010—2014 年我国中学生涯教育研究之纵向梳理

何洁和吴育飞对我国教育体系在高等教育阶段才开始实施职业生涯教育提出质疑,并认为应在中学阶段就开始实施生涯教育[①];刘德恩提出体验式生涯教学是生涯教育改革与发展的基本方向之一,这种模式的生涯教育包括终身生涯探索的理念、能力本位目标和评价标准,学生自主探索导向的多样学习方法体系,以及开放、多元的生涯学习资源系统[②];郭勤一、冯震[③]以及柳彩霞[④]都深入分析了当前我国高中阶段生涯教育状况以及存在问题并提出建议;周欣、吴文勇提出将“任务驱动”教学模式融合于高中生职业生涯教育之中,并从教学模式的设计、应用和思考三个方面详细阐释了将任务驱动教学模式引入《职业生涯规划》教学实践的主要方法[⑤];北师大实验中学十分重视生涯教育,杨文芝结合教学实践,将生涯教育融入中学教育之中,改变以往学生只在意考试分数而不关心专业选择的情况,为我国中学实施生涯教育提供了经验也提供了榜样[⑥];朱凌云则将生涯适应力这一概念引入中学生涯教育之中,为青少年生涯教育与辅导提供了新的视角[⑦]。

2.2010—2014 年我国中学生涯教育研究之横向内容归纳

通过对文献的整理与分析,发现 2010—2014 年关于生涯教育的研究内容主要集中在国外生涯教育经验介绍、生涯教育学科融合、生涯教育现状调查等几方面。

国外生涯教育经验介绍一直是国内生涯教育研究的重点之一。在生涯教育课程方面,王世伟从课程理念、课程目标、课程组织方式及课程中存在问题等对美国高中生涯课程进行了较系统的研究与介绍[⑧];鲍春雨对美国

---

① 何洁,吴育飞.职业生涯教育应从中学阶段做起[J].教育实践与研究(B),2010(8):4-6.

② 刘德恩.体验式生涯教学的初步探索[J].基础教育,2011(1):62-66.

③ 郭勤一,冯震.我国高中阶段生涯教育的现状和思考——以上海市高中为例[J].基础教育,2011(6):63-67,58.

④ 华美中加高中“国际化高中生涯教育的思考与探索”课题组,柳彩霞.高中生涯教育的思考与实践探索[J].教育导刊,2011(6):22-24.

⑤ 周欣,吴文勇.任务驱动教学模式在职业生涯规划教学中的应用[J].现代企业教育,2012(13):64-65.

⑥ 杨文芝.中学生要放眼未来,更要活在当下——记北京师范大学附属实验中学的生涯教育[J].中小学心理健康教育,2014(19):39-41.

⑦ 朱凌云.生涯适应力:青少年生涯教育与辅导的新视角[J].全球教育展望,2014(9):92-100.

⑧ 王世伟.美国高中阶段生涯教育课程评析[J].比较教育研究,2013(9):40-44.

生涯集群课程的发展历程和基本理念、课程开发的过程和特点展开研究①；刘晓玲认为，美国生涯技术教育很重要的一个特征是在职业技术课程当中强化学科教育，具有情境课程、融合课程和人本课程的特征②。也有学者从总体概况视角系统介绍美国高中生涯教育的组织建设和主要职能。③ 除美国外，我国学者也对其他生涯教育先进国家进行了研究，例如景宏华④、朱凌云⑤、孙宏艳⑥和邓宏宝⑦等。

　　中学生涯教育学科融合在此阶段成为国内研究者聚焦的主要方向。例如，张熙认为各个学科教学的渗透是开展职业生涯教育的重要途径之一，也是培养学生良好的职业观念、职业理想、职业生涯规划意识与思维的有效手段，可以在语文教材之中添加关于生涯教育内容，充分挖掘语文教材中蕴含的生涯教育素材并在日常教育教学中加以运用，创设职业生涯教育情境，并进行合适有效灵活的渗透⑧。秦琴提出在高中思想政治课渗透生涯教育的内容，并进行了实践探索⑨；包春莹提出在中学生物学教科书中渗透生涯教育，向学生较全面地介绍与生物学有关的职业，同时向学生渗透正确的职业观⑩；刘芳⑪和刘金财⑫提出将生涯教育与高中英语教学整合起来。

　　生涯教育的现状是研究者关注的又一焦点。肖夏⑬、郭勤一⑭等对普通

①　鲍春雨.美国生涯集群课程开发研究[D].长春：东北师范大学，2013.

②　刘晓玲.职业技术课程与学科课程融合——美国高中生涯技术教育探析[J].比较教育研究，2013(2)：97-101.

③　陆国民、陈继理.生涯发展教育：美国高中的学生指导[J].浙江教学研究，2012(5)：12-14.

④　景宏华，魏江南，魏凌云.澳大利亚职业生涯教育的蝴蝶模型及启示[J].外国教育研究，2013(3)：11-18.

⑤　朱凌云.新西兰中小学生涯教育的特点与启示[J].外国教育研究，2013(8)：20-26.

⑥　孙宏艳.国外中小学职业生涯规划教育：经验与启示[J].中小学管理，2013(8)：43-46.

⑦　邓宏宝.国外中学生涯教育课程实施：经验与启示[J].外国中小学教育，2013(10)：24-31.

⑧　张熙.在语文等主要学科中渗透普通中学生职业生涯教育[J].出国与就业(就业版)，2010(24)：47-48.

⑨　秦琴.高中思想政治课渗透生涯教育的实践[J].教学与管理，2012(4)：64-66.

⑩　包春莹.中学生物学教科书中加强渗透生涯教育的思考[J].课程·教材·教法，2013(7)：63-68.

⑪　刘芳.生涯教育与高中英语教学的整合研究[D].苏州：苏州大学，2011.

⑫　刘金财.生涯教育与高中英语教学的结合策略探讨[J].语数外学习(英语教育)，2012(9)：8.

⑬　肖夏.高中生生涯发展现状及生涯教育对策的研究[D].长春：东北师范大学，2012.

⑭　郭勤一，冯震.我国高中阶段生涯教育的现状和思考——以上海市高中为例[J].基础教育，2011(6)：63-67,58.

高中的生涯教育情况展开调查,结果显示,目前我国普通高中在开展生涯教育时存在"学生的生涯认知与规划能力不足、教师对生涯教育的作用认识不到位、学校忽视生涯教育的开展、缺乏生涯教育行政指导与经费"等问题。研究者一致认为应提高教育行政管理者对生涯教育问题的认识,建立高中生涯教育校本课程体系,确定生涯教育主要内容,拓宽生涯教育的形式,健全生涯教育机构或平台,加强生涯教育师资队伍建设,确保必要的经费保障。①

(三)2014 年至今:我国中学生涯教育研究之井喷式增长

2014 年 9 月,国务院印发《关于深化考试招生制度改革的实施意见》(以下简称《意见》),标志着我国新一轮高校考试招生制度改革正式启动。《意见》提出启动高考综合改革试点,试行"3+3"选科制度,增加高校和学生的双向选择机会。② 通过改革高等院校招生录取机制,进而改变传统招生机制,推进综合评价选拔制度。上海、浙江两地率先成为试点省市,通过一系列实验,2017 年 8 月,首次新高考录取工作顺利结束,全国高校迎来了两地新高考改革政策实施后的首批学生。③ 新高考改革前,学生不需要了解大学相关专业,只是一味追求成绩分数,学校、家长和学生都没有意识到生涯教育的重要性,这十分不利于学生的未来发展,大多数学生的大学专业都是父母决定或者仅在高考后的十余天内匆匆选择,这导致很多学生进入大学后专业认同度不高。新高考试行后我国学者更加关注中学生涯教育,致力于发展中学生涯教育和构建适合我国国情的生涯教育体系的论文如雨后春笋,呈井喷式增长。以"中学生涯教育"为关键词在中国知网进行搜索,经筛选后得到文献 358 篇(截至 2022 年 9 月)。值得注意的是,2014 年以来发表的中学生涯教育研究文章多达 291 篇,占比达80%以上。

———————

①　史静.普通高中生涯教育现状调查报告——以四川省新津县为例[J].教育科学论坛,2016(21):77-80.

②　国务院.关于深化考试招生制度改革的实施意见[EB/OL].[2022-03-06].http://www.gov.cn/zhengce/content/2014-09/04/content_9065.htm.

③　袁旦,孔辰辰,陈菲.新高考改革政策对大学生专业承诺的影响研究——基于浙江省生源本科新生的调查分析[J].中国高教研究,2018(10):31-35.

1. 2014 年至今我国中学生涯教育研究之纵向文献梳理

崔玉婷从认知、能力和态度三个维度,借鉴《新西兰学校生涯教育与指导》的生涯管理能力分类,制定了学生生涯规划素养三级内涵指标,同时对《新西兰学校生涯教育与指导》中提出的五个生涯规划素养关键能力进行了介绍。① 黄向阳和王保星在深入论述生涯发展指导对学生人生旅程重要性的基础上尝试建构学生生涯发展制度的组织架构、指导内容、资源整合与指导模式。② 贺丽和蔡敏以美国得克萨斯州为例,考察其初中和高中的生涯教育课程设置,其初中阶段 7—8 年级开设了"探索职业"和"职业入口"两门课程,高中阶段 11—12 年级设有"职业准备 1""职业准备 2""问题和解决"三门课程③;熊丙奇认为新高考带来了新转变,扩大了学生的选择权,因此中学阶段的生涯规划教育尤为重要,并提出高中阶段的职业生涯规划应该与学业生涯规划相统一,更应制定明确的职业生涯发展目标④;王一敏站在人一生发展的整体视角,系统而深入地阐述了学校职业规划与生涯教育的本质、基础理论、组织和实施、方法和技术及评价等⑤;何一萍认为语文课程有利于促进人的全面发展,因此提出在高中语文学科中渗透生涯教育,在教与学中帮助学生树立生涯规划意识⑥;李诗滢基于中学职业生涯规划教育的内涵和意义提出我国当前中学生涯教育的策略:帮助学生自我评估、将生涯发展的概念渗透到学科教学中、建立有效的职业生涯教育机制以及引导学生进行职业环境探索⑦;索桂芳以核心素养为基础提出普通中学生涯教育的最终目标是培育学生自主发展能力,着力于课程与教学创新,注重课程开发的针对性、教学方式的灵活性,学校生涯教育应由政府、学校与社会合力共为、协同合作⑧;曹钧和栾永祖结合高中学生生涯规划的教育实践和教

① 崔玉婷.学生生涯规划素养的内涵探析——以《新西兰学校生涯教育与指导》为例[J].教学与管理,2014(12):93-95.

② 黄向阳,王保星.普通高中学生发展指导实践案例集[M].上海:华东师范大学出版社,2014.

③ 贺丽,蔡敏.美国中学职业生涯教育课程设置——以得克萨斯州为例[J].世界教育信息,2014(4):29-34.

④ 熊丙奇.新高考改革要求中学重视生涯规划教育[J].生活教育,2015(9):5-8.

⑤ 王一敏.中学生生涯教育理论与实务[M].广州:广东教育出版社,2016.

⑥ 何一萍.苏州中学:生涯教育语文学科渗透初探[J].中小学德育,2017(11):11-13.

⑦ 李诗滢.新高考背景下中学职业生涯规划教育的策略[J].教育科学论坛,2018(2):16-18.

⑧ 索桂芳.核心素养背景下普通中学生涯教育的几点思考[J].课程·教材·教法,2018(5):122-127.

育教学实际,根据学生特点以及导师的业务能力和综合素质,对已有的生涯
教育理论进行重组、整合,进而拓展[①];潘蓓蕾记录了上海市闵行区第二、三
届中小学德育实践基地主持人带领基地学员们五年来努力研究和实践的足
迹和成果,汇集了多所学校的生涯发展教育实践案例[②];林莉婧、邓璐、吴俊
衡面对高中生需要专业生涯指导的现状,提出学校应从心理健康教育角度
出发,将两者融合发展,这样既能培养学生的健康心理,又能增强学生的生
涯意识[③]。

2.2014 年至今我国中学生涯教育研究之横向内容归纳

2014 年国务院印发《关于深化考试招生制度改革的实施意见》后,我
国研究中学生涯教育的学者快速增多,研究方法、形式、内容也日益丰富。
在此之前,我国关于生涯教育的研究主要是对国外先进生涯教育经验的
介绍,自此开始转向对国外发达国家生涯教育新变革、新动向、新影响方
面的研究。如潘黎以英国中学生涯教育新变革为切入点,论述分析了具
体变革措施中展现出的英国中学生涯教育的质量标准化、主体多元化、渠
道广泛化和教师队伍专业化的特征,产生了教育规范性、机会均等性、信息
丰富性和队伍专业性等效应。[④] 庞春敏发现在"盖茨比标准"的影响下,英
国政府开启了新一轮生涯教育改革,从战略制定到学习体系建设,从培养教
师专业性到汇聚专业机构力量,多角度分析了英国新一轮生涯教育变革的
演进。[⑤] 任平剖析了日本中小学生涯教育在《新学习指导要领》的推行下,
实施了新一轮课程改革,梳理出改革过程中日本生涯教育课程目标、课程内
容、学习策略、课程评价和课程保障机制等方面的变化。[⑥] 潘黎从澳大利亚
生涯教育新动态中,总结出澳大利亚生涯教育组织机构系统化、政策制定导

① 曹钧,栾永祖.高中学生生涯规划教育实践与探索[M].长春:吉林大学出版社,2019.
② 潘蓓蕾.为了一生的美好——中学生生涯发展教育研究与实践[M].上海:上海教育出版社,2019.
③ 林莉婧,邓璐,吴俊衡.高中生涯教育和心理健康教育融合发展的路径探索[J].江苏教育,2022(56):14-16.
④ 潘黎,段琼.英国中学生涯教育新变革特征、效应及启示[J].比较教育研究,2020(3):83-88.
⑤ 庞春敏,张伟民,劳汉生.基于"盖茨比标准"的生涯教育改革——英国新一轮生涯教育改革与启示[J].外国中小学教育,2018(10):35-44.
⑥ 任平,欧丽贤.日本中小学生涯教育的课程改革[J].湖南师范大学教育科学学报,2022(2):103-110.

向化、责任主体多元化、信息服务网络化等特征。① 屠莉娅以芬兰的职业生涯教育体系以及罗素中学的职业生涯课程为例探究实践路径,总结出关于生涯师资队伍建设、建立校企合作关系以及培育终身学习理念等方面的经验。②

2014 年之后我国生涯教育实践研究呈井喷式增长,学者开始在实践中探求我国中学生涯教育之路。史静以四川省新津县为例,通过对调查结果的分析发现,学生对自己的兴趣与能力、高校与专业、未来职业了解甚少,提出应尽快建立县域高中生涯教育校本课程体系、确定县域高中生涯教育主要内容、拓宽生涯教育的形式、完善生涯教育机构或平台、加强生涯教育师资队伍建设、切实提高生涯教师的生涯辅导能力以及确保必要的经费保障③;陈玲以海南中学为例,将学科融合作为高中生涯教育的主要方式,探究将生涯教育融入学校课程体系的实践,以心理课、主题班会、研究性学习、学科课程为载体,整合学校社团、家长、社会资源构成教育合力,为学生幸福人生助力④;吴来辉以姜山中学为例探讨当前我国普通高中学生生涯发展指导制度的构建⑤;刘骁以上海交通大学附属中学嘉定分校为例提出当前我国高中可以通过课程育人,实施多元生涯课程,包括生涯必修课程、学科渗透课程、生涯活动课程、生涯研学课程、生涯共育课程等⑥;王菁以福州高级中学为例,通过开发具有"校本化""思政味""指导性"的多元生涯教育课程、开展"导师带教""学长(家长)论坛""大学探校"等多彩生涯教育活动,初步构建高中生涯教育体系⑦;孟晓玮以上海大学市北附属中学为

① 潘黎,曹鑫.澳大利亚生涯教育新动态——"为学生未来而准备"国家生涯教育战略实施[J].比较教育研究,2021(6):58-64.

② 屠莉娅,吕梦园.芬兰普通高中职业生涯教育的经验及其启示[J].教学与管理,2021(4):81-84.

③ 史静.普通高中生涯教育现状调查报告——以四川省新津县为例[J].教育科学论坛,2016(21):77-80.

④ 陈玲.高中生涯教育融入学校课程体系的实践与思考——以海南中学为例[J].中小学心理健康教育,2017(35):37-40,44.

⑤ 吴来辉.基于普通高中学生发展指导制度的生涯规划教育——姜山中学生涯规划教育的构建与实践[J].基础教育课程,2017(1):15-18.

⑥ 刘骁.高中学校生涯教育的多元化探索——以上海交通大学附属中学嘉定分校为例[J].教育科学论坛,2018(2):3-7.

⑦ 王菁.新时代普通高中生涯教育的价值定位与现实作为——以福建省福州高级中学为例[J].教师,2022(19):15-17.

例,依据校情开发与实施"浸润式"生涯教育课程①;孙龙飞以无锡市江南中学为例,通过融入学科课程、开展实践活动、开设选修课程等路径,对初中生开展生涯教育②;傅桂花以上海大同中学为例,聚焦高中生综合素质评价创新实践研究,统筹学校生涯教育资源,尝试将生涯教育融入综合素质评价工作③。

除了对中学生涯教育实践案例的分析与研究,我国学者也在不断探寻适合我国中学生的生涯教育方法,运用不同的教育方式方法来不断增强我国中学生的生涯意识与能力。马炳航将"愉快教育"理念融入生涯课程教学,认为该理念不仅能全面提高学生的综合素质、推进学生的全面健康发展,还有利于充分调动学生的积极性,同时,在"愉快教育"理念的指引下不断创新教学方法、手段和形式④;李晓玲将参与性教学法作为中学职业生涯规划的重要教学方法⑤;田静认为职业生涯指向的是未来,而学生立足于现在,如何消除学生意识中的现在与未来的时间壁垒是当前高中职业生涯教育面临的首要问题,其通过大量的课堂实践,发现创设符合学生心理且贴近学生生活的问题情境可以有效地解决时间壁垒这一问题⑥。马俊华提出将优秀传统文化融入中学生涯教育的可行路径,构建具有中国特色的生涯教育理论及实践体系,助力学生终身发展。⑦

对我国中学生涯教育的困境及对策研究也是我国生涯教育研究一个主要方面。针对不同问题提出可行的解决办法,这对我国中学生涯教育的发展是十分必要的。王红丽基于当前我国生涯教育课程实施中存在的应试思想、教材至上以及脱离学生等问题,提出我国中学应在深化教育改革的背景

---

① 孟晓玮."浸润式"生涯教育课程开发与实施——以上海大学市北附属中学为例[J].现代教学,2022(6):60-62.

② 孙龙飞.以课程为抓手开展生涯教育——以江苏省无锡市江南中学为例[J].江苏教育,2020(79):18-20.

③ 傅桂花.综合素质评价视野下高中生涯教育的实践探索——以上海市大同中学为例[J].现代教学,2021(6):50-53.

④ 马炳航."愉快教育"理念在《职业生涯规划》课教学中的运用[J].黑龙江教育(理论与实践),2017(9):52-53.

⑤ 李晓玲.职业生涯规划参与式教学初探[J].现代职业教育,2016(32):128.

⑥ 田静.巧设问题情境 打破现实与未来的壁垒——高一职业生涯教育课的情境创设[J].新课程教学(电子版),2015(10):33-37.

⑦ 马俊华.中华优秀传统文化融入中学生涯教育探析[J].基础教育参考,2021(8):50-53.

下,重新审视生涯课程的价值定位,以学生的需求作为学校生涯课程设计的基础,将生涯主题视为生涯课程的内在结构,以多元化作为生涯课程的最终目标,实施非线性生涯课程内容组织方式,并将叙事与对话作为生涯教育的主要学习方式[①];田丽以中国学生发展核心素养为引领,提出构建"一主三辅二维"的立体式生涯规划教育实践体系[②];黄蓓蓓通过分析教育的本质与当今时代特征,提出职业生涯规划教育要以人文教育为基础进行学科融合,引进职业生涯规划课程群,提高学生的主动学习与合作学习能力,以及要组织丰富的社会实践活动等[③];史良平认为要充分利用人工智能,通过制定标准、完善师资、改革课程教学等手段构建适应我国中学生发展的智能化生涯教育体系[④];刘翔鹰针对中学生涯教育面临的困境,提出要积极开展职业实践活动,加深学生的职业体验,加大宣传力度,增强中学生生涯规划的基本意识,为生涯规划教育提供优质的教材[⑤]。

三、研究思路与框架

鉴于目前国内关于美国中学生涯教育研究比较全面和丰富,英国和日本次之,加拿大、澳大利亚和韩国等国家有零星研究,结合各国生涯教育发展特点和情况,再综合作者本人的学术经历和研究兴趣等因素,本书将中学生涯教育研究的国际比较的国别锁定在英国、德国、日本、加拿大、澳大利亚和中国。本书首先通过查找国内外关于英、德、日、加、澳等国中学生涯教育的文献资料,分析与梳理其中学生涯教育发展概况,然后经过进一步分析,总结英、德、日、加、澳等国中学生涯教育的理念、目标、内容与途径,再深入研究与调查其中学生涯教育质量保障体系,进而为我国中学生涯教育发展提供借鉴。具体研究思路见图1-1。

---

① 王红丽.学校生涯课程实施中的问题与对策[J].中国德育,2016(15):14-17.

② 田丽.以核心素养为引领,探寻普通高中生涯规划教育实施体系[J].课程·教材·教法,2017(10):63-69.

③ 黄蓓蓓.职业生涯规划教育应该是一门课程吗?——对高中职业生涯规划教育的思考[J].教学月刊(中学版),2015(11):6-8.

④ 史良平.人工智能背景下中学生涯教育的实施初探[J].江苏教育,2020(79):14-17.

⑤ 刘翔鹰.中学生生涯规划教育的困境及突围路径探索[J].天津教育,2021(27):175-176.

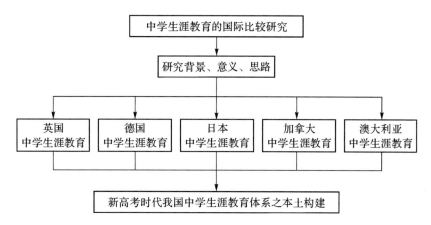

图 1-1 研究思路

第二章　英国中学生涯教育的研究

一、英国中学生涯教育概况

英国全称为大不列颠及北爱尔兰联合王国（the United Kingdom of Great Britain and Northern Ireland），其中大不列颠包括英格兰、苏格兰和威尔士。由于政治和历史缘由，英国目前拥有英格兰、苏格兰、威尔士和北爱尔兰四个相对独立的学制系统。本章关于英国中学生涯教育的探讨范围主要围绕英格兰，但对苏格兰、威尔士和北爱尔兰也有所涉猎。

英国的教育体系经过几百年的沿革，极具复杂性、灵活性和完善性，总体来说分为四个阶段：3—5 岁的学前教育（Pre-school Education）、5—16 岁的义务教育（Compulsory Education）、16—18 岁的延续教育（Further Education）和高等教育（Higher Education）。其中义务教育阶段又被划分为四个关键学段：5—7 岁为关键学段一；7—11 岁为关键学段二；11—14 岁为关键学段三；14—16 岁为关键学段四。按照我国教育体系划分，英国的关键学段三相当于我国的初中阶段，而关键学段四为英国中等教育普通证书课程阶段（General Certificate of Secondary Education，简称 GCSE），这一阶段虽无法和我国中学教育的具体阶段相对应，但大致相当于我国的高一和高二阶段。英国的延续教育被称为中学高级阶段（A-level 课程阶段），是从中学过渡到大学的衔接阶段，相当于我国的高三阶段（见表 2-1）。因此，本章所指英国中学生涯教育的主体为关键阶段三、关键阶段四和 A-level 课程阶段的学校。

表 2-1　英国义务教育阶段和延续教育阶段的具体年龄划分阶段

教育阶段	关键学段	年　龄	年　级	按我国教育体系划分
义务教育阶段	关键学段一	5—7 岁	1—2 年级	小学阶段
	关键学段二	7—11 岁	3—6 年级	
	关键学段三	11—14 岁	7—9 年级	初中阶段
	关键学段四	14—16 岁	10—11 年级	高一、高二阶段
延续教育阶段	A-level 课程阶段	16—18 岁	第六级学院或继续教育学院	高三阶段

　　生涯教育是由"生涯"和"教育"构成的复合词，"生涯"是英文"career"在汉语中的对应词。"career"来自罗马字"via carraria"（马车道）以及拉丁字"carrus"（马车）。[①] 在希腊语中，"career"这个词蕴含疯狂竞赛的精神，最早常用作动词，如驾驭赛马，后来又引申为道路，即人生的发展道路，又可指人或事物所经历的途径，或指一个人一生的发展过程，也指一个人一生中所扮演的一系列角色与担任的职位。[②]

　　在英国，对于"生涯教育"的表述是多样的，最初人们使用就业服务来表示生涯教育活动，接着演变为生涯指导（Careers Guidance），再更新为生涯教育（Career/Careers Education），最后合并为生涯教育与指导（Career Education and Guidance）。目前，英国根据本国国情提出生涯教育、信息、建议和指导（Career Education, Information, Advice and Guidance，简称 CEIAG），这也体现出英国生涯教育在新时代背景下所做出的改变。英国教育部 2015 年 3 月首次在颁布的《学校中的职业指导和激励：理事机构，学校领导和学校工作人员的法定指导》（Careers Guidance and Inspiration in Schools：Statutory Guidance for Governing Bodies，School Leaders and School Staff）中采用生涯指导与激励（Careers Guidance and Inspiration）来

---

　　① 　Smith S. The New International Webster's Comprehensive Dictionary of the English Language [M]. Chicago：Trident Pt. International，1996.

　　② 　沈之菲. 生涯心理辅导[M]. 上海：上海教育出版社，2000.

表示生涯教育活动。[①]

二、英国中学生涯教育的发展历程

在过去的 100 多年里,英国中学生涯教育的每一次蓬勃发展和更新迭代都离不开社会环境、经济政策和教育政策的变化。许多学者对英国中学生涯教育的发展历程进行了深入分析与研究。大卫·佩克(David Peck)于 2004 年出版的《英国生涯服务的历史、政策和实践》(*Careers Service: History, Policy and Practice in the United Kingdom*)一书将英国生涯教育的发展划分为五个阶段:第一阶段为 1902—1948 年,主要从教育工作方向为青少年提供就业指导服务;第二个阶段为 1948—1974 年,主要培养青年的就业能力、调研就业倾向以及提供就业机会,在就业指导服务方面着眼于主体扩大和内容增加两方面的变化;第三阶段为 1974—1994 年,专业负责中学的生涯服务机构产生;第四个阶段为 1994—2000 年,为中学服务的生涯指导公司得到迅速发展;第五个阶段为 2000—2001 年,联合服务组织(Connexions)极大程度上推动了英国生涯教育的发展进程。[②] 肯·罗伯特(Ken Roberts)于 2013 年在《当代英国生涯指导:变革、意外伤害或谋杀未遂?》("Career guidance in England today: Reform, accidental injury or attempted murder?")一文中将英国中学生涯教育与生涯指导的发展历程划分为四个阶段:第一阶段为 1910—1973 年,生涯指导专业化的形成;第二阶段为 1973—1994 年,职业服务年代和消失的青年劳动力市场;第三阶段为 1994—2001 年,职业指导公司的简短时代;第四阶段为 2001—2011 年,联合服务组织。[③] 与大卫·佩克的观点不同的是,他认为 1910 年《就业的选择》法案的颁布才是生涯教育的开端,而 1948 年青年就业服务中心的设立并不能作为分段的标志。综上可以看出,学者们关于英国中学生涯教育的发展历程的划分比较接近,因此本章整合多位学者观点,将英国中学生涯教

---

① Department for Education (DFE). Careers Guidance and Inspiration in Schools: Statutory Guidance for Governing Bodies, School Leaders and School Staff[R/OL]. [2022-03-06]. https://dera. ioe. ac. uk/22573/1/Careers_Guidance_Schools_Guidance_March_2015. pdf.

② Peck D. Careers Services: History, Policy and Practice in the United Kingdom[M]. New York: Routledge, 2004.

③ Roberts K. Career guidance in England today: Reform, accidental injury or attempted murder? [J]. British Journal of Guidance & Counselling, 2013(3): 240-253.

育划分为四个阶段,分别为:英国中学生涯教育的初步萌芽与始建、英国中学生涯教育的迅速发展与推广、英国中学生涯教育的实效改革与完善以及英国中学生涯教育的规范发展与反思。

(一)英国中学生涯教育的初步萌芽与始建

1.生涯指导服务兴起

英国中学生涯教育是以外部生涯教育机构的职业指导服务为基础逐步发展起来的。[①] 19 世纪末 20 世纪初,随着工业化的发展,精确的劳动分工成为社会主流,传统意义上的工作角色分配机制不能充分适应瞬息万变的社会,正式的职业指导服务应运而生,成为工业化后期的产物。与此同时,职业指导服务作为一种教育方式也逐渐发展起来。

当时英国的辍学者年龄分布主要集中在 13 岁左右,人们认识到应当为青少年和辍学者提供与需要求职的成年人完全不同的职业指导服务,通过提出职业指导建议以降低青少年和辍学者失业的风险,引导他们尽量不参与对身体或精神存在伤害的工作,以避免进入没有前途的工作。大多数人认为,为青少年提供咨询服务不应该由贸易委员会和劳动部所管理的成人劳务交易所承担,而是应该由地方教育当局承担。因此,1908 年,爱丁堡成立了第一个公立职业介绍所,被视为英国职业指导服务的发端。1909 年,英国颁布了《职业交换法》,规定中央劳工部在全国各地应设置青年职业介绍所和青年职业顾问委员会,同年,雇佣交流所设立青少年服务处,帮助青少年选择职业,这也标志着全国性的职业指导服务进入人们的视野。实际上相关服务在 19 世纪 80 年代便开始在英国各地志愿部门开展,不过当时是由社会人员自发开展的,而 1909 年颁布的《职业交换法》明确生涯教育服务由国家主管,在各地区设立青年职业介绍所和青年职业顾问委员会,作为对青年实施职业指导的机构。[②] 1910 年,英国又颁布教育法案《就业的选择》,要求地方教育当局为 17 岁以下的青少年提供就业服务(Juvenile Employment Service)。这两项独立的法案开始以法律形式规定各地教育机关要承担为青少年提供职业指导服务的责任。

---

① 孟可可.英国普通中学生涯教育研究[D].上海:上海师范大学,2015.

② Roberts K. Career guidance in England today:Reform, accidental injury or attempted murder? [J]. British Journal of Guidance & Counselling,2013(3):240-253.

在第二次世界大战中,各地设置的青年职业介绍所也发挥了重要作用。根据战时英国教育部规定,战争期间英国所有职位空缺都应上报英国青少年就业局,由其统一管理职业信息,并与适龄青年相匹配,以提高人职匹配效率。战时职业指导机构采取措施,保证青年人充分就业,避免出现青年因失业问题而引发社会骚乱的情况。这使人们认识到,经济社会的稳定发展离不开必要的职业生涯指导。①

1941 年,英国发布了《贝弗里奇报告》,该报告对没有达到工作年龄(15岁以下)的少年儿童群体相关问题进行了系统阐述,认为不应当雇佣青少年,其在 18 岁之前应在学校接受教育与培训。1948 年,英国于《就业和培训法》(Employment and Training Act of 1948)中规定英国各地中学应当为在校生提供职业指导服务,并用"青年就业服务"取代了"青少年就业服务"。同时,成立一个全国青年就业服务中心,指导 18 岁以下的年轻人。设立全国青年就业指导委员会,由中央政府提供服务,该服务不仅负责职业指导和就业安置,还负责解决年轻人的失业问题。② 在该法案颁布之前,英国的职业指导服务专注于年轻人的就业安置,旨在帮助年轻人找到工作。但 1948年《就业和培训法》颁布之后,职业指导方式由青年就业安置逐渐过渡到职业生涯指导。

1948 年《就业与培训法》的颁布意味着真正意义上的职业生涯指导正式进入人们的视野,并通过一系列举措建立了较为成熟的职业指导服务体系,即中央由劳动部和国民服务大臣负责,地方由地方教育局负责,形成了中央和地方融会贯通的生涯指导服务体系。

2. 职业生涯指导初步建立

1902 年,英国创建地方教育局(Local Education Authorities,简称LEAs)并组建了青少年就业服务处,这也是如今职业指导专业机构的前身。1918 年,英国颁布了《费舍教育法》,将义务教育年限延长至 9 年,1944 年颁布的《巴特勒教育法》将义务教育年限延长至 10 年。1918 年教育法和 1944年教育法都设想为年轻人在 18 岁之前提供全日制或者非全日制的生涯指

---

① 曹文娟.20 世纪中期英国青年职业服务福利模式的建立和发展(1939—1979)[J]. 中国劳动,2015(8):27-32.

② Watts A G, Hawthorn R, Law B, et al. Rethinking Careers Education and Guidance:Theory, Policy and Practice[M]. New York:Routledge,1996.

导。20 世纪 20 年代后期,提出在学校要有专业人员对学生进行生涯教育指导,1938 年的斯宾斯报告中提出设立生涯教师,生涯教师这一职业随即逐步发展起来。校内的生涯教师和校外的职业官员相互合作,共同负责年轻人的生涯教育指导,这种合作伙伴关系模式成为英国中学生涯教育的主要方式。

20 世纪 60 年代之前,生涯教育还未成为一门在中学开展的独立学科,而仅仅被嵌入在其他学科中传授给学生,或者安排在学校开展离校谈话以及准备面试等活动中。而在整个 20 世纪 50 年代和 60 年代,越来越多的年轻人在义务教育阶段之外选择继续接受教育。因此,英国将不同类型的中学合并为综合学校,并于 1965 年在原来的普通教育初级课程(General Certificate of Education Ordinary Level,简称 O-level)和普通教育高级课程(General Certificate of Education Advanced Level,简称 A-level)中加入 GCSE 课程,鼓励更多的年轻人延长他们的教育经历。随着生涯教育的逐渐发展,越来越多的年轻人急需独立完整的生涯教育课程。20 世纪 60 年代末,青年就业服务中心成功地开展了适合各种能力和水平的学生生涯指导服务,英国半数学校开始增加有关职业教育和职业指导的课程内容。[①]

20 世纪 70 年代初期,生涯指导服务进入了发展的快车道,该阶段生涯指导服务重点关注评估并为其提供建议。例如,生涯指导是基于差异心理学的方法,将个人与职业相匹配,其指导过程为判断个人发展属性并进行分类,从而更好地满足未来发展。[②] 这种职业教育和生涯指导扩大了许多年轻人的选择范围,满足了人们在生涯发展过程中的专业指导需求。1973 年更新的《就业和培训法》将青年就业服务转变为职业服务,并将提供生涯教育指导服务作为地方教育当局的法定义务,而管理年轻人的就业安置责任被取消了。英国学校不再是单一性、片段化地提供职业指导,而是建立连续的、系统的生涯教育课程,这标志着英国中学生涯教育已初步建立。

(二)英国中学生涯教育的迅速发展与推广

1970 年,全国生涯教师协会发布《麦金太尔报告:中学生涯工作的师

① 曹文娟.20 世纪中期英国青年职业服务福利模式的建立和发展(1939—1979)[J].中国劳动,2015(8):27-32.

② Watts A G, Kidd J M. Guidance in the United Kingdom: Past, present and future[J]. British Journal of Guidance & Counselling, 2000(4): 485-502.

资》(The McIntyre Report on Time and Facilities for Careers Work in Secondary School)。该报告显示,在英国中学教育阶段,大多数中学都将生涯教育作为一门独立课程,并配备专业的生涯指导教师。这一时期生涯教育在英国中学得到了迅速发展与推广。

1.专业生涯服务机构涌现

为了对生涯教育进行统一的管理,英国政府要求地方教育当局成立生涯服务处(Careers Service),以便和中学建立合作伙伴关系,共同为中学生提供生涯教育,统筹生涯教育发展,帮助他们更好地进行职业选择。除此之外,这一时期的生涯教师得到了专业化发展,拥有生涯指导文凭课程(DCG)的人被称为该领域最具有权威的人物。20世纪70年代,基于政治和经济上的因素,英国政府通过人力服务委员会(Manpower Services Commission)强制生涯服务处参与到多种多样的青年培训计划中。[①] 为缓解石油危机带来的年轻人失业问题,促进英国经济复苏,1978年,英国启动了青少年机会计划(Youth Opportunities Programme),为青少年提供为期六个月的实习机会,并加强与雇主的联系。但是它的实施收效甚微,并不能有效促进英国经济回暖。面临"信息时代"和即将到来的"知识经济"时代,学生需要接受更好的教育和培训,因此在1983年,青少年培训计划取代了青少年机会计划,该计划旨在为刚从中学学校毕业的16—17岁的未就业青少年提供为期一年的技能训练以提高其就业能力。在此之后,又于1986年将其延伸为两年计划。当该计划第三次实施时,已更新为青少年培训。但是这些努力并没有缓解英国高失业率的情况,反而导致辍学者失去了直接接触劳动力市场的机会。他们完成培训计划后,更倾向于依赖成年人就业服务途径,实际上只有就业中心(劳务交流所)能够满足就业者直接接触劳动力市场的需求。从那时起,英国政府开始关注"NEET"(Not in Education,Employment or Trainning)族这一群体,该群体是指因某些原因辍学导致没有继续接受学校教育的青少年,专指不上学、不工作也不接受任何职业技能培训,必须依赖父母养活的青年人,俗称啃老族。[②] 这一系列针

---

① Harris S. Partnership, community and the market in careers education and guidance: Conflicting discourses[J]. International Studies in Sociology of Education,1997(1):101-119.

② Istance D, Rees G, Williamson H. Young People Not in Education, Training or Employment in South Glamorgan[M]. London:Social Research Unit,1994.

对青年就业问题的改革也直接推动生涯服务体系建设,为青少年提供更为全面的生涯指导和服务。

2. 生涯教育课程框架开发

英国生涯教育课程最早出现在 20 世纪 60 年代,但课程地位不突出,生涯教师和专业人员处于边缘地位,且多为工作经验课程。[①] 到了 20 世纪 70 年代初,政府出版物开始指定生涯教育和指导的具体内容,即生涯教育应该用于"对自我的理解""思考机会""制造机会"和"考虑选择"。20 世纪 70 年代后期,学校委员会的生涯教育和指导项目开发了一系列课程材料,解决了许多"生活方式"的工作伴随问题。[②] 这一项目的目的是为 13—18 岁的学生编写一套生涯教育教学材料,这些材料能够引发学生对"事情是如何变成这样的""我们确定应该接受这个吗"和"我们能做些什么呢"等问题的思考,通过对自我的认识与审视使得职业转移更具社会性。1977 年,托尼·瓦茨(Tony Watts)和比尔·劳(Bill Law)提出了生涯教育内容框架,即"自我意识——我是谁""机会意识——我在哪里""决策学习——我会怎么做"和"转型学习——我将如何应对"。[③] 该模型是作为生涯教育和指导的分析工具而开发,它提升了人职匹配度,促使学生积极投入参与式学习体验生涯课程的学习。该框架很快对学校教育产生了巨大影响,特别是对以生活技能课程开展生涯教育的学校,新框架致力于在苛刻且竞争激烈的社会中推动学校生涯教育蓬勃发展。[④]

1976 年,当时的英国首相詹姆斯·卡拉汉发起了一场不仅改变教育结构而且改变教育内容的大辩论。在随后开展的辩论中,生涯教育被称为"课程中的五个固定点"之一。[⑤] 在 20 世纪 80 年代和 90 年代初期,要求学校提供生涯教育和指导是一个反复出现的主题。这一时期,英国政府颁布的政策文件和生涯计划为生涯教育发展提供了重要保障。1980 年,英国政府颁

---

① Harris S. Partnership, community and the market in careers education and guidance: Conflicting discourses[J]. International Studies in Sociology of Education, 1997(1): 101-119.

② Bates I. The politics of careers education and guidance: A case for scrutiny[J]. British Journal of Guidance & Counselling, 1990(1):66-83.

③ Watts T. Law B. Schools, Careers and Community: A Study of Some Approaches to Careers Education in Schools[M]. London: Church House Publishing,1977.

④ Hopson B, Scally M. Lifeskills Teaching[M]. London: McGraw Hill, 1981.

⑤ Heavens O S. Educating our children[J]. Physics Bulletin, 1977(12): 545.

布了多项规定,都强调了生涯教育应作为课程的一部分进行教育教学。1983 年启动的技术和职业教育计划(The Technical and Vocation Education Initiative,简称 TVEI)为 14—18 岁青年提供职业教育课程,从政府的角度来看,这是在中学教育中加强生涯教育的尝试。该计划关注中学教育与学生未来工作和生活的关联,将其置于更广阔长远的社会背景之下,为生涯教育和指导课程开发提供了丰富的资源。1985 年,女王督学团发布了《5—16 岁的课程》(The Curriculum from 5 to 16),强调应当在课程内容中渗透生涯教育,发展学生的个人能力,帮助他们做出更有效的职业决策。1988 年,还提出了生涯教育要通过专门的生涯教育课程、个人与社会教育课程以及个人辅导等途径实施。

1974—1988 年,对生涯教育的重视度得以提高,在中学的实施也逐渐推广开来。然而,随着 1988 年《教育改革法案》的颁布,宣告实行全国统一的国家课程后,生涯教育的发展受到了一定程度的阻滞。原因在于,报告要求 5—16 岁的学生必须学习三门核心课程和七门基础课程,而这些课程属于一种"封闭式"保护性课程,国家课程的"封闭性"使大多数教师难以帮助学生建立与实际工作之间的联系。1989 年,国家课程委员会(National Curriculum Council,简称 NCC)公布了《国家课程和所有课程的计划》(The National Curriculum and Whole Curriculum Planning),该计划包括生涯教育、经济与产业教育、环境教育、健康教育和公民教育等五个跨学科主题。[①] 不可否认的是,国家课程的实施一定程度上阻碍了生涯教育的发展,但社会环境的大变革和经济发展的大趋势仍推动着生涯教育在英国中学的实施。

(三)英国中学生涯教育的实效改革与完善

这一阶段,英国中学生涯教育的实施在一定程度上出现了难以避免的问题,因此英国政府尝试着进行了一些实效改革,期待建立完善的生涯教育体系。

1.生涯服务机构私有化

1991 年公布的《21 世纪的教育与培训》白皮书明确提出,要减少地方教

---

① Watts A G, Hawthorn R, Law B, et al. Rethinking Careers Education and Guidance: Theory, Policy and Practice[M]. London: Psychology Press, 1996.

育当局对生涯教育服务的影响。① 英国政府面临使学校培养的人能够尽快适应社会发展和使教育与就业密切联系的双重压力,决定将教育部和劳动部合并成立教育与就业部,用以支撑生涯教育指导的开展。1993 年《工会改革和就业权利法》(Trade Union Reform and Employment Rights Act)颁布后,改变了 20 多年以来由地方教育当局主导生涯指导服务的局面。该法规定地方教育当局以外的组织可以以"投标—招标"形式参与生涯教育。② 这一变化推动了公共部门市场化,至此雇主将对教育和培训产生巨大影响。但是生涯指导服务私有化也出现了一些新问题。例如,生涯指导服务市场需要创新性和灵活性,而私立生涯指导机构与政府的关系主要由契约关系约束,并且往往资金投入仅仅是为了实现既定目标,而忽视了质量,这也成为当时生涯指导服务的重大问题之一。③ 生涯服务机构私有化使得英国中学生涯教育方面的很多工作流于表面和形式。为解决这一问题,2000 年 2 月,英国政府启动联合服务组织战略,为 13—19 岁的青少年提供生涯教育、信息、建议和指导,以帮助他们顺利过渡到成年和工作生活,并要求学校发挥更大的作用去提供生涯教育和指导。

2. 生涯教育课程法定化

《1997 教育法》(Education Act 1997)提到:"公立中等学校都有法定的责任为 9—11 年级的全部学生提供生涯教育计划。"这一法案从 1998 年 9 月开始生效,这是生涯教育第一次成为国家法定课程。④ 同年,学校课程与评价局(SCAA)和国家职业资格委员会(NCVQ)合并,组建了资格与课程局(QCA),值得注意的是,传统英国的课程主要采用的是 1977 年定义的生涯教育内容框架模型,而资格与课程局将生涯教育课程侧重于自我发展、职业探索和职业管理。⑤ 1999 年英国发布的白皮书《学会成功》(Learning to Success)充分肯定了生涯教育的重要性,强调学生应该接受完备的生涯教

① Aldrich R, Dean D, Gordon P. Education and Policy in England in the Twentieth Century[M]. New York: Routledge, 2013.

② Watts A G, Hawthorn R, Law B, et al. Rethinking Careers Education and Guidance: Theory, Policy and Practice[M]. London: Psychology Press, 1996.

③ 刘烨. 关于英国中学职涯教育的初步研究[D]. 福州:福建师范大学,2016.

④ 孟可可. 英国普通中学生涯教育研究[D]. 上海:上海师范大学,2015.

⑤ Qualifications and Curriculum Authority. Learning Outcomes from Careers Education and Guidance[M]. London: Qualifications and Curriculum Authority, 1999.

育指导,至此生涯教育作为法定课程得到了广泛关注。2000 年,英国教育与就业部颁布了《新课程中的生涯教育:与关键学段三和四的课程和公民教育课程的关系》,不仅仅规定了关键学段三、四学生的生涯教育目标①,还对中学生涯教育与个人教育、社会教育、健康教育和财经教育的关系做出了梳理,以期厘清生涯教育课程在中学教育体系中的地位。

2001 年,英国将教育领导机构更名为教育与技能部,将生涯规划作为一项必备技能,在教育与经济之间架起了连接桥梁。② 英国 2003 年颁布的《21 世纪技能:实现我们的潜能》,2005 年颁布的《14—19 岁教育和技能》等文件,对英国中学生所需的技能做出了翔实的规定,以期从政策层面入手,尽量满足社会需要,实现学生与社会"供需"良性循环,为英国经济进一步发展提供人力资源保证。

(四)英国中学生涯教育的规范发展与反思

英国政府在生涯教育发展过程中扮演着极其重要的角色,它主导着生涯教育在中学的发展方向与趋势,但是社会环境、经济发展和教育政策的更迭变化都在推动着学校在中学生涯教育中发挥主体作用。

1.学校主体地位日益突出

2012 年,英国政府明确规定初级中学负有向学生进行生涯指导教育的责任,2013 年,这一范围扩大到高中学校。③ 与此同时,英国中学生涯教育被称为生涯和工作相关的教育(Careers and Work-related Education,简称CWRE),学校有法定责任对关键学段四的学生实施相关教育。2012 年,英国生涯发展机构明确了关键阶段二、关键阶段三和关键阶段四对应的职业领域和学习成果,不再要求学校承担生涯和工作相关教育的责任,但仍要求学校继续实施生涯教育。2014 年,英国教育部颁布《学校职涯指导与激励:关于董事会、校领导和教职工的法定责任》,规定 8 年级(12—13 岁)至 12

①　祝怀新.英国基础教育[M].广州:广东教育出版社,2004.
②　段晓明.英国学校教育变革的现实路径——基于英国教育部名称更迭的分析[J].外国教育研究,2013(3):72-76.
③　刘烨.关于英国中学职涯教育的初步研究[D].福州:福建师范大学,2016.

年级或 13 年级(17—18 岁)的学生必须接受生涯教育。[①] 2017 年 4 月,英国教育部对该文件进行更新,对生涯教育实施过程中的细节问题进行了修订。2018 年 1 月出台的《为教育和培训提供者提供职业指导和访问:理事机构、学校领导和学校工作人员的法定指导》明确了学校的法定责任,使用"盖茨比基准"为 8—13 年级的学生提供教育与培训,以有效提升学校生涯教育质量,并于 2020 年实现了预期目标。[②] 由此可见,学校在英国生涯教育中扮演着愈加重要的角色,主体作用日益凸显。

2.生涯教育体系趋于完善

英国中学生涯教育体系的趋于完善,不仅体现在英国相关政府部门颁布的相关政策方面,还体现在其实施途径、方式和相关利益者参与等方面。

2012 年,英国设立国家生涯服务处,为不同年龄阶段的人提供在线服务,而在此之前,"学习引领"(Learn Direct)、"附属工作中心"(Job Centre Plus)和"下一步计划"(Nextstep)是英国主要的生涯指导服务方式。2013 年,英国成立了更具权威性的生涯发展机构(Career Development Institute,简称 CDI),为英国中学生涯教育的实施保驾护航。当前,英国各地已经建立了威尔士、苏格兰和北爱尔兰服务处(Careers Wales, Careers Scotland, Northern Ireland Careers Service),由政府主导设立生涯教育服务机构,以便及时向各个年龄段人群提供丰富的生涯教育资源和生涯指导服务。[③] 2017 年 12 月 4 日,英国教育部颁布了《生涯战略:充分利用每个人的才能和技能》,该文件提出,要加强 14 岁之后的学生与雇主的交流联系,并依据当前社会发展趋势着重描述科学、技术、工程和数学(STEM)领域的职业发展,并进一步推进英国中学接入"盖茨比基准",为形成高质量的生涯教育体

① Department for Education. Career Guidance and Inspiration in Schools:Statutory Guidance for Governing Bodies, School Leaders and School Staff[R/OL]. [2022-03-06]. https://assets. publishing. service. gov. uk/government/uploads/system/uploads/attachment_data/file/417895/Careers_Guidance_Schools_Guidance_March_2015. pdf.

② Department for Education. Careers Guidance and Access for Education and Training Providers:Statutory Guidance for Governing Bodies, School Leaders and School Staff[EB/OL]. [2022-03-06]. https://assets. Publishing. service. gov. uk/government/uploads/system/uploads/attachment_data/file/672418/_Careers_guidance_and_access_for_education_and_training_providers. pdf.

③ 景宏华.英国的生涯教育服务机构、标准及特点[J]. 中国职业技术教育,2007(33):41-43.

系做准备。[①] 英国生涯教育不仅仅是学校的责任,而且需要雇主、父母和企业等多元主体的共同参与,为构建完善的生涯教育体系提供支持。

三、英国中学生涯教育的原则、目标、内容与途径

(一)英国中学生涯教育的原则

英国政府在"14—19 岁改革"中明确提出一项承诺:所有中学生将获得高质量的职业教育的信息、建议和指导,以便他们能够对学习、工作和生活方式做出明智的选择,并在过渡期间得到良好的支持。[②] 因此 2008 年《教育和技能法》的修改要求学校承担提供生涯教育的法定责任,以确保学生获得公平的学习选择和职业信息。2009 年,儿童学校家庭部(Department for Children,School and Families,简称 DCSF)出台了一份法定的指导文件《法定指导:公正的生涯教育》(Statutory Guidance:Impartial Careers Education),明确提出优质和公平的学校生涯教育六大原则:赋予学生规划和管理自己未来的权利;响应每个学生的需求;提供全面的信息和建议;激发志向;积极促进机会平等并打破陈规;帮助学生进步。[③] 通过梳理英国中学生涯教育相关政策改革,并对相关研究文献进行分析,发现英国中学生涯教育的基本原则主要聚焦在以下几个方面。

1.关注学生需求原则

20 世纪 50 年代开始,英国中学生涯教育的研究主体就已转向学生本身的发展,以人为本是贯穿英国中学生涯教育发展历程的核心理念。因此,英国出台的一系列相关政策均将学生置于生涯教育的中心地位,重视学生发展需求。为追求更高教育水平,学校也正在发生重大变化,这体现在重视学生的发展需求上。例如,帮助学生寻得学习和工作的机会,协助制订生涯发展计划,培养规划和管理自身生涯所需的能力。学生不仅需要选择和过

---

① Department for Education. Careers Strategy:Making the Most of Everyone's Skills and Talents [EB/OL]. [2022-03-06]. https://assets. publishing. service. gov. uk/government/uploads/system/uploads/attachment_data/file/664319/Careers_strategy. pdf.

② Department for Children,School and Families. Statutary Guidance:Impartial Careers Education[EB/OL]. [2022-03-06]. http://dera. ioe. ac. uk/10468/7/00978-2009DOM-EN_Redacted. pdf.

③ Department for Children,School and Families. Statutary Guidance:Impartial Careers Education[EB/OL]. [2022-03-06]. http://dera. ioe. ac. uk/10468/7/00978-2009DOM-EN_Redacted. pdf.

渡到进一步的学习与工作,发挥在国家经济和公民生活中的角色,更重要的是需要习得生涯知识与技能,了解自己的兴趣爱好与能力。

2.协同育人合作原则

英国中学生涯教育的实施主要采用的是合作伙伴关系模式,通过学校内部驱动与政府外部推力共同筑建生涯教育体系。但是学校领导、教师与学生共同定义的中学生涯教育文化,缺乏标准化、系统化的指导。因此,英国政府以不同的方式构建和维持合作伙伴关系模式,通过与学校合作以提供服务和推动学校内部实践。具备协同育人特征的合作伙伴关系模式为政府提供了一个杠杆,既可以影响学校的行为,也可以与劳动力市场架起沟通桥梁。合作伙伴关系模式成为当前英国中学生涯教育的主导模式,而且来自学校外部的生涯指导作用亦在不断扩大,从提供面试指导和支持工作经验到当前在三个层面进行合作,即平行供应、金字塔式供应、指导社区的合作伙伴关系模式。[①] 英国政府所采取的不仅仅是重塑合作伙伴关系机构,还包括重塑合作伙伴关系理念。虽然英国在 2011 年颁布的《教育法》明确将生涯教育职责转移给了学校,但在社会大背景下,学校与外部伙伴的互动更为紧密。当前生涯教育的交付模式基本分为两种:一是内部模式,主要包括学校雇佣一名专业合格的生涯顾问以支持教师和非教学人员获得生涯指导资格,或者是为没有接受过相关培训的人员提供生涯指导培训。二是学校委托模式,主要是学校委托外部个人或组织来提供特定的生涯活动或服务,例如,社会企业组成生涯顾问团为学校提供专业支持和管理服务,联合服务组织也可以接受学校的委托。

3.质量兼顾公平原则

英国中学致力于提供高质量、公平的生涯教育。换句话说,生涯教育质量本质上是生涯教育过程和方法的衡量标准。普兰特(Plant)确定了围绕组织质量的标准:与投入、流程、结果相关的标准;从客户的角度出发以及从需求中得出的公共责任标准;自我评估的标准与外部认证标准;一般准则与

---

① Morris M, Golden S, Lines A. The Impact of Careers Education and Guidance on Young People in Years 9 and 10: A Follow up Study [M]. London: Department for Education and Employment, 1998.

具体可衡量的标准。① 所有这些衡量质量的不同标准都有明显的优点,更重要的是确保输入是合适的,输出是可测量的,客户满意,公共(或其他)花费适当,从业者监督质量并对其负责。为中学生涯教育提供质量保障成为学校和外部机构的重大责任。一是出台生涯教育质量保障政策报告,为中学生涯教育质量的评估方式、评估范围提供了很多指导,也为生涯教师和生涯顾问的专业化发展提供了政策保障。二是发挥外部机构的监督作用。尤其是英国标准局的成立为英国中学生涯教育的实施提供参考意见和措施指导。三是实行外部奖励机制。英国设立了"生涯教育质量奖",在操作层面,通常通过一系列当地机构的质量奖以奖励生涯教育质量优良的中学。四是支持学校进行自我评估。中学基于盖茨比提出的八项基本标准,凭借一些测评工具进行自我评估,用于生涯教育实施过程中的自我检视。换言之,英国中学生涯教育质量评估聚焦于三个领域:一是生涯和教育信息的质量;二是生涯教育指导专业人员的资格;三是与指导有关的标准。

(二)英国中学生涯教育的目标

英国教育与就业部于 2000 年 4 月颁布的指导性文件《新课程中的生涯教育》中明确规定了关键阶段三和关键阶段四的生涯教育与指导的具体目标为自我发展、生涯探索和生涯发展三大块。② 这一划分对中学生涯教育目标划分产生了重要影响。2012 年,生涯发展协会提出生涯教育的总体目标是通过职业和与工作相关的教育来培养人、了解职业和工作世界以及培养生涯管理和就业技能三部分,并基于这三大目标提出了 17 个子目标。总体来说,英国中学生涯教育目标可以凝练为以下几个方面。

1. 自我发展:认识、决定与提升

自我发展包括自我认识、自我决定和自我提升。中学生涯教育的首要目标就是要实现自我认识、自我决定和自我提升,最终使得自身得到发展。首先是自我认识。中学生涯教育的目标在于了解、认知、发现与工作相关的个人兴趣、素质、责任和价值观,学会构建和维持对自我的积极认识,并对此进行现实评估,使个人能够做出明智的选择,评估他们对机会的适应性,并

---

① Plant P. Quality in career guidance: Issues and methods [J]. International Journal for Educational and Vocational Guidance,2004(2):141-157.

② 祝怀新.英国基础教育[M].广州:广东教育出版社,2004.

确定他们自身发展的优先事项,认识自我为建立自尊、个人身份和职业幸福奠定基础。其次是自我决定,通过对自身的综合分析,需要认识到在生涯发展中自我决定的重要性,并能够学会将所获的经验与自己所学的生涯知识联系起来,并能够尝试进行职业决定。自我认识是基础,自我决定就是在自我认识的基础上发展自身的职业责任感与职业适应力,并能够思考与下一个学段的衔接。最后是自我提升。学会与他人相处,了解合作的重要性,理解机会均等与差异。愿意为自己承担更多的责任,思考自己学到了什么,接下来需要学习什么以及如何学习,并做好向下一步过渡的准备,最终实现自己的发展,培养积极的自我认知、初步生涯规划和审慎反思能力。

2.生涯探索:探究、调查与了解

进行生涯探索也是中学生涯教育的重要目标之一。生涯探索包括职业探究、调查工作与生涯了解三个方面。首先是职业探究。职业探究促进了中学生对职业和工作生活所面临挑战、风险和回报的机会意识和积极态度。更好地了解职业流程和结构,使个人能够了解自己的职业生涯以及他人的职业经历,探究在教育、培训或工作等方面所能获得的所有机会。其次是调查工作。中学生要对主要的职业类型进行深入探究,解释人们为什么从事该职业或该职业是如何影响人们生活的,以使中学生对该职业有深入的思考,调查工作的意义和性质有助于个人理解工作生活的利弊,并补充职业探索。[①] 通过调查工作使中学生了解该行业和业务运作,并体会其在社会和经济生活中的作用和影响。最后是生涯了解。生涯了解主要指了解不同类型的职业及其所需的知识和技能、劳动力市场信息和安全等。中学生需要了解如何访问并分析相关工作概况和劳动力市场信息,需要了解社会对平等、多样性和包容性的承诺,并能通过反对陈规定型,减少歧视和偏见造成的损害。生涯探索即通过在职业探究与调查工作的过程中,了解"生涯"的概念,并能够描述相关的职业类型、环境与所要求的知识与技能,清楚职业领域的变化。

① Career Development Institution. The ACEG Framework: A Framework for Careers and Work-related Education［EB/OL］.［2022-03-06］. https://www.thecdi.net/write/ACEG_Framework_CWRE.pdf.

3.生涯发展:利用、规划与管理

生涯发展是指学会运用所学知识确定现实的个人目标,做出现实的生涯决策,它主要包括生涯利用、生涯规划和生涯管理。首先是生涯利用。个人需要学习如何识别可靠的信息来源、建议和指导,学会高效率使用有限资源,通过利用获得的技能和经验,使自己能够获得工作并维持就业。其次是生涯规划。使用网络等渠道增加中学生的选择和机会,包括那些无法预料或无计划的选择和机会。英国中学生涯教育的目标包括帮助学生明确自己的价值和偏好、确定选项、权衡影响和建议、解决问题、预测未来决策以及制订"备份"计划。生涯规划帮助中学生预先适应不可预见的后果以及帮助他们把握机会,获得支持终身职业发展的持续动力。最后是生涯管理。生涯管理主要是让学生学会管理自己的时间、资金和资源等。通过资源的合理运用,为当前和以后的发展提供资金保障,管理自己的目标,考察自己的进步,鞭策自己完成目标。管理自己所具有的资源,包括自身的实践经验以及专业人士的意见,从而扩展自己的职业成就,通过生涯管理来理解和把握职业与自身的适应性。

4.与工作生活的衔接:准备、适应与过渡

英国中学生涯教育的目标包括帮助学生完成由学校到企业的平稳过渡。而这一阶段最主要的特征包括生涯准备、生涯适应与生涯过渡。首先是生涯准备。中学生通过系统的生涯教育课程已经获得了一定的生涯知识与生涯技能,同时通过参加社会实践活动等具备了一定的实践经验。学生对未来的职业发展有了初步的认识,开始养成职业发展观念,为自己未来职业发展做出明确规划,从短期目标到长期目标,将整体生涯发展具体化,并随着自身条件的发展和社会环境的变化不断修正和调整。其次是生涯适应。生涯适应就是帮助关键阶段三和关键阶段四的学生从生涯教育课程或相关实践活动中获益,并能够反思他们需要下一步做些什么,以便顺利地完成交接。最后是生涯过渡。生涯教育中重要的一点就是帮助学生在结束高中学习生活之后,进一步地选择继续接受教育或是直接工作。通过精心设计自己的生涯规划路线,了解学科选择对工作和生涯选择的长期影响,了解工作申请的步骤并为面试做准备,习得有关获得成功与开展独立生活所需的品质与技能,顺利实现从学校到工作的过渡。英国生涯教育指导的总目标与子目标见表2-2。

表 2-2　生涯教育指导的总目标与子目标

总目标	子目标
通过职业和与工作相关的教育来发展自己	自我意识
	自我决定
	作为学习者的自我提高
了解职业和工作世界	探索职业和职业发展
	调查工作和工作生活
	了解商业和工业
	调查就业和劳动力市场信息
	重视平等、多样性和包容性
	了解安全工作实践和环境
发展你的生涯管理和就业能力	充分利用职业信息、建议和指导(CIAG)
	为就业做准备
	展示主动性和进取性
	发展个人财务能力
	确定选择和机会
	规划和决定
	处理申请和面试
	管理变化和过渡

资料来源：Career Development Institute. The ACEG Framework for Careers and Work-related Education：A Practical Guide［EB/OL］.［2022-03-06］. https：//www. thecdi. net/write/CWRE_User_Guide. pdf.

(三)英国中学生涯教育的内容

1977 年,由托尼·瓦茨教授(Tony Watts)和全国生涯教育与咨询研究所高级研究员比尔·劳(Bill Law)共同撰写的《学校、生涯和社会:学校生涯教育的方法研究》(*Schools，Careers and Community：A Study of Some Approaches to Careers Education in Schools*)一书中提出了中学生涯教育的内容框架,即职业决策(Decision-Making)、机会意识(Opportunity-Awareness)、转化学习(Transition-Learning)和自我意识(Self-Awareness),但随后因为该内容不能满足学生全方位的需求,所以在此基础上,英国将生涯教育的项目拓展为 CEIAG 项目,增加了职业探索和职业指导等内容。除此之外,生涯发展机构在《生涯教育与指导协会职业和工作相关教育框架:实用指南》中明确提出了关键阶段三、关键阶段四和 16 岁后每个阶段具体的 17 个学习领域。我们将英国中学生涯教育的具体内容总结为以下几个方面。

1.自我意识的培养

英国中学生涯教育的特点之一是分年级、分阶段地开展课程,虽然生涯教育关于发展学生自我意识的内容大致相同,但呈现递进性特征,深度逐渐增加。英国中学生涯教育的第一部分内容就是自我意识的学习。关键阶段三的学生(相当于我国的初中生)通过参加社交或情绪学习(Social and Emotional Aspects of Learning,简称 SEAL)计划,了解自己的优点与偏好,为了成为有效的学习者,需要学习如何管理自己的情绪,需要完成一系列的自我评价练习,并将结果记录下来,初步实现识别自我与识别他人,产生自我意识与社会意识。关键阶段四的学生(相当于我国的高一、高二)要求关注自己的变化,叙述自 7 年级以来自己的改变以及别人对自己看法的变化并与自己的导师讨论结果,开始关注自己的故事,例如,写下自身职业生涯过程中具有代表性的案例,并与合作伙伴讨论这一事件对自己的影响,关注自己在追求进步、成就与幸福过程中所应该承担的责任。

2.机会意识的树立

学校向学生提供丰富的职业咨询,拓宽职业认知渠道,帮助学生较早树立机会意识。关键阶段三的学生主要是通过学习获得主要信息,包括 14—19 岁的学习机会。他们主要通过小组学习的方式,解释自己如何从与职业相关的学习活动和经历中获益,描述自己如何看待职业发展的不同方式,反思他们发展的异同点,确定不同类型的工作和人们对该工作生活满意的原因。除此之外,学生通过职业展览会等活动了解不同职业的工作服装,以及自己是否喜欢穿着这样的服装,通过参观企业、职业实习等活动了解并描述不同企业的组织和结构,如列出咖啡从原材料阶段到成品生产过程中所涉及的所有企业类型。中学生可以通过网络等资源了解工作和劳动力市场信息,例如学生可以调查 STEM 行业中女性的工作机会,利用职业空缺网站分析当地职业空缺,调查初级劳动力市场中的薪资待遇情况,并将调查结果与二级劳动力市场进行比较。关键阶段四的学生主要是能轻松获得联合服务处的联系方式和了解其所提供的机会,并知晓下一阶段的学习课程和路径。例如学生开始探索"组织"职业和"无边界"职业的动态;参与股份制和合伙制两种不同企业的模拟;学生需要对学校的室内空间进行风险评估,理解自主创业的机会。

3. 职业决策的发展

帮助学生选择适合自己的道路,发展自身职业决策技能是英国中学生涯教育实施的主要内容之一。关键阶段三的学生要充分识别利用个人网络来获取所需的职业信息、建议和指导,如创建职业影响者和支持者的思维导图,制作"充分利用信息、建议和指导"的指南,从而了解不同的职业道路,做出初步的职业决策,知悉每一种决策所带来的影响,以及在选择过程中知道如何准备和展示自己。关键阶段四的学生要通过上一阶段的基础找到相关的劳动力市场信息,并知道如何在职业规划中使用它去了解不同职业,与雇主面对面交谈了解相关职业,了解自己作为学生或实习生应当遵守的安全工作责任和权利。学生在与家人、朋友、学校员工和职业专家讨论自己的职业选择时,要清晰地了解自己是如何制订重要的计划、决策以及如何解决问题的。

4. 转换学习的锻炼

中学生涯教育的重要内容之一是让学生实现从学生世界到工作世界的顺利过渡。关键阶段三的学生经历了自我意识、机会意识、职业决策发展之后,需要为下一阶段的学习过渡做好准备,如 8 年级、9 年级的学生要有备用计划,以防他们无法做出第一选择。关键阶段四的学生通过参加模拟面试和职业试讲为未来应聘做准备,并通过各种职业规划课程和基础软件应用课程学会制作个人简历。除此之外,还要审查反思自己在做出决定时会受哪些经历的影响,并将这些经验应用到自己以后的决策中,决定自己未来是进入第六级学院的入职培训计划、进大学还是选择直接工作。

(四)英国中学生涯教育的途径

胡莱(Hooley)等人在报告《生涯 2020:英国学校生涯工作未来的选择》(Careers 2020:Options for Future Careers Work in English Schools)中提

出了三种学校生涯教育实施的途径,分别是活动途径、服务途径和课程途径。① 因此,下文从这三个角度出发探寻英国中学生涯教育的具体实施途径。

1. 基于活动的英国中学生涯教育

基于活动的中学生涯教育实施方法对学校很有吸引力,因为它们在逻辑上易于管理。② 英国教育部认为,简单的生涯知识已不能满足社会经济和实现个人发展的要求,故将生涯教育项目拓展为生涯教育、信息、建议和指导(CEIAG),旨在为学生提供一个独立的综合的生涯教育支持。

如今,英国中学生涯教育完成了从侧重理论知识向注重实践体验的转变,诸如提供职业网站访问、雇主会谈、访学和职业展览会、职业体验日、模拟面试、个人履历制作和其他与职业有关的活动。这些活动可以在个人或团体的基础上进行,可以面对面或远距离进行(包括求助热线和网络服务),活动内容包括职业信息的提供(印刷、基于信息和通信技术的其他形式)、评估和自我评估工具、咨询面谈、职业教育方案(以帮助个人发展自我意识、机会意识和职业管理技能)、工作搜索方案和过渡服务等。通过综合这些职业工作组成部分的列表和类型,推动学校生涯教育的实施。关于中学生涯教育活动,不同阶段生涯活动是不同的,如关键阶段三可以参加的生涯活动有学校职业信息介绍日、听取雇主的演讲;关键阶段四的学生可以参与职业兴趣群的选择与测定、工作调查、工作实习、听校友回校作职业介绍、职业参观等;16岁以上的学生主要是参观学院和大学、职业训练处、计算机辅助指导等活动,这些活动体现了生涯教育的体验性和实践性,将学生与社会的需求对接,与当地就业市场对接,体现为学生量身定做的特点,以满足学校和学生个性化的需求。除此之外,生涯教育中开展的一系列活动,可以帮助学生在具体实践中进一步了解自己的兴趣和能力,通过实践操作或体验来积累工作经验,从而提高自身生涯管理能力。

---

① Hooley T, Marriott J, Watts A G, et al. Careers 2020: Options for Future Careers Work in English Schools[R]. London: The Pearson Think Tank with the International Centre for Guidance Studies,2012.

② Kolodinsky P, Schroder V, Montopoli G, et al. The career fair as a vehicle for enhancing occupational self-efficacy[J]. Professional School Counseling,2006(2):161-167.

2.基于服务的英国中学生涯教育

英国《2011年教育法》提出学校必须确保所有注册学生在其教育的相关阶段获得独立的生涯指导,这作为一种服务方式,原则上需要引入外部服务机构来提供这种生涯指导。英国的生涯服务机构具有全时空和全覆盖的特点,具体表现为:在服务对象上,英国不仅为各个年龄阶段的人提供服务,还为特定人群(包括青少年、成年人、残疾人以及未受教育、培训和就业的人)提供服务;在服务范围上,既可以为英格兰、苏格兰、威尔士和北爱尔兰提供独立的服务,也有适合全英境内的服务指导;在服务方式上,不仅有群体指导方式,也有一对一个性化指导方式。此外,英国的生涯服务机构囊括了线上和线下的机构,为英国中学生涯教育的实施提供了极大的支持。

线下服务机构主要包括联合服务组织,旨在为13—19岁的青少年和成人提供信息、建议和指导服务,并帮助他们过渡到成年工作生活。为年轻人创建一个单一的联络点,通过该机制,可以在一致性和连贯性中满足个人需求。[①] 这项服务承认生涯教育和指导的必要性,但一定程度上对传统的生涯服务角色以及学校和生涯服务之间的关系产生重大影响。各种生涯教育服务机构均由当地政府负责设立,旨在为全年龄段的人提供生涯服务。各地区教育政策和教育目标应因地制宜,但总体来说,都是为有需要的人提供高质量的生涯服务。国家生涯服务处(National Careers Service)整合了"学习引领"和"下一步计划",为13岁以上的学生提供网络和咨询服务。"学习引领"主要是通过网络平台提供在线服务,它的"附属工作中心"主要是帮助未就业的人寻找工作,也帮雇主寻找合适雇员,是一个双向互动平台。而"下一步计划"是一个面对面交流的服务指导平台,帮助20岁以上的成人逐渐走向工作上的成熟。国家生涯服务处通过与中学签订合同、与地方企业进行合作,为13岁以上的青少年提供劳动力市场信息,帮助他们获得工作经验。苏格兰服务处为13—18岁的人提供职业资源和生涯课程。除此之外,英国还有许多在线服务网络平台为中学生提供生涯教育和指导服务。英国部分在线中学生涯教育资源见表2-3、表2-4、表2-5。

① 景宏华.英国的生涯教育服务机构、标准及特点[J].中国职业技术教育,2007(33):41-43.

表 2-3　中学生涯指导服务资源

生涯服务机构名称	网　址	主要功能简介
不断激发的抱负 （TES Growing Ambitions）	https://www.tes.com/	涵盖支持年轻人探索职业和工作世界的资源，并树立未来的职业理想
激励未来 （Inspiring Futures）	https://inspiringfutures.org.uk/	通过与学校和其他教育机构合作，为英国年轻人提供生涯教育、信息、建议和指导
教育和雇主量子屋 （Education and Employers Quantum House）	https://www.educationandemployers.org/	通过将中小学、学院、雇主和志愿者联系起来，共同开展一系列可以改善年轻人未来的校内活动
我能行 （I Could）	https://icould.com/	通过提供详细的工作信息、实用技巧、见解和建议，展示工作的多样性，为年轻人提供职业灵感和信息
工作乐园 （Job Zoo）	http://www.jobzoo.co.uk/	为年轻人创造就业资源，以探索各种可能的就业途径
目标职业 （Target Careers）	https://targetcareers.co.uk/	帮助毕业生做出有关未来的决定

表 2-4　生涯服务官方网站

生涯服务机构名称	网　址	主要功能简介
生涯教育与指导协会	—	
国家生涯服务 （National Careers Service）	https://nationalcareersservice.direct.gov.uk/	提供信息、建议和指导，帮助年轻人做出有关学习、培训和工作的决策
生涯发展机构 （Institute Career Development）	http://www.icdnyc.org/	通过职业发展规划和分享就业信息来帮助人们改变生活
技能发展（苏格兰） （Skills Development Scotland）	https://www.skillsdevelopmentscotland.co.uk/	保障人们和企业掌握发展的必备技能，并提供技术支持服务

续　表

生涯服务机构名称	网　址	主要功能简介
我的工作世界(苏格兰) (My World of Work)	https://www.myworldofwork.co.uk/	为全年龄阶段的人提供量身定制的职业建议
威尔士生涯服务处 (Careers Wales)	http://www.careerswales.com/	全年龄段的指导服务,其职责是帮助人们实现终身职业规划
北爱尔兰生涯服务 (Careers Service Northern Ireland)	https://www.nidirect.gov.uk/campaigns/careers	为 14—19 岁的青少年提供职业、工作、技能和学徒活动信息,以探索未来的技能并做好工作准备

表 2-5　生涯教育质量评估网站

名　称	网　址	主要功能简介
教育标准局(Ofsted)	https://www.gov.uk/government/organisations/ofsted	提高标准,改善生活
生涯标准质量 (Quality in Careers Standard)	http://www.qualityincareers.org.uk/	确保生涯教育指导质量,明确生涯指导服务标准
矩阵 (Matrix)	https://matrixstandard.com/downloads/	组织评估和提出衡量其建议和支持服务的独特质量标准

资料来源：Department for Education, GOV. UK［EB/OL］.［2022-03-06］. https://www.gov.uk/.

3.基于课程的英国中学生涯教育

20 世纪 70 年代,英国掀起了对生涯教育课程和教材的研究浪潮,这时英国中学仅仅将生涯教育作为独立的一门学科进行开展。经过 20 余年的发展,学校教育的学科和主题增多,而生涯教育授课时间却减少了。英国国家课程委员会于 1990 年发布了《课程指导 6:生涯教育与指导》,其提出生涯教育课程实施的五种模式:跨学科渗透式教学、独立的个人和社会教育(PSE)课程、独立学科课程、集中教学和活动指导,学校可以任选一种模式进行教学。2000 年,英国政府增加了一门新课程:个人、社会和健康教育(Personal, Social and Health Education),后又于 2008 年 9 月对该课程进行了修订,变为个人、社会、健康与经济教育(Personal, Social, Health and Economic Education,简称 PSHE)。2012 年,生涯教育与指导协会(ACEG)

提出了生涯教育课程的主要内容,并为生涯教育课程的设计与开发提供了参考。具体来看,例如苏格兰服务处为中学的生涯课程提供支持,其中一个资源是"职业盒",它为教师和生涯顾问提供灵活的职业教育资源,为13—18岁的年轻人提供一系列活动,并协助学校为13—19岁学生提供卓越的生涯课程;北爱尔兰的学习型组织与职业服务部门达成非正式合同或合作伙伴关系协议;威尔士议会出台的《职业和工作世界:威尔士11—19岁青少年的框架》,为11—19岁青少年提供生涯发展的基本课程,并强调年轻人需要发展成为合格的职业规划者。

总体来说,当前英国中学生涯教育课程主要包括:①特定的封闭式学科课程,即生涯教育作为一门独立学科在学校中开展,便于学生系统学习生涯教育相关知识与技能;②扩展的封闭式学科课程,即生涯教育嵌入其他教学内容,如 PSHE 课程;③在常规学科教学过程中融入生涯教育理念,使学生通过渗入式整合课程潜移默化地接受生涯教育理念,即教师在具体学科教学过程中渗入生涯教育知识与理念,便于学生习得探索世界的技能。

四、英国中学生涯教育的质量保障

(一)英国中学生涯教育师资建设质量

英国中学生涯教育的实施离不开教师这一主体,其中教师的专业化水平影响着生涯教育质量。英国一直强调生涯教育师资队伍建设,逐步改变生涯指导教师由任课教师兼任的局面,主张由更为专业化的生涯教师进行生涯教育,并通过多种举措提高生涯教师的专业化水平。

英国中学的生涯协调员有专职和兼职两种类型,专职教师要求必须具备职业资格证书,而兼职教师也必须进行大量的初步培训。[①] 生涯协调员的具体工作包括三个部分:全面的管理工作、日常管理工作和学科领导者工作。[②] 1999 年,英国教育与就业部对学校生涯教育与指导的职业标准做出了明确规定,进一步推动生涯协调员朝着专业化、标准化、制度化的方向发

---

① Watts A G. Occupational Profiles of Vocational Counsellors in the European Community: A Synthesis Report[M]. Thessaloniki Greece: CEDEFOP, European Centre for the Development of Vocational Training, 1992.

② 孟可可.英国普通中学生涯教育研究[D].上海:上海师范大学,2015.

展。除了必须具有专业资质,英国还通过提供远程学习或开放式学习等途径使大多数生涯协调员参与短期培训,使培训成为提高生涯教师专业化发展的主要途径。具体来说,其包括以下培训途径:一是长期课程。长期课程通常在高等教育机构开展,职业人员必须接受一年全日制或同等的在职研究生水平课程才能获得文凭。[①] 无论是职业指导、职业教育还是职业规划,所有这些都比其他形式更具实质性的理论成分。[②] 二是短期课程和会议。短期课程和会议主要是提高职业人员对主题和问题的认识,并提升自身的实际技能。三是网络支持活动。通过网络平台共享人力资源或开发资源等。四是基于经验的学习。通过真实情境下直接的咨询或指导能够使专家和生涯指导人员专注于特定服务对象,是开放式学习获取专业资格的重要途径。[③] 五是综合活动。英国中学整个系统的生涯教师都具有专业资质,并通过持续的专业化发展学习和严格遵守职业标准来保持自身的专业能力。

生涯顾问是为学生提供专业的生涯指导与建议的人,他们独立于学校和培训机构,为学生提供公正客观的生涯信息、建议或职业选择。生涯顾问作为专业人员,其工作职责主要包括以一对一或小组形式对学生进行访谈,向其提供适切的生涯教育、信息、建议和指导,共同协商为其制订有关的行动计划,及时关注劳动力市场信息并更新以及跟进或调整学生的计划。除此之外,还需要进行纵向追踪,通过网络等平台对学生进行评估等。生涯顾问工作内容繁杂,因此从业人员要求具备专业知识和专业能力,包括个人和群体指导能力、个人和群体评估能力、管理能力以及搜集信息能力等。

不仅英国政府关注生涯教育师资力量,生涯发展机构作为专业的生涯教育服务机构,也非常重视生涯教师专业化问题,提出了新的从业资格证书培训与认定标准。虽然该资格证书在不同地区有不同的名称,但总体来说,他们都强调从业人员的专业知识、专业技能等专业素养的提升。生涯发展机构是生涯指导/发展资格(QCG / QCGD)的授予机构,但从 2017 年 1 月

---

①　Hawthorn R, Butcher V. Guidance Workers in the UK: Their Work and Training[M]. Altkirch: Crac Publications, 1992.

②　Hughes P. Changing perspectives in full-time training[J]. The Counsellor, 1977(2): 4-7.

③　Graham B. Mentoring and professional development in careers services in higher education[J]. British Journal of Guidance & Counselling, 1994(2): 261-271.

起,这些资格被职业发展资格(Qualification in Career Development,简称QCD)所取代。除此之外,在生涯发展机构注册的生涯发展专业人员均拥有生涯发展资格,且至少达到研究生水平,并通过每年至少25小时的持续专业发展来维护和更新他们的技能和知识,以此致力于推动生涯从业人员的持续专业发展和提高他们的专业知识及理解水平。

(二)英国中学生涯教育质量的评价

按照一定的标准对生涯教育进行评价,有助于创造一个公平有效的生涯教育实施环境,推动教育质量的提升。英国正在构建系统完整的生涯教育质量保障体系,呈现生涯教育质量评价工具多样化和机构多元化的特征。

1.开发校内自我评估工具

2007年,英国儿童学校家庭部制定了生涯教育与信息、建议和指导(IAG)标准,用于检验学校和校外是否为学生提供了优质的生涯教育与指导服务。2010年,IAG支持项目为了促进《生涯教育法定指导》的实施,推出了一系列关于生涯教育的资源包,其中包括一套可以用来诊断学校生涯教育发展情况并进行生涯管理的工具。[①] 2014年,盖茨比基金会正式发布《好的生涯指导》(Good Career Guidance),明确界定了生涯指导的内涵,提出了八项基本标准,即"盖茨比基准",基准1至基准8分别是:稳定的生涯指导方案;在职业生涯和劳动力市场中获得信息;满足每个学生的生涯发展需求;将课程学习与生涯发展融合起来;提供与雇主、员工的交流机会;获得工作经验;接触继续教育和高等教育;进行个体指导。[②] 基于盖茨比的八项基本标准,2017年10月英国生涯企业公司(Career Enterprise Company,简称CEP)发布的《2017年国家状态:英国学校职业和企业供应》中提出将指南针(Compass)纳入中学自我评估体系之中,供学校匿名参与"盖茨比基准"的评估。

2.实行专业机构评估模式

除此之外,1992年,英国教育标准局(Ofsted)成立,主要负责对英国中小学的教育质量进行监督与评价,它的前身是女王督学团。1971—1972

---

① 孟可可.英国普通中学生涯教育研究[D].上海:上海师范大学,2015.

② Gatsby Charitable Foundation. Good Career Guidance[R]. London:Gatsby Charitable Foundation,2014.

年,女王督学团对学校的生涯教育与指导状况做了充分调查,并于 1973 年发布了《第 18 次调查:中等学校的生涯教育》。在之后的很多年里,女王督学团致力于对学校的生涯教育指导实践进行评估,成为很多学校和机构改善生涯教育指导实践的参考依据。英国教育标准局是维持学校质量标准的机构,然而,在英国教育标准局框架内对职业生涯工作的过度关注却引发了一些不满。[①] 这些不满的声音认为,除在学校和其他地方为职业生涯工作制定更严格的质量标准之外,理事会也应该在定义标准和监督质量方面发挥咨询作用。[②] 此外,还存在使用单一系统评估供应(输入)和活动(过程)质量及其影响(结果)的问题,在制定地方供给的中央标准方面也存在问题,这些问题都在一定程度上影响了生涯教育的高质量发展。2012 年,立法要求学校承担独立提供生涯教育的法定责任。2013 年 9 月,英国教育标准局对学校的生涯指导服务进行了全面的督导和评估,并对政府、企业主、国家生涯服务处、地方当局以及学校分别提出了建议。

3.多元主体评估

生涯教育质量不仅需要使用外部认证(如职业投资者)作为提高稳健性的杠杆,还要听取多元主体的反馈进行评估。如通过向不同参与主体发放问卷对 CEIAG 项目进行评估,具体的评估方法包括向学生发放关于关键里程碑事件的反馈问卷;向学生家长发放父母问卷,并将其作为定期父母调查的一部分;向应用学习经理等员工发放问卷进行评估;向部门负责人、公民课程负责人、中层领导和 14—19 名发展官员发放问卷,以评估 CEIAG 在学科中的影响等。质量评估主要涉及三个方面,即:监督和评估规定的有效性;审查现有条款以进一步改进和评估规定的总体影响;多元主体通过量化数据(如 GCSE 通过率)和定性数据(如学生面试)对英国中学生涯教育进行监测和评估,提升生涯教育实施质量,如表 2-6 所示。

---

① Westergaard J, Barnes A. Inspecting Careers Work[M]. London:Department for Education,1994.

② Guidance Matters:Developing a National Strategy for Guidance in Learning and Work:A Report[M]. London:RSA,1993.

表 2-6　多元主体评估实践案例

实践例子	审查现有规定	监督和评估规定的有效性	评估供应的总体影响
利用学生数据确定需要额外支持的人,包括必要时的干预计划	√	√	
使用学生对 CEIAG 项目的评价,如关于关键里程碑事件的反馈问卷;学生访谈和讨论;工作经验评估论文等	√	√	√
使用父母问卷,如父母之夜和/或选择之夜,作为定期父母调查的一部分	√	√	√
使用员工评估,如向应用学习经理发出的问卷	√		
向部门负责人、公民课程负责人、中层领导和14—19 名发展官员发放问卷以评估 CEIAG 在学科中的影响	√	√	
部门负责人对课程规划的审查		√	
工作审查: 焦点日项目负责人在焦点日小册子中记录学生的反应,作为保证活动质量的一部分	√	√	
部门评价	√	√	
使用学生结果数据来衡量项目的影响力和成功程度,例如:在普通中等教育证书考试中获得五个 A — C 级的学生百分比;在第九年取得第二级发展企业能力资格的学生百分比;出席率;排除率			√
外部认证的使用(如职业投资者)	√	√	√
监督检查			√

资料来源:Department for Education,GOV. UK［EB/OL］.［2022-03-06］. https://www. gov. uk/.

4.评价质量体系的激励

英国生涯教育还设有评价质量体系的激励。20 世纪 90 年代以来,为了推广学校生涯教育并指导实践,生涯服务的提供者联合服务组织和生涯公司设立了生涯教育质量奖(Quality Awards),用于表彰学校对生涯教育做出的卓越贡献。学校和学院申请生涯教育质量奖时,通过 ACEG 对该学校的生涯教育、生涯信息、生涯建议和生涯指导四方面进行评估,最终对该校的生涯教育质量进行认定并颁发证书。该奖项要求由校长、高级领导团队和理事机构提供强有力的领导,为参与规划和职业计划的员工提供有效培训。学校或学院必须有一个有效的职业教育以及就业能力提升计划,包括为学生提供与工作相关的学习机会和联系雇主。进修机构和高等教育机构也参与该计划,以便更加有效教育、引导和激励年轻人决定未来的学习和选择工作,激发学生生涯规划意愿,发展他们的职业学习技能、知识和品质。

五、英国中学生涯教育的案例分析

(一)牛津中学

牛津中学(Oxford High School,简称 GDST)是牛津最古老的女子学校,它主要包括初中部和高中部,并为学生提供完善的生涯教育体系,牛津中学秉持发现、开放、进取和探究的理念,帮助学生在不断变化的社会环境中掌握基本的生涯发展技能。

1.建立分阶段生涯活动支持

牛津中学生涯教育最大的特点之一就是在不同的年级开展不同的生涯教育活动,通过生涯活动参与的方式获得关于这个世界的体验。7—9 年级时,牛津中学的生涯发展计划侧重于让女孩通过这一过程发展自我认知、自尊和自信。7 年级的女孩更加注重想象力的培养,8—9 年级设置职业日,让女孩亲身感受职业体验,并培养其团队凝聚力。除此之外,还会在 8 年级时举办一个生存日活动,其中包括建立避难所,并学习如何与农场进行合作。9 年级的女孩需要自己准备工作生活计划,比如与家人或朋友一起工作,挖掘他们的职业价值,培养职业发展观念,树立职业榜样。牛津中学在 10 年级和 11 年级进行为期一年的网络活动,通过这一活动帮助每个学生找到自己的位置。10 年级夏季开展的职业日要帮助学生体验团队建设的重要性,并鼓励学生富有想象力地思考他们的工作经历。这一阶段主要帮助学生学会如何学习、如何做出正确的决定以及如何与他人联系。牛津中学为第六级学院的学生提供结构化和定制的高等教育服务,专注于帮助学生做出适合他们的决定,帮助学生积累校内外的工作实习经验,提供丰富的志愿服务机会,为每个女孩的蓬勃发展打下坚实的基础。

除此之外,牛津中学每年的职业生涯之夜让学生有机会与 70 多位代表不同职业和职业道路的演讲者建立自己的联系。每年职业生涯之夜都采用不同的形式,以防止固定的工作思维方式,让女孩们建立信任网络,提出问题和发现新领域以激发她们的兴趣,该活动包括大型网络,1∶1讨论和小组讨论,以提供详细的问题和答案。在12年级建立一支非常有效的职业助理团队。教师在工作期间有访问11年级学生的机会,以此检查生涯教育的质量。

2.实施多元主体合作模式

牛津中学致力于帮助学生做出适合他们的决定,而这离不开多元主体的作用,牛津中学建立了学校—机构—雇主—企业—就业服务部门五位一体的生涯教育合作体系。首先,牛津中学与莫里斯比(Morrisby)、医疗门户(Medic Portal)、卫星(Unifrog)和牛津英语技能(OxLep Skills)等机构建立了合作伙伴关系,为学生提供免费的职业活动。其次,牛津中学与雇主建立了合作关系,包括劳斯莱斯、普华永道、皇家歌剧院和许多其他雇主等,他们为第六级学院的学生提供独家职业洞察日。除此之外,牛津中学通过让学生学习写简历、申请安置、找到职业或在年度职业展览会上与雇主聊天、与大学的代表见面等方式提供生涯教育服务。最后,牛津中学还与明亮绿色企业(Bright Green Enterprise)合作,经营一个创业公司,专注于创造一种具有实际用途的产品。除此之外,牛津中学还与Futurewise,Artemis,Interview Advantage和牛津大学就业服务部门等建立了合作伙伴关系,就如何进行面试和获得就业技能对学生进行指导,包括由经验丰富的职业指导专家带领的简历研讨会、信函写作研讨会、心理测试、访谈和职业会议等形式。牛津中学通过为学生提供激励,推动学生的发展。

3.设立专门的职业服务中心

职业服务中心位于牛津中学的中心位置,为研究和讨论提供空间。在克劳迪娅·斯特罗贝尔(Claudia Strobel)博士的带领下,女孩们会进行一对一的指导对话,以帮助明确自己的兴趣和追求创意。除此之外,牛津中学鼓励学生充分利用强大的女校友(GDST Alumnae)网络,在学生探索大学目的地和未来职业时,为她们提供所需要的人脉资源。职业中心每周举办的医学会会议,能够帮助有抱负成为医务人员的学生准备她们未来的职业旅程。模拟牛津大学访谈的面试准备,帮助学生们找到工作经验和课程信息材料、大学入学前测试准备以及相关专业信息材料。

4.运用生涯网络服务路径

Futurewise是一项职业指导和规划计划,是一个旨在支持15—23岁的年轻人探索他们的职业抱负,并在英国和国际上做出有关他们未来明智决策的服务型网络。这一计划为有职业咨询需求的学生、学校和家长提供专业的信息、建议和指导帮助热线。该计划包括心理测量剖析,旨在识别学生的能力、才能、人格特质和兴趣,通过剖析将学生的详细报告以一系列图形、表格和易于阅读的报告形式呈现,并根据学生的个人资料和随后的进一步研究确定一些职业道路选择建议。除此之外,还可以进行面试指导。Futurewise会员接受6级合格职业指导专业人士的面试,讨论他们的个人资料报告以及学术和职业抱负,在指导面试中,学生有机会谈论结果并确定他们下一步行动。Futurewise的仪表板部分可为学生提供进一步探索并提供报告结果的功能。除此之外,个性化学生网页具有许多交互式工具,包括个人语句构建器、帮助学生探索他们感兴趣的科目的在线调查问卷等。

英国牛津中学还通过开展非正式生活午餐会等一系列生涯活动,让学生们有机会与企业家和校友对话,了解商业、医学、工程师、自由网页设计师、艺术家、音乐家、政治家和律师等工作,获得生涯服务机构、企业雇主和网络联合服务,通过极具多元性的活动展现工作的乐趣和挑战。

(二)西蒙兰顿女子文法学校

西蒙兰顿(Simon Langton)女子文法学校是英国肯特坎特伯雷地区一个女子学校,包括第六级学院约有1400名学生。该学校为7—13年级的学生提供所有的教育、信息、建议和指导计划,使得所有学生在规划未来的过程中得到全面的支持和指导。该学校生涯教育的目标主要围绕使学生深入了解自己、了解对她们开放的各种机会、参加校内外的工作相关活动、了解劳动力市场以及雇主的要求和期望,最终学会明智地规划她们的未来。该校的生涯教育内容如下。

1.实行分阶段生涯教育活动

西蒙兰顿女子文法学校为7—13年级的学生提供不同的生涯教育课程和活动,每一年级有着不同的生涯教育目标和任务。7年级是学生从小学到中学的过渡时期,这一年开始更多地了解自己,并需要她们在这一年完成一个自我评估和自我发展期望,进而制定她们在技能上的发展规划。8年级主要的任务是探索工作世界,通过探索工作世界,更好地了解雇主的期望、就业技能和劳动力市场。9 年级的学生主要通过参与工作日这一活动,完成一份反思日记,并重点关注工作场所中的女性。除此之外,9 年级的学生还要完成 GCSE 选项的准备,以便更多地了解如何明智地做出决策,更多地了解她们可以选择的范围和结构。10 年级的学生主要是体验劳动世界和关注雇主期望,所有学生都必须参加为期 3 天的工作,与来自各行各业的雇主合作学习。11 年级的学生要做好升读准备并接受教育、信息和指导计划,帮助她们做出关于未来的重要决定。一系列 PSHE 课程将教授学生们如何有效制定决策,探索她们的选择并为她们的应用提供支持。所有学生都参加由 12 年级学生举办的学科展览,这使所有学生有机会感受不同科目的独特魅力。学生进入就业准备阶段时,要在一系列 PSHE 课程中学习如何撰写有效的简历,培养成功面试所需的技能,然后与雇主进行模拟面试。

2.建立多元主体合作

首先,西蒙兰顿女子文法学校与雇主建立了广泛而强大的联系。这些雇主通过工作实习、访问、讲座、面试准备、职业展览会、海外留学博览会等活动与学生密切合作。此外,西蒙兰顿女子学校还运营顶级飞行(Top Flight)小组,为申请竞争性课程和大学申请指导的学生提供额外的专业指导和建议。其次,西蒙兰顿女子文法学校与家长建立起合作关系。该学校提供父母指导指南,其中包含有关资格、职业道路和大学院校申请等信息,这些信息对 9 年级、11 年级学生来说,很具有针对性。同时学校专门派一名专业教师通过电子邮件、电话或指导面谈为学生家长提供指导。在此基础上,该学校为了使家长能够了解孩子的升学申请情况,特意在 2 月份举办"未来之夜"活动,协助家长辅导学生完成学校选择和升学规划,并提供丰富的信息资源以支持学生的未来发展。同时,大学和学院招生服务中心(Universities and Colleges Admissions Service,简称 UCAC)也为家长提供家长指南,其中涵盖了申请流程各个方面的信息,包括大学选择名单和个人陈述准备等。

3.覆盖生涯教育服务网络资源

西蒙兰顿女子文法学校设立"有用的网站"这一板块,学生在这一板块里可以发现并使用这里的生涯教育与指导网络资源,包括:"UCAS 进步"(UCAS progress)网站,主要帮助学生了解英国所有大学的课程设置与开展情况;"plotr"网站,主要提供职业信息和研究,直接连接到英国"国家生涯服务"网站,以帮助学生获取生涯教育与指导,从而进行职业选择;"学徒制"网站,帮助学生寻求学徒机会;"职业菜单"网站,帮助学生规划自己的未来。西蒙兰顿女子文法学校还通过 Moodle 的职业页面(学校的虚拟学习环境)获得公正的职业信息和建议。英国西蒙兰顿女子文法学校的生涯网络服务平台为学生提供了极大的便利。

4.设置系统完整的生涯教育课程

西蒙兰顿女子文法学校开设了系统完整的生涯教育课程体系,具体包括:①职业软件,可以让学生访问各种不同的职业软件,这些软件将帮助她们找到适合自己的课程以及预测未来职业。②简历制作指导,协助学生撰写简历和职业自荐信。③就业信息,让学生了解劳动力市场的供求关系,掌握职业必备技能,包括沟通能力、团队合作、规划和组织、自我管理、学习和技术等。除此之外,生涯教育课程还包括间隔年信息、采访信息、劳动力市场信息、法律(+工作经历)信息、学习者权利声明信息、医学(+工作经验)信息、认识导师(导师数据库)信息、国家医疗服务体系新闻摘要信息、护理、助产士和医疗保健职业信息、14 岁之后选项(GCSE 等)信息、16 岁之后选项(A-level 等)信息、18 岁之后选项(学徒、学校毕业生、就业等)信息、工作经验和志愿者信息等板块,为学生提供全方位的服务。

西蒙兰顿女子文法学校致力于为学生提供高质量的生涯教育与指导服务,并超过五次荣获职业生涯投资奖项,该校于 2010 年获得职业生涯质量标准认证,并于 2013 年和 2016 年再次成功获得认证。该校所有学生在规划未来的过程中能得到全面支持和指导,所有学生都可以与职业主管会面,职业主管会对学生的简历制作、面试技巧、岗位申请等进行指导,并帮助学生明确未来的职业规划和发展路径。

六、英国中学生涯教育的特点分析

(一)生涯教育责任主体:多元性和协同性

中学生涯教育的发展不是只依靠学校的力量就能完成的,还应该明确多元主体的责任,实现多方利益相关主体合力共赢。英国将教育主管部门、学校、专业机构、相关企业、家长等多元主体协同起来,通过整合教育资源,形成由中央到地方、由地方到学校、由学校到企业的全方位多元协同生涯发展格局。英国教育与技能部明确中学生涯教育发展战略目标,地方教育局要以生涯教育发展战略目标为导向,立足于本土具体实践,将总体目标融入当地教育特色,从而形成兼具自身特色的中学生涯教育本地化目标。学校与企业加强联系,企业为学生提供相关的职业发展培训,对一些弱势学生或职业过渡期学生提供援助,其援助的目的是帮助学生解决问题,从而实现由学生向职业人的转变。英国在生涯教育发展过程中,不断吸纳不同机构参与到学生生涯发展过程中来,如全国生涯服务中心(NCS)、职业与企业组织(CEC)等,通过机构提供丰富多元的生涯教育课程,实现线上线下相结合,在网站提供实时生涯教育指导,弥补了学校教育的不足。在家庭教育中,家长通过分享自身社会经验和职场体验,帮助学生较早树立生涯发展意识,在日常生活中潜移默化地进行生涯教育。

(二)生涯教育实施体系:阶段针对性

英国中学生涯教育历经了近半个世纪的发展,已然形成了一个相对完备的体系,囊括了法律指导文件、教育目的、原则、内容以及实践方式等各方面,其中生涯教育体系的实施具有突出的阶段性——生涯教育教学以学生的可持续发展为基础分阶段进行。由于个体身心发展具有阶段性,这要求教育要分阶段进行教学,不同阶段在教学内容和方法选择上应当具有差异性。最典型的是英国牛津中学所实施的生涯教育,其最大的特点是具有针对性,即对不同年级的学生实施相对应的不同的生涯教育活动,在各式生涯活动的参与体验中,让学生获得对自我生涯的认识。除此之外,西蒙兰顿女子文法学校等中学都实行分阶段的生涯教育活动,为7—13年级的学生提供不同的生涯教育活动和课程,不同年级的生涯教育目标不同,这样既使生涯教育具有针对性,又使教育质量得到保障,形成了个性化、高质量的生涯教育实施体系。同时,教育目标的制定也是根据阶段性特点来进行具体的划分,旨在满足学生的可持续发展要求,从而促进学生的终身学习和未来发展。英国将生涯教育看作一个动态发展的过程,在发展的不同阶段受不同的社会背景因素影响,学生会对生涯教育产生不同的需求,在"变"与"不变"中英国无疑选择了前者。英国生涯教育通过划分阶段、针对教学、持续发展,引导学生树立生涯教育可持续发展理念,进而实现终身学习。

（三）生涯教育服务机构：专业专门化

英国尤为注重以专门的职业生涯指导服务机构为载体推进生涯教育的实施，英国生涯教育的发展是依据外部机构的职业指导服务演变而来的。从生涯指导服务的兴起，到职业生涯指导的初步建立，英国设立了全国青年就业指导委员会，负责管理青年人的失业问题。① 20 世纪 60 年代末期和 70 年代初期，生涯指导服务开始进入发展快车道，专业的生涯服务机构不断涌现，如政府成立了生涯服务处（Career Service）去指导帮助学生进行职业选择，统筹生涯教育发展。进入 20 世纪 90 年代，生涯服务机构逐渐私有化，变幻莫测的市场愈发对生涯指导服务提出了更高的要求，强调服务市场的创新性和灵活性，生涯服务机构变得更具竞争性，由此也带来一些新问题。② 英国政府对此采取了联合服务组织战略来为中学生提供生涯教育，希望能发挥更大的作用去提供指导。英国还设立了国家生涯服务处为不同年龄阶段的人提供在线服务，通过政府主导和在线教育推动，在多个地区提供丰富的生涯教育资源，实现不同发展阶段的人群都能享受到合适的生涯教育资源。2013 年，英国成立了更具权威性的生涯发展机构为英国实施生涯教育保驾护航。类似的专门机构还有很多，例如：联合服务组织、"学习引领"、"附属工作中心"、继续教育服务处（Further Education Student Services）、"下一步计划"、高教生涯咨询服务处（Higher Education Careers Advisory Services）等。③ 英国还设立了专门的职业服务中心，为研究和讨论生涯教育提供空间。英国所有的服务机构都加入了生涯指导协会，形成了可以覆盖整个国家的出色专业服务机构网络。英国专业生涯指导服务机构的发展历史可以映射出英国中学生涯教育指导服务机构在专业化、体系化的道路上越走越远，在这一系列的发展中我们可以清晰看到其自身独有的专业专门化。

（四）生涯教育平台网络：交互个性化

这是一个信息化网络化高速运行的时代，只有紧追时代的步伐，运用技

---

① Watts A G, Hawthorn R, Law B, et al. Rethinking Careers Education and Guidance：Theory, Policy and Practice[M]. New York：Routledge, 1996.

② 邓宏宝. 国外中学生涯教育课程实施：经验与启示[J]. 外国中小学教育, 2013(10)：24-31.

③ 倪幸安. 中小学生涯教育课程方案研究[D]. 上海：上海师范大学, 2014.

术手段才能为我们赢得更多的核心竞争力,英国中学生涯教育的突出特点之一就是在发展推动中学生涯教育的过程中充分运用现代网络信息技术,构建了一个发达的生涯教育网络系统。在数字化、信息化飞速发展的今天,英国中学也十分重视数字技术在生涯教育中的应用,英国也一直尝试将信息通信技术融入生涯教育。如前文曾说到,英国生涯教育机构在发展过程中,也开始接入信息通信网络,寻求成熟的网络技术作为支撑,各机构纷纷建立自己的生涯教育服务网站。在网站上除了发布信息、提供生涯教育资源,还尝试开通在线交流、视频通话等功能,让生涯教育真正实现即时提供、即时指导、即时学习。英国教育与技能部建立了许多有关生涯教育的网站,在网站上有开放式的职业发展教育项目可以申请,学生可以根据个人的需要,选择相关材料和信息,获得在线指导与评估,这些网站还为学校开展生涯教育提供了大量材料、实例和建议。[①] 这些网站不仅能为学生提供个性化的教学和咨询,还可以在一定程度上弥补学校生涯教育中的缺陷与不足,为中学生涯教育的实施提供更多的个性化交互,提升中学生涯教育的质量。

---

① 袁潇.英国的生涯教育及其启示[J].职业教育研究,2009(11):152-154.

第三章　德国中学生涯教育的研究

一、德国中学生涯教育概况

德国地处欧洲中部，是欧洲第一大经济体，人类发展指数排名世界第六，经济高度发达，这与德国极具特色的教育体制紧密相关。德国是一个由16个联邦州组成的联邦制国家，各联邦州具有一定的立法权和自治权，这也是造成联邦教育体系下各州教育结构和学制存在些许差别的原因。实际上，由于德国的联邦体制，各州都会制定自己独立的教育政策，联邦教育部只在国家层面对教育问题做整体规划。[①]

德国以职业教育立国[②]，职业教育是德国工程和制造业长久不衰的动力源泉，人们称职业教育为德国经济发展的"秘密武器"。德国的职业教育处处体现着生涯教育的文化底蕴，生涯教育是德国职业教育中极为重要的理念和思想。生涯教育是通过对个体生涯进行规划，培养个体职业判断与选择技能，实现个人生涯发展的活动。在德语中，与生涯教育表述较为贴切的译法有学习与职业定向（Studien-und Berufsorientierung），另外还有学习与职业咨询（Studien-und Karriereberatung）、职业培训（Berufsausbildung）、职业教育（Berufliche Bildung）等。德国生涯教育贯穿于整个普通学校教育之中，在中学阶段特点尤为突出。

德国的中学划分为两个阶段，类似于我国中学的两段学制。德国中学的第一阶段，持续时间约5—6年，可以类比我国的初中阶段。这一阶段可以分为两个时期，第一个时期是5年级、6年级，称为"发展定向时期"，在发

---

① Bundesministerium für bildung und forschung. Bildung im Schulalter[EB/OL]. [2022-03-16]. https://www.bmbf.de/bmbf/de/bildung/bildung-im-schulalter/bildung-im-schulalter_node.

② 姜大源.德国教育体系的基本情况[J].职教论坛,2005(7):63-65.

展定向时期,学生仍然接受基础教育,但在课程中有意识地添加了生涯教育内容,学生会在劳动课程、生涯教育讲座、实地参观等活动中接受生涯教育,形成对学习和职业的懵懂认知。这一阶段生涯教育的主要任务是使学生了解自己的学习能力和发展兴趣,为分流升学做好准备。在这一时期,学校和监护人会与联邦劳动局、行业协会、企业和其他社会组织开展合作,有意识地观察孩子们的能力、兴趣与学习倾向,为学生提供学习与职业指导,初步分析生涯教育和职业规划,提出升学方向选择上的指导性意见,帮助学生确定下一阶段就读的学校。第二个时期是 7 年级至 9 年级或 10 年级,学生根据发展定向时期确定的升学方向分流进入文理中学(Gymnasium)、实科中学(Realschule)、国民中学(Hauptschule)或综合中学(Gesamtschule)学习,学习内容开始出现差异。在全世界中学教育向一体化发展的大趋势下,德国依然保留了四种中学类型,其中,文理中学相当于我国的普通中学,是成绩最好且准备进入大学学习的学生就读的学校,课程标准高;实科中学是中等成绩的学生就读的学校,兼做基本知识教育和职业预备教育;国民中学以职业教育为主,是成绩不高或准备及早工作的学生就读的学校;综合中学是前三类中学的综合体,学生既可以准备考试升入大学,也可以做职业准备。

德国中学的第二阶段类似于我国的高中阶段,时长约三年,仍分为四类中学,在第一阶段毕业时学生需通过毕业考试,之后第一阶段各类学校的学生可以进入第二阶段各类中学学习。文理中学的学生升入高级文理中学继续学习,综合中学的学生可以进入职业导向的文理中学或高等职业中学学习,实科中学和国民中学的学生则直接进入职业学校接受职业教育。

德国的文理中学学制为八年,设置5—12 年级,这是学生获得第二阶段中学毕业证最快的途径。文理中学的教学目标是深化普通教育,使学生升入大学,同时获得一定的职业能力。文理中学的第一阶段为5—9 年级,要比其他中学的六年制少一年。在这一阶段学习的课程包括德语社会科学(地理、历史,政治、经济学)、数学、自然科学(生物、化学、物理)、英语、艺术、音乐、宗教研究或实践哲学、体育等,6 年级开始加入第二外语课程,8 年级和 9 年级还开设了选修课程,学生要选修一门第三外语和一组专业类型的课程,其中可选的专业类型课程有三组:一是"数学＋科学＋技术",二是"社会＋科学＋经济",三是"艺术＋音乐"。这样的选修模式是生涯教育的课程化分流,是对学生未来职业发展的初步定向,具有深刻的职业教育意义。学生 9 年级毕业升入高级文理中学后,学习的课程分为三个领域,学生必须完整地学习每一个领域课程,通过严格的教学制度使学生的职业生涯教育得以顺利展开。这三个领域分别是"语言、文学、艺术"领域、"社会科学"领域和"数学与科学技术"领域。"语言、文学、艺术"领域的课程包括德语、英语、拉丁语、法语、意大利语、日语、俄语、中文、西班牙语、古希腊语、土耳其语、荷兰语、希伯来语、现代希腊语、葡萄牙语、艺术、音乐、文学等,"社会科学"领域的课程包括历史、社会学、地理、哲学、教育学、心理学、法律等,"数学与科学技术"领域的课程包括数学、物理、生物、化学、计算机科学、技术、营养学等,值得注意的是,体育和宗教是三个领域之外的课程。[①]　一般来讲,在文理中学取得高中毕业证的学生必须接受高等教育,不能直接开始工作,其他高级中学的学生则可以选择升入大学或开始工作。

实科中学包括 5—10 年级,5 年级、6 年级作为一个特殊的教学单元,被称为"发展定向时期"。实科中学有以下必修科目:德语、社会科学(地理、历史、政治)、数学、自然科学(生物、物理、化学)、英语(第一外语)、艺术、音乐、纺织品设计、宗教、体育。此外,根据学校安排学生还要学习一门第二外语,在 9 年级时要开始学习家务劳动课程。另外还开设有经济、科技等现代社会课程,满足学生多样化的学习需求。学生 10 年级毕业后可以获得专业毕业证,也可以进入高级中学学习。[②]

国民中学的生涯教育课程主要针对 7—10 年级的学生进行,涵盖经济学、家政学和技术学科等内容,为年轻人提供在科技、经济和其他领域工作的基本知识和技能。就业导向是国民中学的重要特征,所以最迟从 7 年级开始,学生将通过不同的途径开始了解职业,如到公司参观或短期实习等。学生学习知识的速度是不同的,为了满足所有人的需求,教师会提供不同的任务和材料,以便每个人都可以根据自己的能力和需求进行学习。中学生在校期间需要学习的课程除了德语、数学、英语、宗教研究、历史、政治、地理、生物、化学、物理、艺术、音乐、体育等一般性课程,还需要学习纺织设计、经济学、技术和家政等职业课程。中学 10 年级毕业生分为 A、B 两种类型,

①　Breuer F, Gaebler S, Hunecke H, et al. Studien-und Berufsorientierung an Gymnasien[R]. Berlin:Bundesagentur für Arbeit, Schulewirtschaft Deutschland,2016.

②　Bildungsland nrw schulministerium. Realschule [EB/OL]. [2022-03-16]. https://www. schulministerium. nrw/realschule.

A 类毕业生取得中学毕业证,B 类毕业生取得专业毕业证。

综合中学是一所有更长"共同学习"时间的中学。综合学校一般是全日制寄宿学校,分初级(5—10 年级)和高级(11—13 年级)两个阶段,在 10 年级毕业后取得专业毕业证,可以进入高级文理中学、高级综合中学或者职业学院学习。必修课程有德语、社会科学(地理、历史、政治)、英语、数学、自然科学(生物、化学、物理)、劳动教育(技术、经济、家政)、音乐与艺术、宗教、体育等,在 6 年级时加入第二外语课程,8 年级时加入第三外语课程。总体来看,综合中学的学习模式延长了学生的统一学习时间,使学生获得了更长的职业定向思考时间,便于学生做出更加适合自己的选择。

可以看出,在德国的四类中学中,文理中学的学生发展方向以上大学为主,综合中学的学生可以上大学也可以进入职业生涯,实科学校和国民中学则主要是以就业为目的。德国的中学生涯教育不仅有针对性地辅导短期职业选择,其目的也包括升学与工作后的职业生涯发展,因此进入初级中学阶段,无论是在哪种类型的学校,所有中学生都接受了系统而长期的生涯教育,包括发展定向、职业课程和其他生涯教育活动。

在文理中学,职业课程教育与单独的专业课糅合在一起。在实科中学,职业课程教育会融入特定的社会政治、经济和技术课程,毕业年级会有单独的职业培训。在国民中学,职业课程教育和企业实习相联结,是一门独立的课程。在综合中学,职业课程教育与专业课程相结合,并根据学生个人性格和兴趣进行个性化教学。德国学生在中学第一阶段课程学习结束后,开始初次分流,绝大多数学生开始接受系统的职业教育,以便进入工作岗位,小部分学生进入高级文理中学。这一阶段开始,学校会对学生进行能力测评,并设置专门的职业定向课程和企业实习计划,帮助学生进一步明确自己的职业规划与目标。即使是高级文理中学也要开设生涯教育课程,帮助学生了解大学时期需要掌握的职业知识,使其更好地选择大学的专业方向。[①]

德国中学生涯教育有两个特点。第一是开始时间早。在中学第一阶段 5 年级、6 年级(10—11 岁)的教学内容中,生涯教育已经不局限于开设手工课程,而是以发展定向指导的正式形式出现。在这一时期,学生已经初步表

---

① 程俊辉,李克倩.德国高级文理中学职业定向对我国的借鉴意义[J].学理论,2010(15):244-245.

现出不同的兴趣、天赋和能力，学校也会组织学生到工厂参观、听工会的讲座、学习劳动课程，形成对职业的浅层了解，帮助学生认识到自己的能力和职业兴趣，并指导学生初步做出生涯规划。生涯教育注重理论与实践的结合，对于部分进入职业学校的学生而言，12 岁起就会开始接受相关行业的实践培训。

第二是生涯教育在德国有很高的社会认可度。生涯教育特征体现最为显著的是中学第二阶段，可以说生涯教育是德国教育的"第二支柱"。由于德国的教育体系十分开放且横纵联通，学生可以在小学之后的任意阶段开始接受职业培训，也可以在满足一些条件后重新接受普通教育再升入大学，因而学生对职业培训的态度是积极的。除小学阶段是所有学生接受同样的教育外，从中学第一阶段开始，诸多学生便主动选择接受职业教育，中学第二阶段接受职业教育的人数超过国民中学人数的两倍有余。许多高中毕业生会优先选择就读高等专科学校或者职业高等学院，而不是普通大学。鉴于社会工龄工资体制、学校教育重知识轻经验以及教育阶段衔接灵活等特点，在德国，更多学生倾向于及早进入职业学校学习，以便他们找到更好的工作。

二、德国中学生涯教育的发展历程

本章对德国中学生涯教育发展历程的讨论以第二次世界大战之后为时间开端。德国的生涯教育是从专门的就业咨询机构服务演化而来的，从 1945 年起，生涯教育的发展大致可以划分为战后延续与恢复、改革与重建、现代化发展三个阶段。[①] 教育事业发展的深层次原因是德国法律政策的支持与推动，在德国有关职业教育的法律规范发展过程中，可以探寻到德国生涯教育的推进过程。

（一）德国中学生涯教育的战后延续与恢复阶段

第二次世界大战之后的德国百废待兴，急需大量技术人才推动德国基础产业发展。德国的教育系统也不负众望地承担起了这一责任，强大的科学技术与职业教育为德国社会发展提供了内源性动力。作为第二次科技革

---

① 武翠红.二战后德国新教育史学的发展及政治化特征[J].大学教育科学,2012(1):81-88.

命的重要阵地,德国具有深厚的教育基础,德国政府非常重视对人民的职业技能培训。为了促进经济发展,快速将劳动力转化为生产力,德国政府还特别鼓励企业参与到教育活动中,创新了德国的职业教育模式,为德国的生涯教育发展奠定了文化基础。

第二次世界大战之后,有些政令继续保留发展,生涯教育制度也保留了下来,发挥着传播职业信息、搜集职业相关资料、帮助工人适应劳动力市场需求变化、加强学生与校企沟通等主要作用,服务对象包括个人与企业,主要形式是"职业指导"(Berufsberatung)。[①] 1946 年 1 月 17 日,"控制委员会第 3 号令"规定,所有 14—65 岁的男性和 15—50 岁的女性以及所有企业和雇员都必须按要求在就业办公室登记。该规定一方面是为了获取中学毕业生的人数以服务于职业指导,另一方面是为了保证国家在职业指导领域的垄断地位,掌握企业提供的职业培训岗位资源。1949 年 5 月 23 日,《德意志联邦共和国基本法》的颁布标志着德国生涯教育结束了初级职业指导实践。1949 年,德国分成德意志民主共和国和德意志联邦共和国两部分,由于后者生涯教育更具代表性,所以本章内容所探讨的中学生涯教育在德国统一之前是以后者为研究对象的。

1952 年,联邦就业和失业保险局成立,意味着德意志联邦共和国生涯教育开始进入恢复发展的上升时期。1953—1955 年,该组织所推行的职业培训和学徒研讨会取代了传统学徒制。其出资为远道而来的青年学徒修建住所,这一行为赢得了广泛的社会赞誉。这一时期,就业与失业保障成为生涯教育的重要内容,并逐步得到社会的认可。1957 年 4 月 3 日颁布的《就业服务和失业保险法》(Gesetzüber Arbeitsverwaltung und Arbeitslosenversicherung,简称 AVAVG)修正案将职业咨询、就业安置和失业保障平等地放在了同一个层级上,规定职业咨询、就业安置为国家职能,将职业生涯教育定义为"所有有关职业选择的咨询和建议",解决学徒的就业与安置问题被列为职业培训活动的任务之一,生涯教育在德国的地位更加稳固,开始恢复正常发展。

(二)德国中学生涯教育的改革与重建阶段

1957—1969 年,《就业服务和失业保险法》历经大大小小共 13 次修改,

---

①　Marx K T.,郑文汉.德国职业指导[J].教育与职业,1931(5):665-668.

直至 1969 年 7 月 1 日被《就业促进法》(Arbeitsförderungsgesetz,简称 AFG)取代。[①] 由于经济条件的变化,德国社会出现了严重的结构性失业,这对劳动力市场而言无疑是一场海啸。生涯教育亟须做出改革,以解决失业与就业问题。而早期的《就业服务和失业保险法》中要求劳动力市场被动适应政治与经济活动的做法已经不适应新时期的社会情况,只有更加积极、具有前瞻性的劳动力市场政策才能与社会劳动力的动态需求相匹配,这也对生涯教育提出了新的要求。

1957 年《就业服务和失业保险法》的修订法案明确规定,联邦机构有义务提供职业教育的一般性措施,以帮助和支持生涯教育发展。学校会议、家长晚会、专业的讲座、图书、音像制品以及到企业实地参观等方式,都是推动生涯教育的可行举措。《就业促进法》极大地加强了专业教育,并且将生涯教育视作独立的专门活动,规定政府应履行其职责,全面搜集、传递关于职业选择、职业培训的要求和途径的信息,提供行业、企业、劳动力市场的现状与前景分析作为职业指导活动的参考。《就业促进法》规定政府要与职业培训机构联合,协调专业教育、职业指导、职业培训等生涯教育活动。此后,在《就业促进法》修订案中,进一步明确了妇女在就业、职业指导、实习分配活动中的权利,首次将医学检查和心理鉴定引入生涯教育活动。检查和鉴定的对象不局限于参与生涯教育的学生,还包括德国联邦劳工局的工作人员。

1959 年,联邦德国教育委员会提出了《改组和统一公立学校教育的总纲计划》(以下简称《总纲计划》),可以看作是联邦德国中学生涯教育体系化发展的新开端。《总纲计划》主张中学设置为一般中学、实科学校和国民中学三种类型,在一般中学中就读的是占有较多社会资源和学习成绩较好的学生;实科学校的教学内容中自然科学占比较大;国民中学要培养学生掌握初步的文化知识和生产技能,为接受进一步的职业教育做准备。这样的中学结构既继承了德国传统等级观念,又体现了社会劳动分工对学校培养人才层次的不同要求。值得一提的是,《总纲计划》主张在四年学制的基础上增加两年的准备阶段。在当时社会发展和新市民阶层迫切需要的背景下,职业教育相较于普通教育有更大的应用空间,因此职业教育的出现受到了

---

① Krämer R. Die Berufsberatung in Deutschland von den Anfängenbisheute-einehistorische Skizze [J]. Informationenzur Beratung und Vermittlung in der Bundesanstalt für Arbeit,2001(16):1097-1105.

极大关注。自此,生涯教育在学校教育中的正统地位得以确立,法律文件成为职业教育实施的强劲保障。

1960年颁布的《青年劳动保护法》不仅规定了接受职业教育既是青年人的权利,也是必须履行的义务,还要求企业负担一部分青年学生在职业学校学习的费用,为青年人接受职业教育提供一定的经济支持。《青年劳动保护法》对青少年在企业中获得职业教育的权利做出了保护,避免了实习或培训演变成企业压榨青少年的方式,也进一步规范和保障了青少年接受一般学校教育的权利与义务。

1964年颁布的《联邦共和国各州之间统一学校制度的修正协定》(以下简称《汉堡协定》)规定各州实行统一的九年制义务教育,还对各类中学的名称进行了统一规定,文理中学、实科中学、国民中学的叫法自此确立。德国中学教育开始走上正轨,生涯教育以“劳动课程”的形式被确定下来。劳动课程内容十分广泛,涉及经济、劳动、科学技术、社会关系等众多领域,既是面向中学生满足时代发展要求的社会教育,也是培养学生职业选择能力的学校教育。劳动课程本身并不是职业训练,只是一种侧面观察活动,在工厂或企业的亲身实践是为了帮助学生形成更直观、更全面的认识,其目的不是对具体的职业技能进行指导,而是为学生日后的职业选择做准备。

1969年颁布实施的《联邦职业教育法》对“职业教育”的概念进行了界定,明确职业教育包含初始职业教育、职业继续教育和职业改行培训三部分。其中,初始职业教育包括学生在学校接受的生涯教育和在企业接受的实操训练等活动,明确将企业这一主体纳入生涯教育活动,使企业培训、职业教育活动更加规范,为德国“双元制”职业教育奠定了重要基础。[①] 此后,1975年颁布的《联邦职业培训位置促进法》进一步完善了《联邦职业教育法》,后于1981年将《联邦职业培训位置促进法》改为《联邦职业教育促进法》。2004年,联邦政府将已经颁布的《联邦职业教育促进法》和《联邦职业教育法》合并为新的《联邦职业教育法》,于2005年4月生效实施。德国的职业教育法在这一过程中不断发展,趋于完善,同时政府不断加强对职业教育的引导,这在中学阶段体现得尤为明显。

---

① 蔡跃,王继平. 从《联邦职业教育法》看德国行会在职业教育中的作用[J]. 教育理论与实践,2011(6):25-27.

1970 年出台的《教育结构计划》提出了四个目标和七个建议。其中,第三条建议提出把中等教育分成两个阶段,此后德国一直沿袭两段制的中学结构;第六条建议提出在中等教育第一阶段后的 11 年级设置职业基础教育年,尽可能培养接受职业教育学生的知识与技能,使他们在进入职场后能迅速成为熟练工。另外,《教育结构计划》还对中学第二阶段的教育内容进行了改革,实行选修制度,拓展了学生能接触到的职业知识,这份文件进一步强调了职业教育在德国教育体系中的重要地位,是生涯教育在中学教育发展中一次质的飞跃。《教育结构计划》的理念中蕴含终身学习的定义,扩大了对"学习"的定义,认为学习是生活的过程,而不仅是生活中的一项专门活动,这一理念有利于推动生涯教育与普通教育一体化发展。

随着职业指导范围的扩大,职业指导服务的人群覆盖范围也在扩大,进而出现了为高中毕业生和大学生提供职业咨询的专门机构。针对这一人群的职业指导顾问必须具备大学以上学历,需要对高等教育知识和学术性职业有深刻的了解,并且要具备一年以上的职业咨询指导经验。1977 年,针对高中毕业生和大学生的独立职业指导活动正式归入职业指导部门统一管理。

在 20 世纪七八十年代,德国经济迎来发展的高潮,社会生产总值与人均收入腾升,达到了第二次世界大战之前水平的三倍以上。[①] 生涯教育在此期间得到了突破与发展,专业化程度和组织性显著提高。1974 年专业技术服务科技发展,1975 年文档管理方法更新,1979 年引入了"职业信息中心",1985 年引入计算机辅助培训交换系统(COMPAS),这些都代表职业指导活动的信息化程度和电子化程度正在逐步提升,生涯教育数据形成积淀,开始进入数据服务时代。

(三)德国中学生涯教育的现代化发展阶段

1990 年,德国重新统一。德国的统一令人欢欣,但起初的两年也使新生的德国陷入经济困难的窘境。统一之前的德意志民主共和国经济发展相对落后,剪刀差持续存在,而且机械、钢铁、船舶等制造业受资源限制出现疲软,去工业化问题凸显,出现高失业率,社会人才培养系统亟待改革。

---

① 阿贝尔斯豪泽.德意志联邦共和国经济史 1945—1980 年[M].张连根,吴衡康,译.北京:商务印书馆,1988.

当时生涯教育在中学阶段的形式主要是课程。1996 年,德国颁布了新的课程编制指南,开始实行"学习领域"课程方案,指导改革中学生涯课程设置,其核心理念是:①以培养学生复合的职业能力为目标;②课程设计要基于工作过程;③教学要以行动为导向。[①]

1998 年,德国社会法典 Ⅲ(Sozialgesetzbuch Drittes Buch,简称 SGB Ⅲ)取代了《就业促进法》成为德国生涯教育的主要指导文件。[②] 它重新划分了职业咨询和介绍活动的责任范围,对生涯教育做出了全面的最新定义,规定生涯教育包括"提供有关职业选择、职业发展和职业变化的咨询,提供劳动力市场和职业状况的信息,进行职业培训,以及提供其他可能需要的信息和建议"等内容。

德国的高福利使劳动者可以完全不工作而仅依靠国家保障生活,因此劳动者就业心态发生了变化,这也导致劳动力市场情况发生了很大变化,人们对职业指导服务提出了新的要求,生涯教育的时代价值发生了改变。2000 年,德国联邦劳工局启动了名为"劳动局 2000"的改革计划,该计划表明政府在未来要以主动出击的姿态迎接当前和未来的挑战,为客户定制职业生涯活动,提供专业的、有效的职业咨询和职业介绍等服务。联邦职业指导机构主要划分为就业安置、职业咨询、职业服务和管理服务四个部门,这四个部门也向着统一化方向发展。

2001 年德国联邦教育部发布的《2001 年职业教育报告》中指出,德国致力于打造一个专业化、个性化、面向未来、机会均等、体制灵活而且相互协调的高质量职业教育体系,给予了职业教育极大的肯定。[③] 因此生涯教育活动内容丰富,参与主体越来越多(如德意志联邦共和国各州文化部长常设会议、联邦和各州教育规划和科研促进委员会、科学委员会等),这些主体共同致力于协调各州之间的生涯教育。随着生涯教育的国际交流与合作加强,职业教育与普通教育的关系更加融合,职业教育与普通教育在互补中协同发展,要求经济领域各类主体为职业生涯教育提供必要的服务,生涯教育随

① 李玉静.国际职教课程改革新趋势——基于对德国、欧盟、澳大利亚的比较与分析[J].职业技术教育,2011(1):79-84.

② Sozialgesetzbuch(SGB Ⅲ)Drittes Buch Arbeitsförderung[EB/OL].[2022-03-16]. https://www.sozialgesetzbuch-sgb.de/sgbiii/1.html.

③ 李继延.中外职业教育体系建设与制度改革比较研究[M].上海:复旦大学出版社,2014.

着职业教育社会地位的提高获得了更多的关注。

　　在 2005—2008 年，德国联邦职业教育和培训部对"学习领域课程"进行了新一轮改革，改革主要内容有：①启动职业教育创新循环行动；②培养学生的跨专业能力；③加开职业教育专业。德国联邦职业教育和培训部制定新课程编制指南，将中学生涯教育的目标从单一地让学生认识自己的能力转变为培养学生复合的职业能力，而且在实际教学过程中，这些目标体现得更为明确，即注重基于工作的职业行为养成。最为重要的是，职业教育专业的建立意味着生涯教育出现了专门专业化形态，生涯教育发展步入现代化阶段。

　　近十年来，各州陆续出台了大量生涯教育法律法规及相关文件，极大地促进了生涯教育在各地方的落实。2007 年，萨克森-安哈特州议会通过了"关于促进普通学校工作与学习准备"的议案，有效推动了生涯教育在普通中学的落实。2009 年，北威州修订了关于"普通学校职业与学习指导的目标和实施过程"。2009 年和 2011 年，汉堡分别颁布了高中阶段和 5—9 年级职业定向活动的内容。2010 年，柏林颁布了关于学校类型和高中教育计划的条例，对学校职业实践课程与活动提出了明确要求。2012 年，不来梅发布了职业定向指南，提出职业定向是普通教育的"横向任务"，将职业定向教育视作普通教育活动中的一部分，肯定了职业定向教育在学校教育中的地位，而且它还详细规定了从小学到高中各阶段学生应接受职业定向教育的方向与内容，对学校生涯教育项目实施形成了明确的指导。[①] 2016 年，勃兰登堡州颁布了《勃兰登堡州学校实施职业和学习导向的管理规定》，对本州学校"职业和学习导向"的实施主体、生涯教育活动的内容和实施途径等做了明确安排。[②] 2016 年 12 月 6 日，萨尔州发布了《萨尔州普通学校职业与学习指导指南》，规定"学校有义务为年轻人的职业和学习定向做出贡献"。2017 年 8 月 1 日，梅克伦堡-前波莫瑞州颁布了《梅克伦堡-前波莫瑞州普通学校和职业学校职业和学习导向管理条例》用以指导该州的生涯教育活动，

　　①　Landesinstitut Für Schule. Materialienzur Beruflichen Orientierung［EB/OL］. ［2022-03-16］. https：//www. lis. bremen. de/fortbildung/berufliche-orientierung/materialien-zur-beruflichen-orientierung-22604.

　　②　Schulen des Landes Brandenburg. Verwaltungsvorschriften zur Umsetzung der Berufs-und Studienorientierung an Schulen des Landes Brandenburg［EB/OL］. ［2022-03-16］. https：//bravors. brandenburg. de/verwaltungsvorschriften/vv_bsto.

其他各州的立法也大都明确使用了"职业与学习定向"的概念,生涯教育成为学校教育的重要理念和内容,其实施过程有了更加清晰、具体的指导性文件,发展速度不断加快。

2017年12月,德意志联邦共和国各州教育部长常务会议通过了《关于普通教育学校职业定位的文件》(Dokumentüber die Berufsorientierung der allgemeinbildenden Schulen)。该文件概述了学校职业教育的总目标、内容、结构框架、实践活动以及学校的学习与职业指导合作的形式,规定了联邦劳动局在学校职业教育中的功能和作用,并对各州学校中的职业教育内容做了详细描述。该文件的颁布标志着中学生涯教育在德国各州向着法制化和规范化方向高速发展。[①]

三、德国中学生涯教育的原则、目标、内容与途径

进入21世纪以来,生涯教育的最新概念表述为"Berufsorientierung, Karriereplanung und Stellensuchemit System",意即"职业定位、职业规划和求职系统",是一种用于指导中学生系统地规划职业未来的新型生涯教育模式。这种模式的出发点非常简单,即一个人对自己越了解、越清楚自己想要什么,就能越快地找到适合的工作。中学生涯教育也是为了帮助中学生更清楚地识别自己的职业倾向,做出最合适的职业选择而出现的,其原则、目标、内容都有鲜明的德国特色。这里需要强调的是,中学生涯教育与德国著名的"双元制"职业教育不同,两者在目标、价值导向和教育内容等方面都存在明显差异,中学生涯教育不可作为"双元制"职业教育的延伸来看待。

(一)德国中学生涯教育的原则

1.以学生为本原则

在生涯教育过程中,首要原则就是学生主体原则。生涯教育在产生之初更多是为了满足国家经济发展对劳动力的需要,但随着时代的发展,人本主义思想逐渐成为生涯教育的主导思想,即生涯教育要优先服务于学生的

---

① Sekretariat der Ständigen Konferenz der Kultusminister der Länder in der Bundesrepublik Deutschland. Dokumentation zur Beruflichen Drientierung an allgemeinbildenden Schulen[EB/OL]. [2022-03-16]. https://www.kmk.org/fileadmin/Dateien/veroeffentlichungen_beschluesse/2017/2017_12_07-Dokumentation-Berufliche-Orientierung-an-Schulen.pdf.

发展,因而必须将学生放在绝对主体地位。

第一,以培养学生的兴趣与能力为本。一方面,要让学生认识并发掘自己的兴趣与能力。每个人都有不同的天赋,而生涯教育的作用之一就是帮助学生认识到自己的与众不同,充分发掘自己的天赋与潜力。另一方面,要传授学生自主分析与决策的技巧与能力。发现自己的兴趣与能力只是生涯教育的第一步,最为重要的还是在此基础上加以发展,将兴趣与能力转换成职业优势,这就需要做出正确的生涯判断与选择。咨询顾问的作用不在于替学生做出判断和决定,而是要培养学生在职业选择和职业决定活动中的自主意识和自由思想,学会站在不同角度综合分析问题。

第二,以学生的职业发展为本。中学生涯教育是在学生正式进入社会工作前进行的,目的是尽可能使学生的职业生涯发展顺利,帮助学生做好充分的就业准备,避免在正式开始工作后频繁进行工作调整,浪费就业时间与机会。人一生的职业可能会有多次更迭变化,尤其是在众多新兴产业、行业层出不穷,职业选择丰富多样的情况下,个人的职业生涯规划就变得更为复杂,因而生涯教育要从学生时期就开始培养,不能仅以毕业后的首次职业选择为目标,而是要以未来漫长职业生涯的规划和选择为指导目标。

第三,公平、公正、因材施教。生涯教育不是为了挑选出优质的劳动力,而是要服务于学生职业生涯发展,要始终以学生的升学、择业、就业以及职业能力的培养为目标,尽可能地使每一个学生做出最适合自己的职业选择。每个人的能力与长处不一样,生涯教育要公正地对待每一个学生,悉心为他们做出指导,不应受到学生成绩、智力、家庭背景等外界因素的干扰。虽然学生的职业潜力在中学时期初步展现出来,但这些潜能并不是学生能力的全貌,在以后的成长过程中还会有更多能力凝聚在学生身上。无论是升学还是就业,是选择社会类、艺术类还是科技类专业,是选择高端先进行业还是选择基础服务行业,这些都是学生个人的自由选择,中学生涯教育的目的就是培养学生职业分析、职业定向和职业选择的能力,以期能够帮助学生在未来的职业生涯中持续稳定地做出判断和选择。因此,在生涯教育的全过程中,都要秉持公平公正的原则,以发展的眼光看待学生,一视同仁,因材施教。

2.政府主导实施原则

发展中学生涯教育是促进社会劳动力水平提高的重要举措,与整个国家的发展息息相关。在中学生涯教育活动中,政府的作用举足轻重,政策的支持和职能部门作用的发挥是生涯教育顺利开展的重要保障。[①]

　　与生涯教育相关的政府职能部门很多,如联邦教育与研究部、劳动局、文化部等,其中,与中学生涯教育联系最紧密的是政府职业指导部门,它的主要任务是根据中学生的身体条件、精神状况、性格特点、个人兴趣等,为其提供职业选择及定向方面的建议。具体而言,它主要从以下几个方面提供中学生涯教育服务:首先,职业指导部门与其他国家机构合作建立数据库,为中学生提供有关职业培训和岗位的数据与资料,中学生可以随时自助查询,最便捷地获取有关信息。一般而言,学生对职业的了解情况与就业意向是比较集中的,男生倾向于机械、汽修、电气类等偏技术类的工作,女生则偏向美发、服务员、收银员等偏服务类的工作,这些职业都比较常见,也侧面反映出中学生对社会职业种类并没有明确的概念。其次,联邦就业服务部中有专门的指导顾问,他们会定期到学校去为学生提供职业咨询,除个别咨询外,还有小组咨询模式。[②] 指导顾问通过访谈、评估等手段帮助中学生分析自己的个性特点、兴趣偏好和能力专长,医生则在学生与家长的要求和授权下为学生进行身体方面的检查以及心理分析,如体力、智力、专注力和情绪稳定性等,进而综合提供职业咨询与指导意见。当有多人对同一职业或岗位有兴趣时,联邦就业服务部会派熟悉此职业或岗位的专门人员前去为学生讲解并提供咨询服务。这种小组咨询模式能让中学生在生涯教育中找到志同道合的朋友,获得来自同伴的鼓励与支持,这是生涯教育中人际关系能力的重要体现。最后,职业指导部门还充当学生与企业沟通的中介,一方面是为学生介绍可以参观和实习的有培训资质的企业,另一方面是监督学生在企业的学习过程,改善中学生接受生涯教育的环境和条件。

　　3.社会通力培养原则

　　中学生参与社会活动较少,对职业生涯的了解需要外部环境有意识地引导。生涯教育的内容又是广泛而复杂的,需要社会各界的通力合作,学校和老师、行业协会、联合会和企业以及学生家长等都发挥着不可或缺的作用。

---

① Autorengruppe Bildungsberichterstattung. Bildung in Deutschland 2018-Einindikatorengestützter Berichtmiteiner Analysezu Wirkungen und Erträgen von Bildung[R]. Bielefeld: W. Bertelsmann Verlag Publikation,2018.

② 柳君芳."职业指导与咨询"的学习与借鉴[J].中国职业技术教育,1998(12):50-51.

学校方面，主要是开设包含各种职业活动内容的"劳动课程"，将培训与职业的基本思想传递给中学生。劳动课程以职业介绍为主，教授一些具体的职业技术技能，劳动课程与其他课程一样列在中学生的教学计划中，生涯教育被常规化。一般情况下，这种劳动课程设置在中学第一阶段的9—10年级，通常是每周两个课时。此外，学校也在生涯教育中起到桥梁纽带的作用，与职业介绍所、职业准入支持或可能合作的公司等机构相联系。① 学校会与其他主体联合举办诸如模拟求职、角色扮演、家长之夜之类的活动，也会提供《现今的职业》《如何正确去做》《阶梯》等阅读资料以及各种关于职业的影像资料，在活动中培养学生的生涯教育意识。老师方面，老师对学生的情况应当有更全面的了解，可以根据学生各学科的成绩、学习能力、智力发展水平以及家庭情况等因素帮助学生综合分析自己的发展潜力，分析直接工作与上大学的利弊。当然，老师提供的生涯教育主要是帮助学生认识自己，引导学生在语言能力、逻辑能力、人际关系处理能力和创造能力等方面进行自我分析，避免选择职业时盲目跟风。

行业协会和联合会与企业在中学生涯教育中主要发挥两个方面的作用。一是向就业指导中心提供职业信息数据，如行业发展情况、行业劳动力供需对比、薪资福利待遇水平、职业性质、岗位职责、岗位数量等内容，就业指导中心建成职业数据库，方便中学生查询自己想要了解的行业、企业的真实信息。二是为中学生提供职业培训岗位和实习机会，提供真实的劳动生产环境，让中学生获得最为直观的职业体验，并且对学生的实际工作表现进行及时反馈，帮助学生做出初步职业选择和长远的职业生涯规划。比如，企业会定期举办"车间工作日"，该活动一般面向9年级学生开放，在经验丰富且具有培训资质的师傅带领下，学生可以在企业参观和咨询，明确自身在职业领域中的适应性和职业与自身条件及意愿的匹配度，也可以在职业咨询过程中培养学生的职业兴趣，为之后的职业选择做准备。

对学生家长而言，可能与孩子一起面对相同的职业选择困惑，劳动力市场上有3万多种职业，自己的孩子究竟应该如何选择？在中学生涯教育中，

---

① Bundesministerium für Bildung und Forschung. Die Rolle der Schulenim Berufsorientierungsprogramm. [EB/OL]. [2022-03-16]. https://www. berufsorientierungsprogramm. de/bop/de/programm/informationen-fuer-schulen/die-rolle-der-schulen-im-berufsorientierungsprogramm.

家长的作用看似微不足道,仿佛只是旁观者,但实际上,他们是孩子的榜样、伙伴、对话者和支持者,他们对孩子的影响是潜移默化的。家长比老师更了解自己的孩子,因此,家长要在日常生活中发现孩子的爱好与特长,及时与老师沟通,帮助老师更高效地指导孩子的职业生涯发展。

(二)德国中学生涯教育的目标

德国中学生涯教育的对象是中学生,因而在设定中学生涯教育的目标时要考虑这一特定对象的需求。一般而言,中学生涯教育要帮助学生在就业前形成正确的职业认识,培养系统规划自己职业生涯的能力,帮助他们在未来选择适合自己能力、兴趣与取向的工作。在生涯教育过程中,学生转变被动等待工作、适应工作的思想,主动参与到劳动力市场活动中,通过调查、分析和寻找自己感兴趣的、适合自己的工作,形成自己独特的职业生涯规划。德国中学生涯教育相关部门在调查中发掘企业内非公开发布的岗位信息,如岗位空缺或更贴近实际的岗位介绍,帮助学生找到更优的职业生涯选择。具体来讲,德国生涯教育的目标可以划分为三个逐渐递进的层次,在操作中被归纳为"3W模式"。

1. 什么(Was):自我认知与清晰表述

要厘清自己具有什么样的能力,兴趣是什么,认识自己的能力和兴趣,并且能够清晰地描述出来,进而发展适合自己的职业思路,不要盲目跟随大流,不理智地选择当下热门但并不适合自身的职业,而要尽可能选择适合自己的职业,这是中学生涯教育的根本任务和最高目标。这种自我认知不仅是对个人条件的认知,也包括对外部环境以及职业自身的认知。具体来讲,需要从性别、年龄、价值观、健康状况、工作经验等个人基本情况着手,结合家庭情况、生活环境、父母职业、期望职业的社会声誉与未来发展、社会保障以及自己所在地区的经济条件与区域发展差异等方面进行自我认识。

2. 哪里(Wo):调查与分析,明确自己的职业价值取向

这是生涯教育目标中的职业定位目标。学生通过在具体的实践过程中调查了解岗位的实际情况,对所在专业领域进行分析,进一步明确自己所期望工作的环境是怎样的、希望在什么行业和企业中工作,提高自己的判断能力,检验自己之前的认识和观点是否准确。

3.如何(Wie):确定职业目标愿景,制定检验和实践战略

学生可以通过企业提供的咨询服务,以谈话的形式与企业方进行交流,间接获取企业与职业信息。因为从教科书上得到的经验,不一定符合学生自身特点,只有让其自己深入实际,去体验各种职业的特点,进而思考自己的性格、爱好、能力可匹配何种职业,这样才能够使他们对自己的职业生涯做出正确的规划。[①] 所以,学生可以通过就业指导中心提供的职业培训岗位和实习岗位,在这一工作领域找到一个培训或学习的机会,在实践中获得更为直接的职业感受。

总体来说,德国中学生涯教育的目标是帮助中学生形成对职业的正确认识,提高自我认知和职业选择能力,在毕业后能够找到适合自己的工作。此外,中学生涯教育的目标还包括使中学生在转化为劳动力后能较好地匹配社会劳动力需求,从而缓解失业压力,加强中学生与企业、雇主之间的沟通与联系,形成未来合作的基础,进而服务于德国职业教育和终身教育等。

(三)德国中学生涯教育的内容

德国中学生涯教育的内容可以从形成职业生涯概念、判断生涯发展方向和锻炼职业生涯技能三个方面加以概括。

1.形成职业生涯概念

显性的生涯教育课程是指帮助学生初步形成职业认知的课程,即帮助中学生对社会生活、职业、工作形成初步认识。学生在校期间很难接触到社会,因而存在信息不对称的情况。中学生对职业的了解多是基于生活中的所见所闻,往往常见的职业会成为学生的就业目标,譬如修理工、收银员、服务员、理发师等。生涯教育的首要目标就是让学生了解到社会职业的多样性,对社会生产分工、各行各业的生产方式有基础的认知,在全面了解职业类型之后再做生涯规划,而不是将职业选择范围局限在目所能及的范围内。因而从小学阶段开始,学生在学校就已经开始学习基础劳动课程;到了中学阶段以后,经济学、社会学、教育学、信息技术、艺术、家政等课程的加入,使学生对社会、对工作有了更加清楚的认识,了解社会工作现实情况,尽可能

把握最佳就业机会,缩短毕业后到入职前的空当期,缓解社会福利保障体系压力。

2.判断生涯发展方向

通过选择就业或继续深造来实现定向教育。定向教育主要是帮助学生对与个人兴趣与能力相匹配的行业、企业甚至是具体的部门和岗位精准定位,或者锚定未来就业目标以选择更加适合的学校,做好生涯发展方向的规划与判断,这是德国中学生涯教育中最为核心的内容。在定向教育行为中,学校与联邦劳动局扮演着双主导角色,学校在学生的生涯教育课程和实践活动中对其进行观察,向学生和家长提供未来择业的参考意见。联邦劳动局提供劳动力市场的数据与信息,并且向学生提供职业生涯咨询服务。其中联邦劳动局所发挥的作用主要有两个:第一,联邦劳动局通过其他国家部门获取当前劳动力市场情况及各行各业发展预测,向学生提供相关数据,便于其确定自己未来想要从事的行业。具体来说,联邦政府会通过不同方式对职业进行归类,譬如按照行业领域归类、按照生产活动过程分类、按照劳动性质分类等,使得中学生能够准确找到自己适合的职业类别,有针对性地开展观察与自我培养。第二,联邦就业指导中心通过提供培训来提升中学生在劳动力市场上的价值,以帮助其争取未来获得雇佣岗位的机会。

3.锻炼职业生涯技能

锻炼职业生涯技能包括提高学生求职的技能和培养学生的职业精神品质。在对自己的职业发展有了明确的规划之后,最重要的就是将其落到实处。因而,生涯教育还要培养中学生的求职技能,比如教会学生如何获取企业招聘信息、如何做一份漂亮的简历来尽可能地展现自己的优势、如何在面试中稳定发挥、如何建立自信等,以帮助中学生在求职时获得成功。另外,因为生涯教育关注的是学生一生的发展,所以中学生涯教育的另一项重要内容就是培养学生的职业精神和品质。学校要培养学生的责任感、合作精神、人际交往能力、创新精神等在以后的职业生涯中需要的品质与能力。学校还要培养学生对工作秉持正确的、积极的、认真的态度,以此帮助学生向专业化和职业化方向发展。

（四）德国中学生涯教育的途径

1. 职业预备课程

职业预备教育包括两条途径：一是由普通学校实施的职业教育，二是由职业学校实施的职业预备教育。普通中学的学生在接受职业预备教育时，没有像职业学校设立的学生一样参与"职业预备年"活动，而是通过融入日常教学的职业定向教育以及涉及社会、经济、科技、劳动法等方面的劳动课程加以实施的。[①] 这种职业预备课程的课堂形式较为多样，除了教师直接讲授，还会有案例讨论、模拟面试、自由辩论和角色扮演等多种形式。学校在 5 年级、6 年级开设生涯定向指导课程，在 9 年级、10 年级开设职业指导课程，每周两个课时。高中阶段的职业预备课程会在语言教学中融入生涯指导内容，如在德语或英语课上学习如何写自荐信和职位申请信等。

2. 职业感受活动

学校通过邀请专家办讲座开展职业感受活动。如邀请经济学专家为学生讲授世界及德国的经济情况与未来发展，提供合理的行业发展预测；邀请就业信息中心的专家为学生讲授如何求职、如何选择和开始一项职业培训；邀请法律界专业人士普及职业培训法、青少年劳动保护法、企业法、经济资助法、劳资合同法及有关职业培训规定等与中学生密切相关的法律知识；邀请企业代表为学生做职业价值介绍等。学校也会有选择地组织学生到工厂、企业、商店进行实地参观，观看企业的职业展览、参加交换活动等。这些实地参观活动可帮助学生形成对职业世界的直观认识。当学生经过对比分析初步锚定自己的职业意向后，可以进入企业接受为期三周的实习，亲自体验目标岗位生产劳动过程，对实习过程进行独立评价，加深或及时矫正自己之前的初步认识，如果不符合自己的期望，可以重新进行一次职业咨询并再次实习。[②]

3. 职业咨询与介绍

在德国中学，学生可接收到多途径的职业咨询和职业介绍。职业咨询与介绍以学校定期开展的职业咨询、联邦就业服务部的预约咨询、电话咨询和网上咨询等形式为主。校内的职业指导办公室会定期开放，就业指导中

---

① 李扬. 联邦德国学校的职业指导[J]. 比较教育研究，1994(1)：47-49.

② 傅小芳. 德国基础教育阶段的职业指导课程[J]. 教育理论与实践，1999(8)：49-51.

心的咨询人员会定期在学校提供生涯咨询,一般每个人会获得两次机会,如果有额外的咨询需要,可以到就业服务中心自行预约。联邦就业服务部的咨询包括一般性咨询与专业心理医生咨询。一般性咨询是对全体社会公众开放的,学生需要时自主预约即可,而专业心理医生咨询则较少被使用,只有当学生与家长强烈要求时,就业服务中心才会安排专业的心理医生对其进行心理咨询,咨询过程和结果是保密的。另外,德国联邦就业部也提供电话咨询和网上在线咨询服务。在信息化时代,除了面对面的咨询,线上咨询是德国中学生最常用的咨询方式,中学生能够随时随地便捷地获取网络资源并进行线上咨询。尤其是对于生活在较为偏远地区或者中途辍学的中学生以及不时受到劳动力市场歧视的女学生而言,通过线上渠道咨询信息是更优的选择。学生可以通过众多的官方或私人网站接受职业咨询与指导。如表 3-1、表 3-2、表 3-3 所示,这些线上资源可以分为联邦网站、各州网站和非政府组织网站三类。①

表 3-1　联邦生涯指导服务资源

序　号	生涯教育服务机构名称	网　址	主要功能简介
1	德国联邦劳动局	https://www.arbeitsagentur.de	提供联邦生涯教育总体信息和企业、中学生涯教育指导
2	联邦职业培训研究所	https://www.bibb.de	职业培训专业信息数据资源库
3	国家职业导向研究所的门户网站	https://www.li.hamburg.de	列举"具有模范职业定位的学校",为成功的职业定向课程提供参考
4	德国中央教育服务器	https://www.bildungsserver.de	德国中央教育服务器的搜索引擎
5	联邦教育研究部	https://www.bmbf.de/de/berufliche-bildung-69.html	提供全德的职业规划与指导服务

---

① Bundesagentur für Arbeit und Bundesarbeitsgemeinschaft. Checkliste SCHULEWIRTSCHAFT, Gelungene Studien-und Berufsorientierung an Schulen mit Sekundarstufe Ⅱ[EB/OL].[2022-03-16]. https://www.agv-bochum.de/fileadmin/media/ak-schu-wi/pdf_doc/BO_Literaturliste_Sek._Ⅱ.pdf.

续　表

序　号	生涯教育服务机构名称	网　址	主要功能简介
6		https：//www.arbeitsagentur.de/datei/weisung 200909001_ba013736.pdf	协调中学、职业指导、公司、家长之间在中学生职业定向和升学定向中的关系，帮助中学生做出职业定向选择
7		https：//www.abi.de	关于学习、职业、培训和就业市场的门户网站，主要为中学生做发展定向以及培训项目的介绍
8	联邦劳动局统管的中学生涯教育服务网站（Bundesagenturfürarbeit）	https：//www.berufswahl.de	关于中学生职业选择的指导
9		https：//www.studienwahl.de	关于中学生升学选择的指导
10		https：//www.planet-beruf.de	帮助中学生确定个人能力，制定职业规划，提供申请岗位的指导
11		https：//www.BERUFENET.de	提供有关专业定位、求职、培训、学习、申请链接信息的网站
12		https：//www.BERUFETV.de	提供有关职业的视频
13		https：//www.arbeitsagentur.de/datei/weisung-201812036_ba029379.pdf	根据《德国社会法典Ⅲ》采取深入职业定位和职业选择准备的措施

表 3-2　各州生涯指导服务资源

序　号	州名称	网　址	主要功能简介
1	黑森州	https：//www.olov-hessen.de	从学校到工作的战略规划管理服务网站
2		https：//www.zukunftsschulen-nrw.de	生涯教育指导与学习规划
3	北威州	https：//www.schulministerium.nrw.de/docs/Schulsystem/Unterricht/index.html	中学生涯教育课程信息
4		https：//www.schulministerium.nrw/schule-bildung/schulorganisation/beruf-und-studium	提供中学职业指导信息，开展线上生涯规划课程与咨询

续 表

序 号	州名称	网 址	主要功能简介
5	巴登-符腾堡州	https://www.schule-bw.de	中学职业和学习指导门户网站,提供中学职业指导在线支持
6	柏林和勃兰登堡	https://www.sep.isq-bb.de	中学生自我在线评估工具,适用于5—13年级的学生,包括及时评估功能
7	不来梅	https://www.lis.bremen.de/detail.php? gsid = bremen56. c.17419. de&font＝0	提供文理学校的学习和职业指导
8	汉堡	https://www.schule-wirtschaft-hamburg.de	从学校过渡到教育和学习的指导方针和成功因素

表 3-3　非政府组织生涯指导服务资源

序 号	网站名称	网 址	主要功能简介
1	工作生活计划	https://www.lifeworkplanning.de	提供生活、工作、学习规划方案
2	职业管理	https://www.karriere-management.de	提供个人职业指导
3	我学习什么	https://www.was-studiere-ich.de	提供自主在线职业定向测评
4	中学经济	https://www.schulewirtschaft.de	中学生与企业联系的端口与指南,帮助中学生找到适合实习和工作的企业
5	职业选择通道	https://www.berufswahlpass.de	职业选择通道的信息,包括模板和确定的可能性
6	职业选择印鉴	https://www.netzwerk-berufswahlsiegel.de	职业选择的信息
7	在线职业指导	https://www.lehrer-online.de	提供在线职业指导课程
8	青年职业培训与资格认证网站	https://baj-bi.de	提供职业培训与资格认证
9	职业促进和培训协会网站	https://www.vbfa.de/de/ausbildung/berufsausbildung.html	促进职业培训与学校结合
10	远程职业指导	https://kursnet.de	远程在线职业课程网站,提供职业咨询服务

四、德国中学生涯教育的质量保障

(一)完善中学生涯教育管理机制

中学时期是学生自我认知高速发展的关键时期,学生的思维由经验型向理论型转变,对外界事物的判断也逐渐成熟,是生涯教育的"关键指导期"。德国政府将中学生涯教育摆在了极为重要的位置,联邦职业指导系统的内部监督是从生涯教育的供给要素着手的质量保障手段,其必要性和可行性都是不言而喻的。

一方面,联邦就业指导中心作为德国联邦的官方职业指导与咨询机构,受到其系统内部的监督。对联邦职业指导的服务质量负有监督义务的机构包括设在纽伦堡市的中央办公室和就业指导机构内部的监察部门。纽伦堡的中央办公室统筹全联邦的职业指导工作,并对其工作质量进行监督。根据联邦法律,各州具有自己的教育管理权,联邦政府只做大发展方向上的规划,不做具体的教育安排,但是中央办公室可以帮助协调州与州之间的职业指导系统,保证其工作的整体性和统一性,促进各州职业指导系统与行业协会和企业之间的跨地区合作,更好地满足学生的多样化需求。联邦就业指导中心内部的监察部门负责定期考核就业咨询服务人员的工作文件和总结汇报等、监督指导顾问的服务过程是否规范、组织就业指导中心工作人员学习培训和调查受咨询者满意度等。除此之外,就业服务办公室还会利用信息网络程序审查并保证职业咨询与指导的质量。[①]

另一方面,联邦政府对职业咨询与介绍行业标准做出了统一要求。[②]以往国家职业指导体系尚不健全时,私人职业咨询和指导机构占据市场主流地位,只要具备工商营业手续的机构都可以提供职业指导服务,职业咨询与指导行业水平参差不齐,市场管理秩序混乱,职业咨询服务的质量难以得到保证。后来,联邦职业教育研究所(Bundesinstitutfür Berufsbildung,简称 BIBB)构建了联邦生涯教育框架,开始大规模设置政府职业指导机构,制定了行业质量标准,对提供的生涯指导服务进行规范化管理。拥有更多资

---

① 孙连越.德国职业指导的基本概况及其启示[J].职教论坛,2003(18):64-65.

② EU-Career Development at Work-2008[R]. Luxembourg:Office for Official Publications of the European Communities,2008.

源和质量更高的政府职业指导机构逐步取代资质较差、经营不善的私营职业指导机构,从而占据了市场主导地位。另外,联邦职业教育研究所每年会收集整理企业信息,将企业培训岗位、培训质量等编制成册并向社会统一发布,很大程度上对行业企业的生涯教育行为形成引导和警示,对规范企业职业指导活动有重要影响。

(二)设置中学生涯教育专业人员资质标准

职业指导是一项专业性和技术性都很强的工作,提供职业指导与咨询的教师、顾问和咨询团队都必须具备相应的资质。联邦各州通过在岗培训等方式来提高教师水平和职业指导员服务质量。

德国对职业指导与咨询人员的能力要求特别严格。专业的指导咨询人员受到社会的普遍尊重,不仅是因为其国家公职人员的身份,更因为这项工作服务于社会,对每个人都提供帮助。所以,每年都会有大批学生希望能够从事这一行业。但是目前德国只有一所专门培养该专业学生的大学——德国联邦行政管理专业高等学院,报录比基本为 10∶1,竞争十分激烈。这种竞争使得学校能够优中选优,保证可以进入该专业学习的学生有过硬的综合能力。

一般有两种途径可以进入该专业的学习:第一种是高中毕业后参加"双元制"职业培训两年,专业为商业、服务或技术工程,在岗位工作两年后具备申请资格,然后经过劳动局的挑选,再与之签订合同,方可到德国联邦行政管理专业高等学院学习。再经过三年系统学习,并通过相应的测试以获得学历证书,方可具备职业指导与职业咨询资格。第二种是高中阶段的学习结束后先进入大学的管理专业进行学习,毕业后在劳动局工作两年以上,接受劳动局的培训课程,合格后结业获得职业咨询资格,但没有学历证书,只有结业证书。[①] 这种途径的训练方式是将理论与实践相结合,进行六个月的理论学习后再开始实习。第一次实习时间为一个月,以后改为两个月一次交叉,毕业前实习时间为半年。咨询资格考试是在毕业前实习结束后进行的,共计考六门专业课程,其中最重要的考试是由学校来评定打分,考试内容为:接受专业的咨询人员扮作中学生或求职者来咨询。平常实习时,教

---

① 李强.德国职业指导的基本特点[J].机械职业教育,2006(4):28-29.

师会要求备考职业咨询资格考试的学生把日常的实习过程记录下来,自己进行绩效分析,所以到考试时,学生的咨询经验已经基本达到规定要求了。[①] 咨询的过程可以帮助学生们建立起找工作、未来发展的信心。咨询人员必须接受过严格的职业培训,以更好地帮助他人发展。

(三)校企合作提高中学生涯教育质量

企业提供中学生涯教育服务不仅能使学生获得职业规划与选择的技能,同时也能为企业带来良好的经济效益和社会效益,所以德国企业对配合开展中学生涯教育也有较高的积极性。

一方面,从经济效益角度来看,企业参与生涯教育可以缩减劳动力成本。企业在实施生涯教育指导的过程中,中学生虽然不直接参加创造价值的生产劳动,但是学生在入职之前就对职业岗位进行了系统了解,对工作内容熟悉度更高,入职后上手更快;同时,也减少了企业直接到劳动力市场上招聘和培训员工的成本,能为企业节约大量人力与物力。而且,学生在生涯教育阶段经过慎重考虑后选择确定的职业一般是较为符合学生能力和期望的,其对企业文化、企业环境、岗位情况都比较熟悉,有较高的认可度和忠诚度,因而学生在入职后的离职率和岗位变动率较低,工作情况相对稳定,也为企业节约了员工转岗所需时间成本和资金投入。所以,从经济效益角度来讲,企业愿意配合联邦和学校开展高质量的生涯教育工作。[②]

另一方面,从社会效益角度来看,开展生涯教育能为企业带来较好的正面社会影响。德国历来就有重视职业教育的传统思想,对青年人的培养更是国家的头等大事,生涯教育一直被作为一种企业精神和文化传承,大多数企业将开展生涯教育视为自己应承担的社会责任。发展至当代,能参加职业指导活动的企业都是发展水平较高、经济效益较好的企业,也就是说,允许参加生涯教育活动是对企业能力的一种认可。能够参与中学生涯教育对企业是很好的宣传,不仅能提升企业的社会知名度,树立良好的社会形象,提高自己的社会公信力,还能吸引更多优质人才,帮助企业在未来获得更好的发展。而且这些参与生涯教育活动的企业会被冠以"教育企业"荣誉称号,对企业而言更是一种无形的声誉资本,会促使企业更自觉地提供高质量

[①] 柳君芳."职业指导与咨询"的学习与借鉴[J].中国职业技术教育,1998(12):50-51.
[②] 亓婷婷.德国职业教育立法中的企业角色研究[D].天津:天津大学,2017.

的职业指导服务。

五、德国中学生涯教育的案例分析

弗里德里希-艾伯特文理中学(Friedrich-Ebert-Gymnasium Bonn,简称FEG)有在校生 1156 人,教师 102 人,实习教师 7 人,设有 5—12 年级,是波恩地区规模最大的中学。① 与德国大多数文理中学一样,FEG 的培养目标也是以培养学生升入大学为主。FEG 拥有先进的教育理念,学校教育有三大特色,分别是语言教育、科学教育和艺术教育。在语言教育方面,FEG 是德国唯一一所在给学生发放高中毕业证的同时,可以给学生申请法国学士学位、国际学士学位和欧洲通用学历资格等三项额外资格认证的文理中学。FEG 与欧洲其他国家的众多学校都有良好的合作关系,设有"德语—法语"和"德语—英语"两种双语教学路径,学生在不同年级可以去往不同国家和地区交换学习。在科学教育方面,FEG 凭借在数学、信息技术、自然科学和科技这四个领域的专业性和学科优势,名列德国 MINT(Mathematik,Informatik,Naturwissenschaften,Technik)学校名单之中,可见其教学水平受到了社会的极大认可。在艺术教育方面,该校秉承文化教育理念,十分重视艺术素质的培养,不仅有合唱团、管弦乐队和戏剧项目,还有展览、阅读和剪辑等多种艺术教育形式。FEG 的课程可以分为语言(德语、英语、法语、西班牙语、拉丁语)、社会科学(社会学、实用哲学、地理、历史、政治、教育学)、自然科学(数学、物理、化学、生物)、艺术(文学、音乐、艺术)、宗教(新教、天主教)与体育六大类。② 值得一提的是,FEG 的生涯教育内容也极具特色,立足基础学科,融合生涯教育理念,具有国际化视野,关注学生的未来发展。

1. 生涯教育目标

FEG 秉持"学校是社会的一部分,教育要考虑到学生的生活实际需要"的先进教育理念,关注学生的未来发展,始终将生涯教育作为学校教育的重

---

① Schulentwicklung NRW. Zentrale Lernstandserhebungen[EB/OL]. [2022-03-16]. https://www. schulentwicklung. nrw. de/e/upload/lernstand8/download/Informationen_Eltern. pdf.

② Friedrich-Ebert-Gymnasium Bonn. Lehrpläne[EB/OL]. [2022-03-16]. https://www. feg-bonn. de/curricula. html.

要内容来对待。① 2014 年,生涯教育在 FEG 以"学习与生涯导向"(Studien-und Berufsorientirung)的形式被确定下来。② FEG 的生涯教育目标是通过学校提供的各类学习与职业指导项目,使学生获得能够自主做出学习与职业选择的能力。以"学习与职业选择"能力为培养目标的生涯教育不仅要培养学生的数据信息获取与分析能力、自我营销、内外部竞争力分析等对个人未来职业生涯做出规划的能力,也要帮助学生形成未来所需的各种精神品质,如毅力、受挫能力、沟通能力、冲突解决能力和判断力等,使学生能在以后的生涯发展中走得更远。③

2. 系统的生涯教育课程体系

FEG 的生涯教育课程与学制密切相关,可以分成三个阶段来介绍。第一阶段是 5 年级和 6 年级,被称为"职业定向阶段"。与北威州的其他中学一样,在此期间学校会对每一个学生进行六次生涯定向观察。在 6 年级结束前,老师会根据孩子在成绩、兴趣、职业能力方面的表现,综合前六次评估的结果,为孩子的升学与职业定向提供可靠的判断与建议,之后学生进入不同的学校继续接受义务教育。FEG 在这一阶段并未开设专门的生涯教育课程,而是更多地散见于学生的日常活动或劳动课程中,需要家长与老师的细心观察,因此家长与学校的通力合作是这一阶段定向活动取得最优效果的关键所在。

7—9 年级是第二阶段。7 年级时,学校将"自我管理"作为一门课程加入教学计划。"自我管理"是将行为分解并逐步执行的过程,具体来讲,行为可以分成目标形成(黄色)、计划(红色)、执行(绿色)和成功控制(蓝色)四个步骤,学生要分析自己在各步骤阶段的优势和劣势,对其加以强化或改进,学生在这一过程中形成对自己的正确认识,并以此作为进一步判断未来生涯定位的依据。8 年级有三个强制性的"职业教育日",每个职业教育日都与德语、法语、英语等课程结合,在课程中对学生进行生涯指导,例如语言课

① Friedrich-Ebert-Gymnasium Bonn. Unsere Schule[EB/OL]. [2022-03-16]. https://www. feg-bonn. de/attachements/A1264_Unser%20Schulprogramm_Schulprogramm. compressed. pdf.

② Städtisches Neusprachliches Gymnasium für Jungen. Schulgeschichte. [EB/OL]. [2022-03-16]. https://www. feg-bonn. de/attachements/A322_Schulgeschichte_Schulgeschichte. pdf.

③ Impekoven K, Melle P V. , Josten G, Langner F. Konzept zur Studien-und Berufsorientirung am Friedrich-Ebert-Gymnasium Bonn [EB/OL]. [2022-03-16]. https://www. feg-bonn. de/attachements/A1864_StuBO-Konzept%20FEG_FEG_StuBO_Konzept%20neu%202017-2. pdf.

程中常见的"申请书写作"模块,专门指导学生在寻找实习岗位或申请学校时如何写好自我介绍与申请材料。

8年级以后为第三阶段,这一阶段的中学生涯教育课程较为隐性,主要也是与各种语言文化课程融合开展的,这一阶段,各类生涯教育实践活动开始占据主要位置。

除了各个年级特有的生涯教育课程,学校还开设了常规性的生涯课程,如在每个学年都有职业选择指导课程,由教师指导学生获取就业指导机构、网站、咨询顾问的联系方式以及学习和职业定向的信息,由企业代表讲授"如何成功地申请企业实习岗位"等。这些都是FEG生涯教育课程体系的重要组成部分,将生涯教育内容融入普通课程的教学。

3.多样化的生涯教育实践活动

根据州政府及波恩当地教育主管部门的规定,波恩地区所有中学生都会被分批次地安排在有培训资质的企业进行实习。根据规定,该校所有学生在校期间都要进行为期两周的实习,学生应在父母的帮助下尽可能独立地选择实习单位,学校会积极为学生准备推荐信,合作的公司也会按照规定为学生提供实习岗位,其他社会力量也都致力于帮助学生更好地参与实习活动。在实习期间,学生不用上学,只需要在企业工作,每一名实习学生都由一名公司的工作人员和学校老师照看。在实习结束后,每位学生都必须准备一份反思性和总结性的实习报告,按照要求交给相应主管。

除了一般性的生涯教育实践活动,FEG凭借自己与社会建立的良好合作关系,还为学生提供许多极具特色的生涯教育项目,例如外语交流竞赛、模拟欧洲议会(MEP)、艺术与历史的"新与旧"课程、模拟国际刑事法院(MICC)、在高中阶段开设的经济类项目"business@school"、在大学实验室实习等各类职业生涯规划、导向与定位的活动,让学生对社会各个行业都能有所认识和了解,帮助学生在多元化的培养目标中探寻自己未来的生涯定位。[1]

以波士顿咨询集团举办的全国性中学生活动"business@school"为例,

---

① Friedrich-Ebert-Gymnasium Bonn. Unsere Schule[EB/OL]. [2022-03-16]. https://www.feg-bonn.de/attachements/A1264_Unser%20Schulprogramm_Schulprogramm.compressed.pdf.

FEG 每年会派出三个小组与来自全德的其他学生一起参加这项活动,学生们需要从管理顾问的角度介绍一家大型上市公司和一家当地的小型公司,并且探讨自己的商业计划和商业理念。这项活动在全德范围内有很大的影响力,是对中学生商业能力的考察与锻炼,能帮助他们发现自己的商业能力与天赋,形成对商业运营的认识,对他们未来的职业生涯具有很强的导向作用。在这项活动中,德国邮政 DHL 集团也是 FEG 重要的合作伙伴,负责为学生提供为期两天的企业管理模拟训练,也会为 FEG 高年级的学生提供实习岗位。学生们还可以参加当地的招聘会,在招聘会上学生可以了解岗位、公司的情况以及在自己的意向工作部门实习的可能性。招聘会后,学生还可以进一步与企业接洽。

FEG 的生涯教育不仅重视学生的就业,升学指导同样是 FEG 生涯教育的重要内容。除了常见的在企业实践,FEG 11 年级和 12 年级的学生还可以到合作的大学——波恩-莱茵-西格应用科技大学的生物、物理和化学实验室实习,这些经历有助于激发学生的研究兴趣,对以后申请大学也有帮助。

4.多元的生涯教育合作主体

FEG 生涯教育的参与主体是多元的,这些参与主体同时也都是 FEG 生涯教育质量的重要保障因素,当每一个主体都充分发挥自己的作用时,其价值效用就有可能达到最大化。

从政府角度来讲,北威州率先引入的“学习—工作”过渡系统能有效促进学生在定向阶段就完成自己的学习与职业生涯选择,实现学习与工作的紧密衔接,从操作上完善了生涯教育的可行性。在生涯教育活动中,政府的角色是引导者与服务者,也是生涯教育活动规范运行的有力保障。

对学校而言,FEG 为学生提供学习与职业定向的咨询服务,定期举办“职业定向周”活动,为处于中学第一阶段的学生提供潜在能力分析测验,为处于中学第二阶段的学生提供本地区大学和学院的各类信息等。此外,FEG 与当地就业培训中心也保持着良好的合作关系,致力于服务、引导本校学生正确进行生涯规划。在学校与联邦就业指导中心合作举办的“职业领域探索日”活动中,学生可以进一步预约就业指导中心的一对一或小组咨询服务,还有当地劳动局所提供的数据资源等也都是学生可使用的生涯教育资源。学校和联邦就业指导中心都有专门的教师和咨询顾问对他们进行专业的指导,只是这些指导顾问并不直接帮学生做出选择,而是教会学生如何通过对自身与外部各方面的综合条件进行分析并做出最合适的选择。这些提供咨询指导服务的教师需要在专门的大学就读,而且要通过国家资格考试才可以上岗,上岗后还必须接受定期和不定期的培训以加强和发展个人的专业技能,从而更好地保障生涯教育活动的服务水平和服务质量。

另外,在生涯教育咨询与指导活动中,企业也是重要的参与主体。德国电信和 FEG 自 2005 年 6 月起签订了合作协议,德国电信为 FEG 提供各种信息设备,如 WLAN、硬件和软件设施等,而且有专门的讲师为 FEG 的学生们提供与电信行业有关职位的讲解和介绍,让学生对德国电信公司以及电信行业的工作形成初步的认知。德国电信还为学生提供相应的咨询顾问服务,帮助 FEG 的学生对自己未来的生涯进行定向。此外,与 FEG 有合作关系的企业还有很多,比如德国邮政 DHL 集团为 FEG 提供在线学习与职业选择咨询,在职业指导周会为学生做生涯定位讲座,并为有需要的学生提供针对性的生涯指导课程等,向中学生提供形式多样的生涯教育指导。①

六、德国中学生涯教育的特点分析

(一)生涯教育发展基础:群众性

德国对职业教育的重视程度比较高。杰出的职业教育是德国经济腾飞的重要助力,也是德国教育的一大特色。在卓越的职业教育效应影响下,德国生涯教育思想的产生与发展自然且顺利,社会公众先天性地对生涯教育有很高的认可度。这为德国中学生涯教育发展提供了得天独厚的土壤。生涯教育既向学生提供升学定向选择方面的咨询与帮助,也注重培养学生职业选择、职业判断与职业规划的能力,与职业教育高度耦合。为了满足学生不同的职业发展诉求,在中学时期开展生涯教育是十分必要的。公民对职业教育有了较全面的认识和较高的接受度,在此情况下,生涯教育自然而然也赢得了学生、家长、用人单位以及其他社会主体的高度认可,甚至可以称

---

① Friedrich-Ebert-Gymnasium Bonn. Unser Schule[EB/OL]. [2022-03-16]. https://www.feg-bonn.de/attachements/A1264_Unser%20Schulprogramm_Schulprogramm.compressed.pdf.

得上是德国教育的"第二支柱"。①

（二）生涯教育课程实施：早期性

生涯教育思想在德国各个学段都有渗透，其突出特点在于学校在中学第一阶段的教学活动中就已经正式开设生涯教育课程。德国生涯教育旨在帮助学生认识自己的能力，发现自己的职业兴趣，并帮助学生初步做出生涯规划。德国生涯教育是以培养能力为定位的，并不会由学校直接替学生做出发展定向的判断或选择。在全世界中学一体化发展的趋势下，德国依然保留了文理中学、实科中学、国民中学和综合中学等四种主要类型，每种类型的中学培养目标并不完全相同，不同类型中学的毕业生或是升入大学、职业院校继续学习，或是直接踏上工作岗位，抑或两者皆有。出于分流升学的目的，学生在 5—6 年级（10—11 岁）时就需要开始接受正式的生涯教育，以便确定下一阶段所就读的中学。而且，经过幼儿园和小学阶段隐性的生涯教育，学生已经初步表现出不同的兴趣、天赋和能力，较为基础的手工课程或者劳动技能课程已经难以满足中学生的生涯教育需求，正式的生涯教育理论和实践内容开始加入课程，学生开始接受校内专职生涯指导教师的指导，也会有联邦就业指导中心的指导顾问为学生提供单独的咨询服务。德国的生涯教育注重理论与实践的结合，除了校内的理论性课程，学生还会到工厂参观、听工会的讲座、学习劳动课程，形成对职业的浅层了解。德国中学生涯教育实践活动开始时间也相对较早，对于部分进入职业学校的学生而言，12 岁起就要接受相关行业的实践培训，为正式步入工作岗位做基本的训练准备。

（三）生涯教育运行体系：行会与企业渗透性强

德国的行会与企业作为重要参与主体，强力渗透在中学生涯教育从理论到实践的各个环节中。中世纪时，德国形成了行业协会制度，各行各业的公司企业都会联合在一起组建本行业的协会或联合会，如工商联行会（Industrie und Handelskammer）、手工业行会（Handwerkkammer）等。它们自我管理、自我发展，致力于推进本行业的发展与行会成员的发展。一方面，企业在生涯教育中的任务由《联邦职业教育法》明确规定，即企业有义务

---

① 姜大源.德国教育体系的基本情况［J］.职教论坛，2005（7）：63-65.

配合开展中学生在校的生涯教育课程,有义务提供企业有关工作岗位与人才需求等方面的信息和在企业实践的机会,让学生能有机会深入了解企业内部的工作运行机制,为后期生涯活动的抉择和管理做准备。行会与企业自身的工作计划中也有培养人才的要求,协调、安排、管理学生在企业的实践,测试、评价、颁发证书等都是行会与企业的重要职责。而且企业培养了大量"双师型"人才,他们既是企业中的熟练工人或专业技术人才,又具有指导学生的教育教学能力,企业有能力提供较高水平的生涯教育服务。另一方面,许多中学生毕业之后会选择先工作一段时间,在获得一些经验和发现一些问题后,再进入大学进行有针对性的学习。也就是说,企业的招聘对象中有很大一部分是中学毕业生,因此在中学阶段对学生开展生涯教育也是为企业进行后备人才培养,有利于日后直接从毕业生中吸收对企业、对岗位有一定了解的劳动力,能够降低企业人力资源成本。因此,不论是出于对社会的责任,还是考虑到自身未来的发展,行会和企业对生涯教育都有很高的积极性,强力渗透在生涯教育的各个环节。

（四）生涯教育服务策略:多个政府部门协同性

德国政府对中学生涯教育给予了很高的关注,政府各部门之间形成了以联邦就业指导中心为中心、多政府主体协同联动的服务机制,有效保障了中学生涯教育活动的顺利开展。[①] 这是因为中学阶段是学生生涯教育的"关键指导期",不论是对学生个人还是对整个国家的发展而言都是极其重要的。德国是一个联邦制的国家,各州享有文化教育的立法权。按照法律规定,各联邦州的文化教育部门下设监督部门负责监督管理各类学校的生涯教育活动。联邦就业指导中心作为德国的官方职业指导与咨询机构,负有协调、管理全国中学生涯教育的职责。联邦就业指导中心与国家统计局、劳动局和文化部等国家行政机构联合建立并及时更新数据库资源,方便学生随时查询、获取行业前景、公司发展、岗位情况、培训程序和职业晋升通道等有关信息。[②] 联邦就业指导中心有专职的生涯指导顾问,直接面向学生与家长,提供一对一生涯指导,而且必须定期提交工作文件和总结汇报等有

---

① Bildungsberichterstattung A. Bildung in Deutschland 2018: ein indikatorengestützter Berichtmiteiner Analysezu Wirkungen und Erträgen von Bildung[R]. Bielefeld: wbv Publikation,2018.

② 孙连越.德国职业指导的基本概况及其启示[J].职教论坛,2003(18):64-65.

关工作材料,接受上级部门不定期的检查,保障其工作高效有序地开展。另外,作为信息媒介的联邦就业指导中心还是学生、学校与企业联系的重要信息渠道,联邦就业指导中心通过双向沟通,降低信息不对称导致的资源闲置,尽可能地使校企协同合作效用最大化。

第四章　日本中学生涯教育的研究

一、日本中学生涯教育概况

（一）日本中学生涯教育发展的背景

日本政府为了倡导终身学习理念,开始积极推进生涯教育,很快生涯教育便成为日本教育制度的基本理念之一。尤其是进入 20 世纪后半叶,在新一轮科技革命带来的社会经济和产业国际化背景下,日本产业结构和国民日常生活也发生了极大变化。为了适应信息技术革新对日本青少年成长环境产生的影响以及青少年身心变化情况,同时也为了解决产业结构发生改变带来的雇佣多样化和流动化问题,日本教育界开始重视并积极推进生涯教育。生涯教育使国民具有扎实的学习能力、基本的素质和能力、丰富的自然体验和社会体验。

1999 年,日本中央教育审议会在《关于改善初等、中等教育和高等教育的接续问题》的答复中提出,有必要从小学阶段开始实施生涯教育,并提倡与家庭联合实施生涯教育,在重视体验性学习的同时,根据各个学校的具体情况设定教育目的和相关教育课程。2002 年 11 月,国立教育政策研究所学生指导研究中心发布《关于推进儿童学生的职业观、劳动观的培养(调查研究报告书)》并指出,当今时代,职业观和劳动观的养成是不可或缺的,在学校阶段应讲解有关职业发展的知识,构建培养职业观和劳动观的学习框架。针对学校中"生存"和"工作"相对分离问题,2002 年,日本文部科学省召开了有关推进生涯教育综合调查研究合作者会议,于 2004 年 1 月发表了《为了培养儿童每个人的劳动观和职业观》报告书。2003 年 6 月,根据文部科学省、劳动和社会保障部和经济产业部等部门首长召开的"年轻者自立·挑战战略会议",制订了《年轻者自立·挑战计划》。该计划旨在使年轻人能够不断提高自身能力,并且能够构建积极向上的理想型社会,通过生涯教育这一重要支柱建立政府、地方自治团体、教育界和产业界的一体化合作。因此，2006年，内阁办公厅、农林水产省和文部科学省共同制订了《年轻者的自立挑战行动计划（改定）》，使生涯教育内容不断得到充实。

在此基础上，2005年2月，日本教育部门开始着手《学习指导要领》修改。2006年12月，已改定的《教育基本法》第二条（教育目标）明确规定：在尊重个人价值，增强个人能力，培养创造性以及自主和自律精神的同时，也要重视职业和生活之间的关系，培养注重劳动的态度。同时第五条（义务教育）第二项规定：作为义务教育进行的普通教育，要不断提高个人的已有能力，培养学生在社会中自立的能力，使学生具备国家和社会所需基本素质。2007年，《学校教育法》第二十一条（义务教育的目标）规定：第1号"通过不断增加学校内外的社会活动，形成以自主、自律和具有合作精神、规范意识、公正判断力以及公共精神为基础的社会，培养贡献社会发展的态度"；第4号"培养理解家族和家庭的基本作用，拥有对生活中必要的衣、食、住、信息、产业等的基本理解和技能"；第10号"培养重视与职业相关的基础知识、技能和勤劳的态度以及选择将来发展方向的能力"等条例，这些都是推进生涯教育的法律依据。从2005年推进《学习指导要领》的改定工作以来，文部科学省在听取国民意见的基础上，于2008年3月公示了"幼儿园教育要领"和"小学中学学习指导要领"，在新学习指导要领中加入了生涯教育的目标和内容。[①]

（二）日本中学生涯教育的内涵

日本生涯教育是贯穿于人发展一生的学习，包括家庭教育、学校教育、成人教育和高龄期教育。而中学时代是人一生中发展最迅速、最多样、最充满可能性和饱满的学习热情的时期，也是提高个体思考能力以及发展学生个性的关键时期，是体系化的生涯教育理念形成的关键时期。为此，日本文部科学省在2011年3月发表了《中学生涯教育的介绍》，旨在发挥中学阶段学校教育的显著作用，不断充实生涯教育的指导内容和方法，以解决如何通过生涯教育为学生的健全发展提供教育环境的问题。

---

① 文部科学省. 什么是职业教育？[R/OL]. [2022-03-16]http://www. mext. go. jp/component/a _menu/education/detail/icsFiles/afieldfile/2011/06/16/1306818_04. pdf；张晨.「简明易懂的教育课程」（节选）翻译实践报告[D]. 上海：东华大学，2021.

二、日本中学生涯教育的发展历程

（一）日本中学生涯教育的兴起阶段

1.生涯教育思想的构建

第二次世界大战之后的十年，日本通过一系列的社会改革，进入了经济高速发展的阶段。为了应对科学技术的迅猛发展和社会的复杂化，以及随之出现的个性的丧失、人际关系的疏远和地域的连带意识减退等问题，同时随着平均寿命的延长、业余时间的增加、学历水平的不断提高，人们对于教育提出了更高的要求。受国际上生涯教育思想的影响，日本开始探索一条更符合学生和社会需求的教育新路。1965年，联合国教科文组织的成人教育推进国际委员会提出了"个人与社会生活的有机结合应该贯穿整个人生"的生涯教育构想。自此，联合国教科文组织开始反复讨论如何使生涯教育的构想具体化。1966年，日本教育审议会在《关于后期教育的扩充准备》报告中提出了"必须停止只重视所谓学历资格而忽略以学校为中心涉及社会各领域终身学习的教育观念"。1971年，社会教育审议会在回答"关于应对急剧变化社会结构的教育方法"的问题时，阐述了国民期待社会教育能够提供平等的机会，提高自我学习和教育，在不同的年龄阶段都能够拥有丰富的生活和融洽的人际关系。随后中央教育审议会在《关于学校教育综合扩充的基本措施》中提出了"通过生涯教育综合完善整个教育体系"的指导思想。

1972年，国际教育发展委员会的报告书《未来的学习》指出，建议把生涯教育作为未来教育政策的基本理念。之后，各发达国家开展了各种形式的生涯教育，这给日本的教育方式带来了积极影响，日本开始探索实行生涯教育的教育方式。[①] 但由于当时日本国内有关生涯教育的研究较少，在推行生涯教育的过程中遇到了各种困难与挑战。为确保生涯教育的正常开展，日本于1980年5月设立"日本生涯教育学会"。[②] 1981年6月，中央教育审议会在《关于生涯教育》的报告中提议，从生涯教育的角度综合考虑贯穿家庭教育、学校教育和社会教育等各领域教育，通过充实家庭教育、重视

---

① 学制百二十年史编集委员会. 生涯学習概念の系譜[EB/OL]. [2022-03-16]. http://www.mext.go.jp/b_menu/hakusho/html/others/detail/1318300.htm.

② 日本生涯教育学会. 日本生涯教育学会沿革[EB/OL]. [2022-03-16]. http://www.j-lifelong.org.

中学生涯教育、提供成人高等教育等手段推进社会教育以实现教育的全部功能。

2.循环教育理念的出现

"循环教育"这一用语,最初是瑞典一位文部大臣在凡尔赛召开的第六次欧洲文部大臣会议演讲中所使用的,这一提法受到了经济合作与发展组织(OECD)的关注。1973年,经济合作与发展组织在发布的《循环教育为实现生涯学习的战略》报告书中明确了循环教育的概念。报告书认为,循环教育是为了实现生涯教育而进行的在义务教育后实施的全面教育战略,是把青少年时期所接受的集中教育与贯穿于个人生涯中的劳动、业余时间等其他活动结合成为纵向衔接、横向沟通、纵横交叉的终身教育体系。① 以前的教育制度延缓了年轻人进入社会的时间,使他们贡献社会的机会变少。随着社会急剧变化所产生的对新知识、新技术的需求,通过劳动经验和社会经验的积累生成学习动机,成效显著。在循环教育理念中,寻求的是教育与其他社会活动,尤其是与劳动的相互作用,将教育与社会、经济、劳动等密切联系。循环教育是正规的教育制度与多样的成人教育政策的整合,该理念促进了日本中学生涯教育的不断完善和实施,为其多样化发展提供了保障。

3.提高学校设施的开放度

随着生活水平的不断提高和自由时间的不断增多,人们的健康意识越来越强,国民对体育活动的热情越来越高,对体育设施场所的需求也越来越大。在现有的体育设施中,室外的运动场、体育馆等学校体育设施占运动设施总数的一半以上,尤其是公立中小学校的体育设施。从地理位置来说,这些学校体育设施离当地居民较近;从时间上来说,成人的使用时间多在工作日的晚上和休息日,这和学生在校的使用时间并不冲突。学校作为生涯学习的主要场所,与当地居民共享学校教育的研究成果和开放相关学校设施也是满足生涯教育需要的积极表现。1976年6月,文部科学省在《关于推进学校体育设施开放事业》中提出,要通过都、道、府、县指导市、镇、村教委以促进学校体育设施的开放,同时为了预防发生事故及管理开放设施,还配备了相关管理人员,并由都、道、府、县教委提供费用预算以保障管理工作的

---

① 文部科学省.日本的文教政策(昭和63年度)[EB/OL].[2022-03-16]http://www.mext.go.jp/b_menu/hakusho/html/hpad198801/index.html.

开展。对外开放的学校设施主要有室外运动场、体育馆和游泳池,考虑到卫生等问题,游泳馆的开放率没有室外运动场和体育馆的开放率那么高。①

（二）日本中学生涯教育的深化改革阶段

1.生涯学习体系的建立

为进一步推进和实现生涯教育的教育理念,临时教育审议会提出了生涯学习的概念。在临时审议会 1986 年 4 月发布的第二次报告和 1987 年 4 月发布的第三次报告中都建议建立生涯学习体系,并最终在 1987 年 8 月的最终报告中正式提出了生涯教育思想向生涯学习体系的转变,以及实行生涯学习制度的具体方案。"生涯学习"这一用语从 1986 年开始明确了学生的地位,并站在学生的角度使大家对生涯教育有了更加细致了解,同时强调学生以思想自由为基础,自由选择适合自身发展的方式方法。另外,除了在学校或社会中有意识、有组织地进行学习活动,还开办体育活动、文化活动、兴趣、娱乐、志愿者活动等,以此扩大学习的范围和内涵。此后,"生涯学习"这一术语开始代替"生涯教育"一词被广泛使用。

日本政府在接受临时教育审议会提出的相关报告后,于 1987 年 10 月制定了以"关于当前教育改革的具体方法"为题的教育改革推进大纲,在大纲中从增加学习机会、制定相关法令、改善相关人事制度和合理评价学习成果等角度积极丰富生涯学习体系的建构。临时教育审议会在报告中提出,学校作为进行生涯学习的主要场所,在掌握基础能力、养成自我教育能力的初等学校,以及为准备进入社会而学习的高等学校,均应实行入学资格自由化、弹性化的相关制度。② 生涯学习体系的建立,明确了生涯教育中学生的主体地位,在细化分析的基础上确立了生涯学习体系中的相关内容。

2.生涯学习内容日益丰富

学校作为有组织有目的地培养人的主要场所,在进行生涯教育的同时,还为满足人们多样的学习需要,提供各种学习机会。学校可以考虑把专门设施面向地方开放或者采取接收社会人入学等方法,尤其是在后期中等教

---

① 文部科学省体育局.改善体育促进措施[EB/OL].[2022-03-16]. http://www. mext. go. jp/b_menu/hakusho/nc/t19900423001/t19900423001.html.

② 学制百二十年史编集委员会.生涯学习概念の系谱[EB/OL].[2022-03-16]. http://www. mext. go. jp/b_menu/hakusho/html/others/detail/1318300.htm.

育和高等教育机构中,其不仅仅以年轻人为教育对象,还应该为社会人、主妇、老年人等不同层次不同类型的学习者提供学习机会。要充分体现不同学校的特色,发挥图书馆、企业、职业训练设施等场所的作用,为学习者实现生涯学习提供机会。在实现生涯学习体系化的过程中,学校通过基本知识、基础理论的讲授来培养学习者自我教育能力。同时,在社会教育方面,文化、体育等领域的民间教育企业提供具有教育意义的各种形式的学习机会及场所,将掌握的实际情况提供给学校、家庭、地区,以促进民间教育事业与学校、家庭和社会的紧密联系。以前的中等教育目标是确保教育机会均等和提高教育水平,但随着经济社会的快速变化,考虑到学生的未来发展,中等教育开始以生涯学习为基础注重培养学生个性的发展以及其各种能力的培养。但在这个过程中,充实完善教育内容、健全以后期中等教育为中心的制度、提高教师的综合能力以及改善教育条件等问题也亟待解决。为此,1991 年修订的中等学校的学习指导要领针对这些问题提出了诸多措施,包括以道德为中心培养内心丰富的人、培养拥有自我教育能力的人、推进通过讲授基础知识而进行个性教育、尊重本国文化和传统并理解国际教育。①

3. 生涯学习保障体制不断完善

随着社会不断发展,为了保障民众学习场所和不断增长的生涯学习需求,日本文部科学省与通商产业部共同制定了《关于生涯学习振兴施策与推进体制等的整备法律》(以下简称《生涯学习振兴法》),强调在学校教育中注重学生基础知识的掌握和自我教育能力的养成,完善学校作为生涯学习机构的功能,积极开展对生涯学习起着正面作用的社会教育、文化和体育等活动。1990 年 8 月,为促进生涯学习推进体制的不断完善,文部科学省的生涯学习局又设立了生涯学习审议会,同时在都、道、府、县中也设置了都、道、府、县生涯学习审议会,在市、镇、村中也努力构建完善了相关机构的协力合作体制。为了在国民中更广泛地宣传生涯学习的具体内容,文部科学省从 1989 年开始在各地举办"生涯学习节",积极推进符合不同学习要求的生涯学习信息和相关体制的完善,积极探讨"文教设施的智能化"等推进方案,将中学学习指导要领的目标设置为贯彻基础知识、发挥个性化学

---

① 文部科学省. 日本的文教政策(平成元年度)[EB/OL]. [2022-03-16]. http://www. mext. go. jp/b_menu/hakusho/html/hpad198901/index. html.

校教育、培养自我学习意识、提高适应社会变化能力,并在市、镇、村中积极推进"生涯学习街"。①

对于生涯学习成果的评价,不仅仅是对学习者个人的鼓励,也可以作为地方或企业选用人才的依据。1991 年 4 月,中央教育审议会颁布的《关于与新时代对应的各项教育制度的改革》中指出,学习成果的评价必须根据学习内容以及学习者的希望进行多元评价,在此基础上,还要和与学习者相对应的公共机构共同进行评价。报告还提议完善评价学习成果的结构,不仅要对学习成果进行评价,还要完善对学校及社会机构的评价。为了更好地进行生涯学习成果的评价,文部科学省设立了技能审查认定制度,从日本平成 3 年开始实施"生涯学习志愿者活动综合推进事业"。

(三)日本中学生涯教育的推广普及阶段

1.生涯学习信息提供和咨询体制不断完善

在国民学习需求不断多样化的背景下,以教育委员会为首的公共机关和文化中心等开始提供各种各样的学习机会,向国民提供的信息也变得多种多样,信息量也随之增加。为使国民能够选择最适合的学习机会,学校、团体和地区等都会提供各种与学习机会有关的信息,并完善与之相应的学习内容和方法。互联网的应用加速了数据库建设和生涯学习信息网络化进程。根据《生涯学习信息提供系统完善事业》和《生涯学习推进事业》的要求,各都、道、府、县将县和市、镇村连为一体,通过计算机把各种与学习机会有关的信息进行数据化和网络化,不断丰富生涯学习信息的提供和交流方式。1991 年,日本 13 个府、县完善了生涯学习信息提供系统。以兵库县为例,该县以县立嬉野台生涯教育中心为核心,完成了与县内的所有市镇联系的网络化。在该中心设置主机,通过收集负责人、机构、团体、社团、信息源、企业、教材等领域的生涯学习信息,构建了生涯学习信息数据库。文部科学省从 1989 年开始为都、道、府、县的生涯学习信息提供系统支持,构建适用于全国的生涯学习信息数据中心。②

① 文部科学省.日本的文教政策(平成 2 年度)[EB/OL].[2022-03-16].http://www.mext.go.jp/b_menu/hakusho/html/hpad199001/hpad199001_2_099.html.

② 文部科学省.日本的文教政策(平成 3 年度)[EB/OL].[2022-03-16].http://www.mext.go.jp/b_menu/hakusho/html/hpad199101/hpad199101_2_102.html.

2.生涯学习志愿者活动蓬勃发展

日本中央教育审议会于 2011 年提出了"基础通用能力"概念,具体包括人际关系形成和社会关系形成能力、自我理解和自我管理能力、课题应对能力和职业规划能力四部分,以解决在四个领域、八大能力目标框架具体实施过程中,各个学校对于培养学生终身能力的理解不够全面的问题。1995 年发生阪神大地震之后,日本国民开始热衷于参加志愿者活动。文部科学省也借机开展了许多以生涯学习为出发点的志愿者活动,主要面向的人群为青少年和女性等。其中,在中学进行的志愿者教育主要是根据地域实际情况,通过中等学校某些社团活动或具有生产性、服务性的学校活动来开展志愿者活动。志愿者活动的内容多是在地区的清扫工作和在高龄者福利设施中进行服务等。为了推进各项志愿者活动的开展,文部科学省鼓励各都、道、府、县以教育委员会为中心落实《生涯学习志愿者活动综合推进事业》的要求,并为此提供各种政策性支持。从 1995 年开始,文部科学省除了召开新的全国生涯学习志愿者活动推进会议,还开始调查海外志愿者的活动现状以及非营利志愿组织对这些志愿者活动的支持情况。此后,日本非营利组织(Non-Profit Organization)和非政府组织(Non-Governmental Organization)蓬勃发展,成为志愿活动中的主要队伍。1998 年《特定非营利活动促进法》(以下简称《NPO 法》)发布,其施行极大地激发了公民参与志愿活动和成立志愿组织的热情,大学生志愿者也拥有了更多参与的平台。接着日本政府又相继颁布若干部全国性法律和地方性条例,例如 2000 年起实施的《高龄者护理保险制度》及 2003 年起实施的《改革地方自治法并导入指定管理者制度》,法律环境的完善推动了日本非营利组织的快速发展。[①]

3. 职业体验活动的广泛实施

日本开展职业生涯教育的过程中,学校逐渐增强了与地方和企业的联系。职业体验活动被日本政府视为职业生涯教育多主体协同发展的共同基本点,对体现日本职业生涯教育的效果具有至关重要的作用。职业体验活动是学生通过到企业、事业单位及其他工作场所中与员工接触而对职业及工作实际产生认识的一种学习行为。文部科学大臣、厚生劳动大臣、经济产

---

① 刘丽丽.中日大学生教育志愿行动激励机制比较研究[D].哈尔滨:哈尔滨师范大学,2020.

业大臣和经济财政大臣于 2003 年发布的《青年自立与挑战计划》中提出要鼓励开展职业体验活动,通过学校、企业和其他社区主体的协作,推出多种与专业有关的体验项目,使学生在小学阶段就有机会接触到多种职业。该计划还建议日本高中学校着手推行"双轨制的学习体系",即要求学生每周必须至少 3 天到企业实习,2 天在校学习文化技能。① 2005 年,文部科学省还规定初中生要有为期一周的岗位体验活动时间,这一周也被称为"职业生涯的开始周"。为此,很多中学都开展了岗位体验活动和企业实习活动。② 2018 年,文部科学省发布了《第 3 期教育振兴基本计划》,该计划详细阐述了未来 5 年内的日本教育政策目标及措施,其中包括在各教育阶段开展生涯教育,要求学校、社区、社会和政府进行密切合作,通过开展诸如职场体验、参观实习、企业人士访谈等活动来促进生涯教育的发展。③

三、日本中学生涯教育的目标、内容与途径

(一)日本中学生涯教育的目标

正如生涯教育定义所言,生涯教育是每个人在社会职业上自立的必要基础,是通过培养自身能力和态度来促进职业发展的教育活动。日本各中学设定生涯教育目标时,根据地方和学校特色以及学生的实际情况,在学生入学到毕业的这一期间内确定培养什么样的能力是非常重要的。生涯教育要深入认识到每个人的职业都具有多面性和发展阶段性,要适应学生各自的发展阶段,建立其与自身工作的紧密联系,并在各自的发展阶段中,能够发现问题并采取相应措施。生涯教育必须在考虑中学阶段的未来职业选择和发展问题的基础上设定生涯教育具体目标。

1. 自我意识觉醒和生活方式探索

日本《学校教育法》第四十五条中提到中学是在小学教育的基础上,顺应学生身心发展规律,作为义务教育实施的普通教育。一方面,这个时期学生自我意识觉醒,随着自身独立意识增强和人际关系不断扩大,萌生了对自

---

① 邵玲.日本高中职业生涯教育研究[D].上海:上海师范大学,2020.

② 谷峪,崔玉洁.日本高中阶段的职业生涯教育[J].外国教育研究,2010(12):14-19.

③ 文部科学省.第 3 期教育振兴基本计画(平成 30 年).[EB/OL].[2018-03-08].https://www.mext.go.jp/content/1406127_002.pdf.

身作为社会人的责任自觉意识。学生在和他人的关系中以及各种各样的矛盾和经验中,不断提高对自己人生和生活方式的关心度,并逐步开始摸索未来适合自己的生活方式。另一方面,中学阶段是面临高考而必须根据自身的意志和责任做出决定的时期,在这一阶段,学生在了解自身对社会的作用以及未来生活方式的同时,制定相应目标和采取计划,培养积极向上的态度,并通过实际体验加深相关理解,进而选择和决定发展路径。因此,这一阶段学生的自我意识觉醒和职业生涯探索是非常重要的。学校要根据生涯教育的内容,通过在各学科、道德内容、特别活动以及日常生活中开展各种活动以系统培养学生的能力和态度。对于中学生来说,有计划的、系统化的生涯教育极其重要,学校要根据中学生的职业发展具体问题设定相应目标。不同阶段的目标见表 4-1。

表 4-1　中学各阶段具体的职业发展目标

学　　年	初中一年级	初中二年级	初中三年级
DG6 职业发展 具体问题	了解自己的优点和个性;发现并尊重自己与他人的不同;理解作为集体一员的作用并积极发挥作用;对未来抱有梦想和希望	理解自身的言行对他人的影响;萌发作为社会一员的自觉意识的同时,客观地看待社会和成人;直面为实现将来梦想而须面对的现实问题	尊重自己和他人的个性,能够灵活地处理人际关系;理解作为社会一员应承担的义务和责任;理解为了实现未来目标须面对的困难,并积极努力克服

资料来源:文部科学省. 什么是职业教育? [EB/OL]. [2022-03-16]. http://www. mext. go. jp/component/a_menu/education/detail/icsFiles/afieldfile/2011/06/16/1306818_04. pdf.

2.提高职业认知和增加职业体验

从中学各阶段具体的职业发展目标来看,了解学生的发展状况,并与学校密切联系至关重要。以学生在职场中的体验式学习为例,为中学生举办的职场体验活动目的是让中学生了解某种职业和工作的内容,近距离接触劳动者的实际生活。在初中有这样的体验的基础上,高中的就业体验活动可以与学生将来有可能从事的工作或职业相联系,帮助学生做好成为社会人和劳动者的准备。进入青春期的学生在中学有多方面的成长和变化,身心发展变化比较显著。学生在不断加深对于自身个性和能力理解的同时,也开始走上通向未来之路。中学阶段是学生的兴趣从自身扩展到认识他人和社会,并积极与之构建关系的时期。初中一年级时,学生置身在急剧变化的环境中,需要适应第一次接触的教学科目、定期考查和社团活动等,学校要组织开展活动,让学生体会到自身价值,帮助学生扩大其人际交往圈。初中二年级时,学生通过各种体验理解劳动的意义和劳动者的想法,并认识到为了更好的生活、学习和未来方向而积极寻找课题的重要性。初中三年级时,学生把通过社团活动或职场体验活动等获得的经验运用到未来学习中并解决新问题,同时能够在各自发展阶段设定目标。

3. 提高交往能力和合理规划未来

中学是对集体生活产生不适和与人沟通交流容易产生障碍的时期,而良好的人际关系是在社会中生活并进行工作的基础,特别是在价值多样化的现代社会中,不同性别、年龄、个性和价值观的人比比皆是,这就需要每个人在认可对方的同时与之协作。由于中学阶段处理人际关系的方式与小学不同,所以中学生关于人际关系的矛盾也会日渐增多,正因如此,生涯教育旨在通过学校教育使学生获得各种真实的体验或收获,以此来帮助学生重新认识与思考自己的未来。[①] 不同阶段生涯教育的主要任务见表4-2。

表4-2　日本小学、初中和高中不同阶段生涯教育的主要任务

阶　段	小　学	初　中	高　中
主要时期	探索未来、进行初步选择的时期	对现实的探索和进行暂时选择的时期	进行现实的探索和尝试并准备向社会过渡的时期
主要任务	形成对自己和他人积极关心的态度;提高对身边工作或环境的关心和热情;拥有梦想、希望并对未来的自己充满憧憬;形成重视劳动并为实现目标而努力的态度	获得自我肯定和自我理解;形成基于兴趣的劳动观和职业观;拟定前途计划和暂时的选择;探索与生活方式和前途有关的现实	深化自我理解和自我接受;确立选择职业观和劳动观的标准;规划未来并做好进入社会的准备;在现实中认真思考未来并勇于尝试各种可能性[②]

资料来源:文部科学省. 初中职业教育[EB/OL]. [2022-03-16]. http://www. mext. go. jp/component/a_menu/education/detail/icsFiles/afieldfile/2011/06/16/1306818_05. pdf.

---

① 文部科学省. 初中职业教育[R/OL]. [2022-03-16]. http://www. mext. go. jp/component/a_menu/education/detail/icsFiles/afieldfile/2011/06/16/1306818_05. pdf.

② 谷峪. 日本社会转型期的职业技术教育[D]. 长春:东北师范大学,2006.

（二）日本中学生涯教育的内容

1.四个领域、八大能力

学校要以中学生看待事物的态度和做事方法为出发点,帮助学生与社会建立联系并寻找自身努力的方向,从这个意义上来说,生涯教育首先要考虑如何不断培养和提高每个人的能力。对此,日本提出了相应的学习框架,并具体说明了学生自立生存所需具备的能力和态度。该框架的中心是"社交能力""活用信息能力""设计未来能力"和"决策能力"四个领域的能力,这四个领域的能力中又各自包含两种具体的能力,以此构成了四个领域、八大能力的目标框架(见表4-3)。实际上这些能力是互相关联的,虽然重叠和权重不同,但都不是独立的存在。

表 4-3　培养职业观和劳动观学习项目框架中的中学生四个领域、八大能力

领 域	中学生应掌握的能力	能力说明
社交能力	理解自己和他人的能力	明白自己的优点和个性,理解和尊重他人的优点和情绪;能够知道自己的言行对他人产生的影响;有可以倾诉烦恼的人①
	沟通能力	在考虑他人的同时,主动构建人际关系;认识到人际交往的重要性,为学习沟通奠定基础;了解领导与跟随者的立场,组成小组进行工作;适应新的环境,适应人际沟通
活用信息能力	信息收集和探索能力	理解伴随产业和经济结构变化而变化的职业和工作;明确上一级学校及学科门类、特点及职业要求的资格、学历条件等;通过媒体调查和整理与生活方式和发展方向相关的信息;根据需要在获得的信息中增加创意、提示和发言等
	职业理解能力	理解学习在将来职业生活中的重要性;通过体验等知道劳动的意义和劳动者的各种想法;将在委员会活动或职场体验中习得的经验运用到以后的学习和选择中
设计未来能力	职业认识和把握能力	明晰自己的作用以及在集团活动中的职责分担以及办法;理解日常生活、学习以及将来的生活方式三者之间的关系;理解不同职业的社会作用和意义,考虑自我生存的方法
	计划执行能力	描绘将来的梦想和职业,提高对适合自己的职业或工作的热情;理解规划的意义和方法,计划自己的未来目标;以未来的发展方向为基础制定目标并为此努力

────────────

① 谷峪.日本社会转型期的职业技术教育[D].长春:东北师范大学,2006.

续 表

领 域	中学生应掌握的能力	能力说明
决策能力	选择能力	以自己的个性和兴趣为基础进行更好的选择;理解选择的意义和进行判断或决定的过程对于结果的意义①;与教师和家长交谈,选择当前的发展方向并接受结果
	课题解决能力	回顾学习或前途的选择过程,进行后续的选择;理解以更好的生活、学习等为目标积极解决课题的重要性;积极主动解决课题

资料来源:国立特别支援教育総合研究所.キャリア教育ガイドブック［M］.東京:ジアース教育新社,2011.

(1)社交能力

随着社会的不断发展和进步,经济全球化和知识全球化时代已经到来,不同国家之间交流和合作越来越多。拥有社会属性的人类,要想更好地适应社会发展和保持自身不断进步,必须学会的基本技能之一就是社交能力,所以为了应对社会环境变化以及国民自身发展基本要求,生涯教育最先强调的就是社交能力。所谓的社交能力是在尊重他人并发挥自身个性的基础上,具有能够与不同的人进行交流、沟通与合作的能力。社交能力具体包括理解自己和他人的能力以及沟通能力。在对自身的深入理解和对他人不同个性深入理解的基础上,培养共同合作能力,同时在各种各样的团体和组织中,通过沟通交流构建多样人际关系,并将这种关系运用到自身的成长之中。

(2)活用信息能力

在信息化快速发展的时代,要想适应社会并定位好自己,活用信息能力是必须具备的能力。活用信息能力要求学生能够理解学习和工作的意义及作用,能够广泛地活用信息,并能选择自己未来的发展方向和人生道路。②活用信息能力具体包括信息收集和探索能力以及职业理解能力。学生在收集和探索有关发展方向或者职业的各种信息的同时,要考虑自身发展和前途,要善于灵活利用这些信息,学生通过在社会生活和职业生活之间的角色转换,理解在学校中所学知识和社会职业生活中的联系,在理解这种联系的

---

① 谷峪.日本社会转型期的职业技术教育［D］.长春:东北师范大学,2006.
② 蔡璐.日本中小学职业生涯教育及启示［J］.外国中小学教育,2017(7):17-25.

基础上清楚现在必须要做的事情。

(3)设计未来能力

在具备一定的社交能力和活用信息能力的基础上,培养学习者对于未来的设计能力也是生涯教育中十分重要的一个环节。通过建立良好的人际关系来搜集相关信息也是为了能够更好地认识未来,确定自身的发展方向。所谓的设计未来能力是指怀抱梦想和希望去思考未来的生活方式,立足于社会现实,并规划未来人生道路的能力。设计未来能力具体包括职业认识和把握能力以及计划执行能力。职业认识和把握能力包括理解生活和工作当中的多种作用和意义及其之间的联系,深入认识和了解自身在生活和工作上的作用;计划执行能力是为实现自身的目标和未来的生活方式设定自己的人生规划,并通过实际行动等实施计划的能力。

(4)决策能力

决策能力是指根据自己的意愿和应负责任做出更好的选择和决定,并能够积极克服在发展过程中遇到的问题和矛盾的能力。在良好的人际关系中确定自身发展方向并为之积极努力是生涯教育的重要内容,要想更好地实现自身人生既定目标,以积极的心态去面对生活工作中的困难是非常重要的。决策能力具体包括选择能力以及课题解决能力。选择能力具体是指通过比较分析各种选项,积极克服困难并进行判断,选择适合自己选项的能力;课题解决能力是指接受自身选择所产生的后果,能够积极面对和解决在实现自身目标的过程中所出现问题的能力。

日本中央教育审议会的报告认为,上述四个领域是总领的概念,应尽可能通俗易懂地提出与之相关的要素。这四个领域不是各自独立的,而是相互联系、相互依存的,所以四个领域之间并没有特定的排列顺序。报告并不是要求所有人都具备这些领域的能力,而是根据学校实际和地域特色要求学生达到一定的掌握程度。因此,各校要根据专业领域以及学生发展阶段的不同,以自身任务为基础确定具体的目标能力内容并通过努力实现既定目标。报告还特别指出学校要制定新的学习指导要领,结合新的学习指导要领培养学生的这些能力。

2.基础通用能力

四个领域、八大能力的目标框架的设计具有一定的普遍性和广泛性,目的是为各个学校的生涯教育发展提供具有普适性的基本框架,鼓励各学校根据具体情况设计生涯教育的具体目标和内容。但在具体实施过程中各个学校对于培养学习者终身能力的理解都不够全面。尽管框架列出了具体事例,但在学校内部多是以固定的形式将四个领域、八大能力作为生涯教育提倡的全部能力,在实际运用中照搬能力名称的情况较为多见。对此,为了克服围绕四个领域、八大能力产生的问题,内阁府提出了"人间力",经济产业部提出了"社会人的基础能力",卫生部提出了"就业基础能力"。日本中央教育审议会在吸收和借鉴上述几种能力的基础上,提出了不分领域和职业,实现社会和职业自立的基本能力,于 2011 年 1 月在《关于今后学校中的生涯教育和职业教育(报告)》中提出了"基础通用能力"。基础通用能力由人际关系形成和社会关系形成能力、自我理解和自我管理能力、课题应对能力和职业规划能力四部分构成。

(1)人际关系形成和社会关系形成能力

人际关系形成和社会关系形成能力是指能够理解他人的想法和立场,耐心倾听并表达自己的想法,合作参与社会发展的能力。合作是培养这种能力的重中之重。除此之外,还要积极主动创造和构建新社会。此外,人与社会的关系也可以帮助自己获得必要的知识、能力和态度,不断促进自身各方面发展,具体包括理解他人个性的能力、激励他人的能力以及同他人合作和交流的能力等。

(2)自我理解和自我管理能力

自我理解和自我管理能力是指在处理"能做的事""有意义的事"和"想做的事"这三方面的能力,是指在能够理解自己今后发展可能性的基础上,对自身进行约束并不断努力。这种能力致力于使敏感、自卑、缺乏信心的学生拥有积极向上的品格。由于在快速发展的社会中约束自身思想、寻求与他人合作变得越来越重要,这种能力也成为职业生涯和人际关系处理中的基础,具体包括学会理解自己的作用、积极思考的能力以及自我启发的能力等。

(3)课题应对能力

课题应对能力是指能够发现、分析、处理和解决工作中遇到的各种问题的能力。这种能力是积极对待自己应该完成的事情应具备的必要能力,也是在经济全球化的背景下,不断发现问题、解决问题的能力。随着信息化社会的到来,主动地选择和活用信息也是应该掌握的基本能力,具体包括对于信息的理解、选择和处理,对于信息本质的理解和原因的探究,发现问题,制订计划以及实际行动和评价等。

(4)职业规划能力

职业规划能力是指在了解工作种类和性质的基础上,结合自身特点形成自己的职业生涯规划。这种能力是作为一名社会人或职业人应具备的。

3. 从"四个领域、八大能力"到"基础通用能力"的转变

基础通用能力是以四个领域、八大能力为基础提出的,是在已有的许多共同因素下重新整理形成的,基础通用能力不是全新的能力理论,但其克服了四个领域、八大能力在实践方面的问题,能够更好地应用于实践。值得注意的是,四个领域、八大能力和基础通用能力间还存在差异,如在基础通用能力中,课题应对能力没有具体性,但在四个领域、八大能力中,计划执行能力和课题解决能力要求学生重视自身的未来发展方向和生活方式之间的关系,如基础通用能力中的自我理解和自我管理能力包括忍耐力和管理压力等,但在四个领域、八大能力中并没有提及,所以基础通用能力是对四个领域、八大能力的补充完善,希望更好地培育学生作为社会人的必备能力(见图4-1)。

2011年1月31日,日本中央教育审议会在《关于今后学校的生涯教育和职业教育的答复》中指出,开展生涯教育的目的是实现各机构的教育理念、目的和目标。各学校通过制定各自的教育目标以及具体化的教育项目并进行效果评价,以改善相关的教育活动。学校目标的设定并不是统一的,而是根据学生发展的不同阶段层层推进实施。此外,生涯教育中对能力和态度的检测方法也很重要,希望能有更多的相关研究,从专业的角度为学校生涯教育的发展提供支持。

在日本中央教育审议会的影响和帮助下,日本国立教育政策研究所学生指导研究中心以基础通用能力为主,围绕生涯教育的计划和实践评价进行了调查研究,于2011年3月发表了《与一生中培养的各种能力有关的调查研究》。该报告书与文部科学省及国立教育政策研究所等相关资料共同为生涯教育从四个领域、八大能力向基础通用能力的转换提供了参考。但在实施这种转换的过程中,各学校不能一蹴而就,要先回顾学校生涯教育的结构以及出现的问题,特别是要根据学校和地区的实际情况以及学生实际状态来确定培养能力的目标,这也是各学校在完成生涯教育目标从四个领域、八大能力向基础通用能力转变后要重点关注的问题。

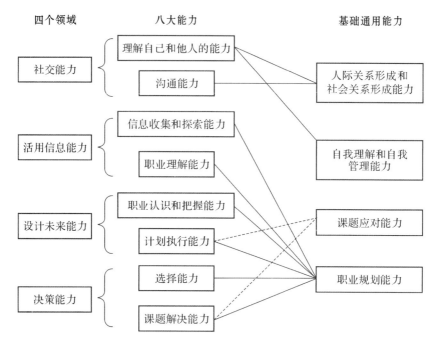

图 4-1 四个领域、八大能力与基础通用能力之间的关系

资料来源:国立教育政策研究所生徒指導研究センター.小・中・高等学校における
基礎的・汎用的能力の育成のために ——学校の特色を生かして実践するキャリア教育
［EB/OL］.［2022-03-16］. https://www. nier. go. jp/shido/centerhp/23career＿shiryou/
23career_shiryou. html.

同时,中央教育审议会认为,社会职业的自立是从学校向社会和工作顺利过渡的必要要素,因此在《关于今后学校的生涯教育和职业教育的存在方式》的报告中提出,除了基础通用能力,还要有与基础知识和基本技能相对应的热情、态度、价值观、逻辑思维,以及为了特定的工作而必须具备的专业知识和技能。每个人在一生中都会工作很长时间,在这个过程中,每个人会思考自己在工作中发挥着什么样的作用以及要过怎样的职业生活等问题,所以树立正确的职业观非常重要。对此,中央教育审议会认为,价值观是和态度有关的重要因素,是进行价值判断的内在标准,价值观包含生涯教育中培养的劳动观和职业观,这些都可以用来回答自己为什么工作以及人生中工作的地位等问题。针对很多人提出的学生没有形成正确劳动观的问题,中央教育审议会认为,需要学校培养学生以德为先的人格,并通过培养学生的其他能力,帮助其形成正确的劳动观和职业观。但培养学生正确的劳动观和职业观并不是靠统一的讲授,而是探究每位学生参加劳动的意义和目的,进而为其形成具有自身特点的劳动观和职业观提供指导。但现在日本年轻人对于劳动观和职业观的认识较少,缺乏了解不同职业实际情况的机会,也不能将自身生存方式与职业生涯联系起来,对于未来以及工作缺乏自信和希望。所以,要让日本中学生在思想层面上意识到职业不分贵贱,在工作过程中遵守相应的规范并承担责任,不管是什么性质的工作,职业不仅仅是维持生计的手段,更是使自身能力发挥社会作用的途径。通过这种思想上的认知而形成具有自身特点的职业观和劳动观至关重要。①

(三)日本中学生涯教育的途径

在职业生涯不断积累的过程中,在遇到无法达成既定的目标或者在中途不能变更等情况时,很多年轻人并不会合理解决问题。因此,通过生涯教育让年轻人掌握进入社会后应该具备的最基本知识,比如税金、社会保险、年薪、劳动者权利义务、男女合作参与、平衡工作与生活等,这些都与其未来发展息息相关,特别是在中学阶段,要从知识的学习和实际体验两方面,向学生展示现实社会。为了能让学生通过职场体验活动,把自己所学知识和实际体验与自己未来发展联系起来,学校要在学生成长阶段设定教育目标并给予指导。

1."生存能力"理念

2008 年 1 月的日本中央教育审议会报告指出,为了在社会中自立生存而需要掌握的能力就是生存能力。除了让学生在未来能够实现自己的梦想,还要培养他们的思考能力、判断能力、表现能力、能够活用知识和技能的能力,同时还要锻炼和培养学生的自信心,在对未来或人际关系感到忐忑不安时,沟通能力和语言能力也至关重要。而这些都与生涯教育的目的紧密相连,也可以说通过生涯教育可以培养并提高上述各种能力。2008 年 3 月公示的《中学学习指导要领》指出,"生存能力"是以知识为基础的,是 21 世纪越来越重要的理念。为了使学生拥有生存能力,生涯教育对他们的培养就十分关键。

2."PISA 型学习能力"

PISA(Programme for International Student Assessment)是经济合作

---

① 文部科学省.什么是职业教育?[R/OL].[2022-03-16].http://www.mext.go.jp/component/a_menu/education/detail/icsFiles/afieldfile/2011/06/16/1306818_04.pdf.

与发展组织从 2000 年开始进行的 15 岁学生能力评价研究项目。测评内容包括阅读理解能力、数学知识和科学知识三个部分,这些都是学生将来进入社会后比较实用的知识和技能,能够帮助学生解决未来生活中出现的问题。PISA 的测评内容和生涯教育中培养的能力密切相关。

3.丰富语言活动

在由具有不同想法的个体组成的社会中,语言活动是培育沟通能力的基础,语言是以情绪为基础的,具有沟通的作用。在 2008 年 1 月的日本中央教育审议会报告中提到,通过讨论说服持不同意见的人,通过协作总结集体意见都是非常重要的语言活动。因此语言活动不仅是知识活动(逻辑和思考),也是把自己的想法准确地传递给对方,并通过语言正确理解对方的想法从而进行交流,达成双方各自目的和行为的沟通。生涯教育为了培养学生的人际关系和社会能力,通过让学生与社会人对话或者参加体验活动来提高学生的沟通能力并不断丰富他们的语言活动。在 2011 年日本中央教育审议会的相关报告中,明确提出生涯教育与学生一生中的每个发展阶段都密切相关。生涯教育关注每个人的职业发展和个人独立,反映学校的教育理念和培养方向。因此,学校要不断调整教育方式,更新教师的教育理念,积极进行课程改革。生涯教育的目的是培养有独立发展态度和能力的人,学校应明确不同阶段的学生容易出现的各种问题,并通过日常的教育活动来解决这些问题,这样才可以实现生涯教育的最终目标。此外,还能将学校生活和社会生活、职业生活联系起来,使学生把自己的梦想和学业相结合,进而唤起学生的学习热情,这也是解决学校教育所面临诸多问题的一个有效方法。[①]

四、日本中学生涯教育的质量保障

(一)校内行政组织的完善和支持

1.校长的积极领导作用

如前文所述,日本中央教育审议会阐述了生涯教育的重要性和方向性,也明确了生涯教育的定义,生涯教育不仅仅拥有特定的指导方法,还包括各

---

① 文部科学省.初中职业教育［R/OL］.［2022-03-16］.http://www.mext.go.jp/component/a_menu/education/detail/icsFiles/afieldfile/2011/06/16/1306818_05.pdf.

种各样的实践教育活动。通过生涯教育要培养学生具备基础性、通用性的能力,而学生对于这些能力的掌握程度可以根据学校、地域及学生认知水平的不同而有所不同,这意味着学校要根据各自的培养目标自行决定教育内容和方法。在日本,校长负责教育课程设置,这就要求校长牢记生涯教育的基本要求并充分发挥领导能力,推进生涯教育。首先,校长要加深教师们对生涯教育意义的理解,特别是在中学阶段,教师只有在对生涯教育的教育意义有着深入理解的基础上,才能明确如何指导学生选择未来的发展方向。其次,校长要向全体教职工说明生涯教育课程的设置方法和定位,以及积极公布有关学校生涯教育的目标、内容和实践状况等,以寻求广泛的支持和帮助。

2.校内推进体制的整顿

在中学,通常有很多教职工从事学生工作,教职工之间配合不默契的情况时有发生,因此有必要建立牢固的校内推进体制。对于校内推进体制的建立,全体教职工要在理解生涯教育目标的同时,承担各自的职责并发挥自身作用。这种作用不仅局限于校内,还应扩大到校外,比如全体教职工也会间接影响到学生的监护人和外界人士等。中学的校内推进体制需要特别留意学生未来发展方向的指导体制和生涯教育体制之间的关系,这种关系通常有两种:一种是将以升学和就业为中心的进路指导体制和生涯教育体制区分开来,作为两种独立的体制并存;另一种是整合两种体制,在生涯教育体制中包含进路指导体制。学校可根据实际情况,建立有特色的体制。日本校内生涯教育的推进体制,见图 4-2。

(1)教师对于学生的指导体制

在中学生涯教育中,教职工发挥着重要的作用,其中班主任在道德、综合学习时间、特别活动和教学过程中,作为直接的指导者,在讲授生涯教育相关理论课程的同时,还指导学生开展生涯教育实践。特别活动包括全校学生共同参与的学校活动和学生会活动,体验活动有时也需要和校外生涯教育部门相互合作。这就要求学校设立生涯教育指导机制,使教职工不仅掌握自己所负责年级的情况,还要了解其他年级生涯教育的实施情况,也就是说,学校必须将所有年级的生涯教育开展情况向全体教职工公布,如展示中学三年有关生涯教育的各种学习和活动目录、体验活动照片等;设立生涯教育中心并放置相关的书籍和作品;在各个学校的不同年级进行宣传,开展与生涯教育有关课程的研究和公开授课;通过举办交流研讨会,使教职工了解生涯教育实施情况。

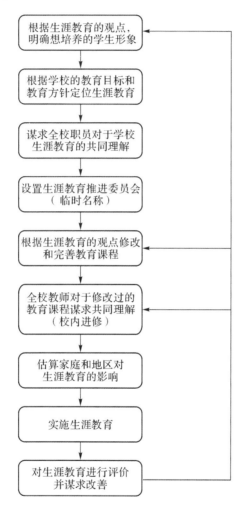

图 4-2 学校中生涯教育的推进体制

资料来源:文部科学省.初中职业教育[EB/OL].[2022-03-16].http://www.mext.go.jp/component/a_menu/education/detail/icsFiles/afieldfile/2011/06/16/1306818_06.pdf.

(2)支持实践的运营体制

日本的中学为了让生涯教育不局限于碎片化,学校设置生涯教育相关运营体制。校长根据学校实际,健全校内规章制度,设立支持生涯教育实践机制,组织教职工制订全年的生涯教育计划,并负责实施、评价、调控、解决问题和完善计划等工作。如图 4-3 所示,以生涯教育推进委员会为中心的运营体制可以有两种形式:一种是由校长直接负责领导生涯教育推进委员会,副校长或教导主任或主管教师担任委员会委员长,委员会委员有教务主任、生涯教育主任、进路指导主任、教务主任、研究主任、特别活动主任、道德教育推进教师、综合学习时间主任、学生指导主任以及学年主任等。另一种是由副校长或教导主任负责领导生涯教育推进委员会,主管教师或生涯教育主任或教务主任或进路指导主任等担任委员长,其他相关教职工担任委员。即根据学校、学生、家庭、地方的实际情况和学校规模设置不同的运营体制,但在不同的运营体制中几乎都会设置生涯教育主任与其他主任共同管理相关事宜,这样的形式有助于生涯教育的灵活开展。

图 4-3　日本学校支持生涯教育实践的运营体制

资料来源:文部科学省. 中学校キャリア教育の手引 き[R/OL]. [2022-03-16]. https://www. nier. go. jp/shido/centerhp/23career_shiryoushu/1-6. pdf.

（3）教职工进修

教师是保障生涯教育顺利进行的重要主体，培训和进修有助于提高教师的生涯教育意识和方式。关于进修的目标和内容，要根据各个学校具体情况适当制定（见表 4-4）。通过研修，教职工可以了解学校生涯教育的目标，人才培养的内容，生涯教育的课程定位等。培训方式可以是全校教职工在一个场地集中培训，这样可以更好地根据教学单位、学年和课题的不同分为不同小组组织培训，并且根据不同问题实施弹性培训制。除了培训进修方式，学校还可以根据实际情况和具体目标选择案例分析、研讨会、发表会和集体备课等其他方式。为了有效地推进生涯教育，对以往内容的总结与回顾也是十分重要的，因此有关生涯教育的全部计划、实践记录、学生制作的生涯教育成果作品等都要进行统一保管。①

表 4-4　日本中学教职工生涯教育培训内容示例

课　时	研修主题	研修目标
第一课	生涯教育的意义	理解中学生涯教育的意义； 提高全体教职工推进生涯教育的意识
第二课	生涯教育目标的设定	明确学校生涯教育中的问题和人才培养目标，设定生涯教育的目标，明确理想中的学生形象，思考人才培养目标与各学科之间的关系，制订全体培养计划和年度指导计划
第三课	从生涯教育的角度制定课程	制订各学科的单元指导计划，通过课程研究，提高指导能力
第四课	家庭和地区之间的协作	研讨提高家庭和地方对生涯教育的理解及发挥学校办学特色的方法
适时	职业咨询	提高基本的咨询能力和沟通能力

资料来源：文部科学省. 初中职业教育［EB/OL］.［2022-03-16］. http：//www. mext. go. jp/component/a_menu/education/detail/icsFiles/afieldfile/2011/06/16/1306818_06. pdf.

（二）整体计划的制订

生涯教育不是局限于特定的活动和指导方法的教育，而是通过学校各种各样活动进行的教育。学校要根据地方实际和学生特点凸显办学特色，制订具有特色的教育计划。在制订整体计划时，应该包含生涯教育的目标、

----

①　文部科学省. 初中职业教育［R/OL］.［2022-03-16］. http：//www. mext. go. jp/component/a_menu/education/detail/icsFiles/afieldfile/2011/06/16/1306832_02. pdf.

教育的内容和方法,学生需要养成的能力和态度(基础通用能力的培养)和各教学科目间的联系等内容,还应概括说明基本内容和方针,包括学习活动、指导体制和学习评价等。除此之外,学校在制订整体计划时,要考虑教育目标、年度重点、地区实际和期望、学生现状、教师期望和监护人请求以及如何与小学之间衔接等问题。

在制订生涯教育计划时要遵循学校办学目标,明确人才培养内容,设定具有学校特色的生涯教育目标。通过分析学生日常生活和学习特征、人际关系形成情况、集体活动表现、劳动意识,以及通过对学生和家长进行问卷调查而掌握的实际情况,来探讨学生的培养方式。同时要调查学区内小学生,根据儿童的实际情况探讨在中学阶段的培养内容,也要考虑不同年级的区别,在不同阶段设定相应的目标。换言之,生涯教育目标的设定既有学校间的差别也有地区间的不同,需要考虑生活环境、学校规模和指导学生过程中所遇问题等。

(三)年度指导计划的制订

如前所述,学校有必要通过整个教育活动系统地、有组织地进行生涯教育。生涯教育的整体计划是为了有目的地培养学生职业发展所必需的各项能力,也是与学校教育目标、教育内容和教育方法以及各个学科紧密相连的计划。各学年设计的年度指导计划是根据学生发展阶段而设定的具体计划。在制订年度指导计划时,要注意中学学习指导要领中的各教学科目、道德、综合学习时间和特别活动中有关生涯教育的具体条例,注意相互间的关联性,开展与学生发展阶段相适应的教育活动,并且应在学校教育课程中重视指导计划。在制订年度指导计划时,还要考虑计划中的学年、实施时期、预定课时、单元名和在各单元中的主要学习活动以及评价等要素,在考虑学生学习经验和发展阶段的基础上,灵活开展季节性活动,紧密联系相关教学科目。

(四)多元参与的协同合作

为了更好地开展生涯教育,实现生涯教育既定目标,学校要与占据学生大量生活时间的家庭建立合作关系,除此之外,与地区、社会、企业、行业团体、工会、非营利组织(NPO)等的合作也是必不可少的。通过有效利用校外教育资源,培养学生的自主独立能力和态度,实现多方合作共赢。在多方参与的合作中,学生有机会直接向监护人、社会人士、企业人士等校外人士学习关于树立正确职业观的方法和相关知识,以此培养学生作为社会人所需要的自立性和社会性,加深对产业结构、雇佣形态、未来社会环境变化等的理解。日本《教育基本法》第十三条中规定,学校、家庭和地区居民以及其他相关主体,要自觉履行和发挥自身在教育中的作用和责任,共同努力建立友好合作关系。日本生涯教育强调学校与相关社会和地区的协同合作,学校要事先明确合作的目的和效果,鼓励教职工积极参与校外合作。在校内或教育委员会内部设置学校支援地方本部(或临时称作生涯教育推进联络协议会),安排专人协调学校和社会各机构之间的关系,加强与外界的合作。[①]

(五)全面多样的评价模式

在学校生涯教育实践中,为了达到既定的教育目标并向更高层次提升,在明确设定生涯教育目标的基础上,进行适当的评价是很重要的。在生涯教育的评价中要有针对学生成长变化的评价,也要有把生涯教育作为教育活动的整体评价。在评价时要从学校培养目标、培养内容、培养方法、学习效果、活动开展和指导计划等多方面进行,不仅要进行结果评价,还要进行过程评价和事前评价。

五、日本中学生涯教育的案例分析

(一)东京都市大学等等力中学(初中部和高中部)

东京都市大学等等力中学(初中部和高中部)是一所位于东京都世田谷区的一所私立中学,以"高洁、英知、共生"为教育理念,是当地升学率很高的中学。学校的教育目标是培养志存高远、人格高尚、贡献社会的人才,主要包括培养学生未来活跃在国际社会的公正的领导力,培养学生对众多知识和信息的决策力,培养学生掌握国语(素养教育)、英语(教养教育)、数理(信息教育)等高阶知识,培养学生在遇到困难时保持健康的身心状态。[②]

---

① 文部科学省. 初中职业教育[R/OL]. [2022-03-16]. http://www. mext. go. jp/component/a_menu/education/detail/icsFiles/afieldfile/2011/06/16/1306832_02. pdf.

② 東京都市大学等々力中学校・高等学校[EB/OL]. [2022-03-16]. http://www. tcu-todoroki. ed. jp/j_high/theology/index. html.

1.设置分阶段的生涯教育指导

东京都市大学等等力中学(初中部和高中部)认为六年的中学教育对学生未来人生的发展至关重要,所以其教育活动的主要指导思想是通过培养学生高尚的人格使学生拥有相关的职业能力。该校将生涯教育分为三个阶段:在第一个阶段主要是让学生发现自己、探索自己想成为什么样的人。在这一阶段,通过让学生探索想成为什么样的人,帮助学生珍视生命并发现自己的存在是不可替代的。之后在考虑自己兴趣的同时,通过与教师或朋友谈话,认识到自己与他人的不同并学着接受不同,进而提高沟通能力,进行压力管理。第二阶段的主要任务是认识社会和自己的关系。在这个阶段,该校与东急集团合作引入了工作轮班制,为学生提供了了解社会的机会,同时通过组织学生在文化节中开店、参加企业策划、市场决算等体验活动和不分学年的小组活动来培养学生的领导能力。第三个阶段是"想成为的人"和"应成为的人"的选择阶段。为了成为自己想要成为的人,就要先考虑升学的方向,决定前进的道路,在这个阶段,要通过具体实践将"学习"和"理想"进行融合。①

2.开展多种形式的讲座进行全体指导

为帮助学生更好地吸收学习内容并培养其自学和时间管理的能力,学校会举办由本校教职工主讲的讲座,主要内容均与每日授课内容相关,以提升学生学习效果,同时在高中由专门老师针对升学考试对学生进行课后辅导,帮助学生掌握难题解题方法。此外,学校还会举办春夏秋季的升学指导讲座,学生上午参加讲座,下午可以参加俱乐部活动。除此之外,高二学生还有春季集中升学指导讲座。②

3.实施有针对性的个别指导

东京都市大学等等力中学(初中部和高中部)认为,将来从事什么样的工作,经历什么样的人生,均与选择大学和专业密切相关,所以为了帮助学生更好地了解自己,根据自己的兴趣和爱好选择发展方向,该校初中部开展了以东京大学学生和本校毕业生作为助教的、针对每个学生的个别指导。

① 東京都市大学等々力中学校・高等学校. 教育指導の流れ[EB/OL]. [2022-03-16]. https://www.tcu-todoroki. ed.jp/education/flow/.

② 東京都市大学等々力中学校・高等学校[EB/OL]. [2022-03-16]. http://www.tcu-todoroki. ed.jp/j_high/theology/index. html.

个别指导时间比较灵活自由,能够充分利用学校特有资源系统,将学生各科目学习状况和全国模拟考试结果汇总成册,在每学期为学生提供具体明确的建议和指导。东京都市大学等等力中学创新制作了学生的"前途档案",即在初中一年级就开始让学生记录自己的成长过程,通过不断地认识社会,探索自己想要成为什么样的人。①

(二)神奈川县立田奈高中

日本神奈川县立田奈高中(以下简称田奈高中)的教育目标是培养学生德智体协调发展、能够积极贡献社会,教育方针是培养学生主动积极的学习态度、对人权的尊重、较高的素养、丰富的情操、坚强健康的人格、根据自己个性规划未来的能力。②

1.重视职场体验的直接教育

田奈高中在实施生涯教育中重视学生职业体验的获得,为了增加学生对职业的直接了解,该校组织学生参加职业采访、职场学习体验、礼仪学习等。职业采访是在各个单位协助下,在综合学习时间由授课教师带领少数学生进行各种各样交流的活动。通过与企业人士的问答和交流提高学生对职业的认知并帮助学生选择未来的职业。③ 职场学习体验活动是在高中一年级暑假时利用一天的综合学习时间,全体学生到当地企事业单位进行职场参观学习,通过实际的职场体验感受自己和职场的适应性,进而选择未来发展方向。④ 同时田奈高中每年还开展礼仪学习,邀请校外教师教授学生作为社会人应掌握的寒暄或语言使用等礼仪方面的内容。⑤

2.实施多方合作的支援教育

每年的 6 月和 12 月,田奈高中都会邀请早稻田大学研究生院教师研究

---

① 東京都市大学等々力中学校・高等学校[EB/OL].[2022-03-16]. http://www.tcu-todoroki. ed.jp/j_high/theology/index.html.

② 神奈川県立田奈高等学校学校[EB/OL].[2022-03-16]. https://tana-h.pen-kanagawa.ed.jp/ annai/annai.html.

③ 神奈川県立田奈高等学校学校[EB/OL].[2022-03-16]. https://tana-h.pen-kanagawa.ed.jp/ career/interview.html.

④ 神奈川県立田奈高等学校学校[EB/OL].[2022-03-16]. https://tana-h.pen-kanagawa.ed.jp/ career/kengaku.html.

⑤ 神奈川県立田奈高等学校学校[EB/OL].[2022-03-16]. https://tana-h.pen-kanagawa.ed.jp/ career/manner.html.

课的教师和研究生志愿者们参与该校举办的关于学习方法的交流会。另外,为了能够帮助遇到不同问题的学生,田奈高中设置了由多个教育咨询负责人、学校辅导员和外部机构联合组织的教育咨询体制。此外,为了帮助在学习上有困难的学生,在对他们进行简单易懂的授课的同时,还邀请国学院大学、横滨国立大学和早稻田大学等学校的大学生和研究生志愿者为学生提供学业帮助。在帮助学生解决就业方面,田奈高中持有国家职业顾问资格证书的职业顾问(SCC)和学校职业支援小组的教师共同为学生提供帮助,而且职业顾问不仅为在校生提供就业指导,也为毕业生提供跟踪指导。在企业界的帮助下,田奈高中通过分析社会需求和发展动向,把企业岗位需求等信息及时传达给学生,帮助学生找到能够发挥自身优势的工作单位。正因为这样的生涯教育,田奈高中培养了大批活跃在各行各业的人才。[①]

3.设置专门服务机构

横滨年轻人支援局的咨询员在田奈高中设置了"青春咨询室"帮助学生解决各种问题。"青春咨询室"在田奈高中被叫作"田奈 Pass","Pass"一词包含了"激情""方法""超越""通过"和"顺利"等含义。[②] 设立"青春咨询室"的目的是给学生提供一个轻松交流的场所和机会,在这里交谈的内容不仅仅包括升学、就业和发展方向,还包括打工、朋友、恋人、家庭和生活等多方面内容。如果学生独自一人羞于前往的话,还可以带上朋友一起。[③] 田奈高中还把校内图书馆作为在校生和毕业生相互沟通交流的场所,被称作"Pikari 咖啡馆"。这里的工作人员都是大学生志愿者或专家,可以在不经意对话中倾听学生烦恼并给出建议。田奈高中的这所"Pikari 咖啡馆"深受学生们欢迎,在午休时学生们聚集在此,可以把平时不敢和老师交流的事情,向年纪相近的大学生志愿者或市民志愿者咨询,取得了良好效果。[④]

---

① 神奈川県立田奈高等学校学校[EB/OL].[2022-03-16].https://tana-h.pen-kanagawa.ed.jp/career/scc.html.

② 神奈川県立田奈高等学校学校[EB/OL].[2022-03-16].https://tana-h.pen-kanagawa.ed.jp/career/tanapass.html.

③ 神奈川県立田奈高等学校学校[EB/OL].[2022-03-16].https://tana-h.pen-kanagawa.ed.jp/career/mentor.html.

④ 神奈川県立田奈高等学校学校[EB/OL].[2022-03-16].https://tana-h.pen-kanagawa.ed.jp/career/cafe.html.

六、日本中学生涯教育的特点分析

(一)生涯教育管理模式:行政调节性

生涯教育是社会变化发展到一定阶段的特定产物,与社会需求、社会发展水平及适应终身学习社会的发展关系密切。日本能够从第二次世界大战之后社会经济的满目疮痍中走出来,与日本对教育的重视和大力推进生涯教育密切相关。

日本政府对实施生涯教育的重要性有着深刻的认识,形成了以政府为主导的自上而下的中学生涯教育体制,制定与各年龄、各学段相适应的生涯教育法律法规,并落实到教学大纲和教学目的中,使中学职业生涯教育的开展有章可循、有法可依,保障生涯教育的顺利开展。日本国立教育政策研究所中小学生指导研究中心开发的《培养劳动观和职业观的学习计划框架》提出,要从基础教育阶段开始融入推行生涯教育。[①] 而且,日本政府持续支持生涯教育的研究和改进,《教育基本法》《学校教育法》以及《学校指导要领》等法律不断修订更新,从国家层面对生涯教育的目标和框架做出明确规定,有效促进了生涯教育与中学教育的融合。此外,日本还进行了多次自上而下的改革,一步步推进中学生涯教育的深化。日本将教育视为"最好的投资",国家层面的关注能有效提高生涯教育各级管理单位与具体实施单位的重视程度,自上而下的政令施行具有高度一致性,生涯教育活动的组织、指导和协调都比较顺畅,实施效果也比较理想。

(二)生涯教育实施过程:贯穿性循环

日本认为应扩大生涯教育的内涵,在幼儿园、小学、初中、高中、大学的整个教育过程中都渗透生涯教育理念,树立一种贯穿性的"大职业教育观"。[②] 在"大职业教育观"要求下,日本主张通过"循环教育"稳步推进生涯教育的落实。1973 年发表的《循环教育——为实现生涯学习的战略》报告明确指出,循环教育是为更好推行生涯教育而进行的义务教育后的全方位

---

① 文部省初等中等教育局.进路指导的现状与问题[EB/OL].[2022-09-06]https://www.mext.go.jp/a_menu/koubunsyo/1405397.html.

② 生涯教育.终身教育——转型期日本职业教育发展及其启示[M].北京:高等教育出版社,2010;梁珺淇,石伟平.日本生涯教育及启示[J].职教通讯,2018(5):70-74.

教育战略,是把青少年时期所接受的教育与贯穿于个体整个生命过程中的劳动、业余时间以及其他活动联系起来的重要方式。循环教育理念体现的是教育与其他社会活动尤其是劳动的互相作用,能有效推动教育与社会、经济、生产劳动等相关体系的协同发展。因为日本已经形成了"较为完整的、贯穿于人生各个阶段的、纵横交错的职业技术教育",所以生涯教育生长有先天的优良土壤,与职业教育共生,循环反复推进。① 日本中学生涯教育与小学阶段和大学阶段的生涯教育前后联系,在各个阶段提供相应的生涯教育课程与服务,生涯教育的内容在前一阶段的基础上逐层递进、反复循环,形成一个完整的生涯教育系统。该系统贯穿于学生受教育的全过程,能有效培养学生的人际关系形成和社会关系形成能力、自我理解与自我管理能力、课题对应能力以及职业生涯规划能力,帮助学生平稳地完成向社会人的角色转换。

(三)生涯教育内容框架:多样性与复合性

生涯教育不仅能帮助学生形成对职业的浅层认识,还对学生性格养成、工作与生活态度引导、职业选择性与适应性能力的锻炼等方面都有着深远的影响。日本生涯教育视野跳出了职业教育、职业发展的局限,将生涯教育视作立足于个人生命发展的"未来教育发展理念"。因而日本生涯教育不仅与职业教育紧密结合在一起,也融合了包括国际环境、健康福利、生态保护、经济趋势、企业文化等在内的各种社会性知识,生涯教育内容的基本面非常之全。② 广阔的知识面不仅能引导学生发现自身的能力和兴趣,也能加深学生对社会活动的了解,有利于培养学生综合性的生涯规划和管理能力,将学生培养成有较大生涯格局、发展全面的人。另外,通过全面的生涯教育学习,学生在入职之前就对工作岗位有较为深刻的了解,对行业与公司发展有较清晰的判断,对自己未来的发展有充分的规划,这也是日本人离职率相对低的重要原因之一。生涯教育内容的多样性使凝聚在人身上的能力趋于复合化,体现了日本生涯教育的内容框架。

---

① 李国秀.战后日本教育的特点[J].外国中小学教育,1986(5):27-29.
② 安宇,张玲.美、澳、日、德等发达国家青少年职业生涯教育的经验及启示[J].西部学刊,2019(6):99-102.

（四）生涯教育培养原则：注重两性平等

中学时期是学生生理发育的高峰期，男女生之间会出现显著的性别差异。在这一时期对学生进行正确的两性平等和差异的生涯教育十分必要。日本社会的传统观念提倡女性在未来的生涯发展中回归家庭，早期曾有日本学者提出"考虑到将来的人生旅程和男女性格的差异，男子应在职业技能课、女子应在家政课的比重上加大分量"的观点。① 随着全世界范围内对性别问题理解的加深，在 20 世纪 70 年代之后，日本开始转变男女分工不同的传统思维范式，推行了诸如《取消对女性的各种形态的区别对待的条约》和《男女雇用机会均等法》等一系列推进男女平等的政策，倡导男女平等。尽管社会中仍存在一些女性应更多地将自己奉献于家庭的保守思想，但在日本中学里，学校有意识地缩小这种性别差异，男女学生所受生涯教育别无二致。以往只有女生参与的家政课演变为男女学生共同参与的必修课，强调男性要在生活上独立，女性能够平等地接受教育，培养其经济上和精神上的独立性。社会为女性提供的工作岗位有所增加，抛开个体选择因素，这一措施推动了女性的职业生涯发展。

① 促进家政学男女共修的协会.家政学，男人和女人！以这种方式开辟的共修之路[M].东京：多梅斯出版社，1997.

第五章　加拿大中学生涯教育的研究

一、加拿大中学生涯教育概况

加拿大是位于北美的英联邦国家,其居民主要为英国人和法国人的后裔,因此官方语言为英语和法语,英法两国的文化对加拿大产生了巨大影响。[①] 加拿大全国分成十个省和三个地区,实行地方分权制,各省独立自治,联邦政府只负责组织和管理印第安人和爱斯基摩人的教育,其他的教育行政管理权直接归于省级政府,教育经费也由各省自筹,联邦政府只提供一定的资助。各省宪法对该省的教育组织机构、学制、考试制度和经费等都有明确的规定。[②] 加拿大的学校大多数是省立的,除魁北克省外,私立学校很少。各省的学制也是不完全统一的,但基本都是由小学、中等学校、高等学校三个层次组成。同时由于每个省的历史和经济水平都不一样,因此每个省教育制度及其状态各异,从总体上梳理和介绍加拿大生涯教育不可行。安大略省是加拿大的教育大省,各方面的教育都处于领先地位,全国70%的大学都设于该省,该省教育资源雄厚,本章对加拿大生涯教育的研究主要围绕该省展开。

20世纪70年代初,"终身教育"理论和"回归教育"理论在美国广泛传播。自1971年美国联邦教育署长马兰(Marland)博士正式提出"生涯教育"概念起,世界各国开始广泛关注生涯教育,目的是将以往单一以知识技能和从事职业为中心的就业指导与个人的价值观和职业观教育联系在一起,将就业指导拓展为贯穿人一生的生涯指导。[③] 加拿大的生涯教育起源于20世

---

① 彭妙.加拿大中学生生涯辅导实践及对我国的启示[D].长沙:湖南大学,2010.

② 李节传.加拿大通史[M].上海:上海社会科学院出版社,2014.

③ 南海,薛勇民.什么是"生涯教育"——对"生涯教育"概念的认知[J].中国职业技术教育,2007(3):5-6.

纪初的美国,大部分生涯教育者在美国接受生涯教育专业培训。所以加拿大生涯教育模式基本上都是参照美国模式来建立的。随着加拿大经济政治的发展和教育体系的进步,加拿大的生涯教育也逐渐呈现出了自己的特色,这些特色与加拿大的社会、经济和文化传统密切相关。①

加拿大生涯教育的发展与其飞速增长的经济有着十分密切的关系。随着经济发展,加拿大的教育经费支出以年均1‰的速度递增,成为加拿大最大的经费支出项目之一,在全球范围内,加拿大的教育经费支出也位居前列②,大量的教育经费为加拿大生涯教育的发展奠定了坚实的经济基础。与此同时,社会经济的高速增长致使就业环境快速变化,市场对就业人员的整体素质要求不断提高,加拿大教育管理者逐渐意识到,加强本国学生的职业生涯学习和增强规划意识已是教育的重中之重。加拿大的地区、城乡和民族差异比较大,一些没有一技之长的失业青年在高通胀和高失业率的情况下,会积极寻求继续教育、职业规划或技术培训,以扩大其就业机会。因此,加拿大教育管理者希望通过加强生涯咨询和生涯教育,帮助人们解决在家庭、事业和就业中遇到的问题。此外,加拿大社会经济的不断发展和环境的不断变化增加了个人和家庭的压力,人们越来越关注家庭稳定和事业成功之间的关系,致使加拿大国民迫切需要制定适合个人发展的生涯规划方案,进而促进了生涯咨询服务的发展,也提高了国民对生涯教育的重视程度。

加拿大作为一个移民国家,在文化政策上与美国有着本质上的不同。美国一直奉行"大熔炉"政策,而加拿大奉行"文化镶嵌"或"多元文化共存"政策,对各少数民族的文化、语言和传统采取兼容并包、宽容尊重的态度。③这是加拿大生涯教育富有多样性和丰富灵活性的重要原因之一。此外,受多元文化兼容并包政策影响,加拿大政府会对新移民提供适当帮助,使其适应当地社会生活复杂要求,这也是加拿大生涯教育形式多样的另一重要原因。

在加拿大,政府立法规定所有儿童必须入学就读,直至15—16岁。加

---

①　彭妙.加拿大中学生生涯辅导实践及对我国的启示[D].长沙:湖南大学,2010.

②　钱扑.加拿大教育的历史演进及其社会因素分析[J].外国中小学教育,1992(1):5-9.

③　钱扑.加拿大教育的历史演进及其社会因素分析[J].外国中小学教育,1992(1):5-9.

拿大教育吸收了英国和美国教育的精华部分,再经过自身近百年来的实践发展,逐步形成了一个较为完善的生涯教育体系,创造了一条从小学开始一直到大学的完整的生涯教育链。[①] 1999 年和 2000 年,安大略省教育部分别制定了 9—10 年级《职业生涯教育与指导》课程指南和 11—12 年级《职业生涯教育与指导》课程指南等政策文件,明确"职业规划教育与指导"课程在安大略省的中学课程中处于"核心地位"。[②] 学生在高中二年级时根据个人的能力、兴趣、抱负等选择继续学业或是就业。加拿大学生从中学开始实行选课制度,年级越高,可选课程越多,学校配备专业的辅导老师帮助学生选课或改选课程,学生可与辅导老师交流,提出和展现自己在某方面的专长和兴趣,进而选择适合其个性与能力的课程。一般中学可供选择的课程有很多,不准备上大学的学生可选择烹饪、缝纫、木工、电子、舞蹈、设计、艺术等五花八门的课程,相当于我国的职业高中教育内容;有上大学意愿的学生可选择学术课程。除了鼓励学生发展自己的兴趣爱好,加拿大生涯教育很重要的一部分是对中学生进行包括个性等方面的综合评估。例如温哥华的大学山中学(University Hill Secondary School)8 年级开设了一门名为"健康与就业"(Health and Career)的课程,专门讲授学生身心健康和职业方面的知识,老师会安排学生登录职业规划网站(www. careercruising. com),通过测评来选出自己的职业爱好,并就最喜欢的两个职业再分别回答该职业的利与弊等。[③]

二、加拿大中学生涯教育的发展历程

由于政治、经济等原因,加拿大的生涯教育起步较晚,主要衍生于加拿大的职业教育。加拿大实行教育分权制,各省教育行政管理权掌握在本省教育部手中,所以各省的教育制度与模式不尽相同。加拿大各地区中,安大略省的教育体系发展最为完备,且比较具有创新性。安大略省教育部更是

---

① 张晓露.加拿大:从小学到大学的职业生涯教育链(节选自中小学部分)[J].基础教育论坛,2015(26):33-35.

② The Minitiy of Education. The Ontario Curriculum Grades 9 and 10 Guidance and Career Education [R/OL]. [2022-03-16]. https://www. edu. gov. on. ca/eng/curriculum/secondary/guidance910currb. pdf.

③ 曹永刚.看国外中学生的职业生涯规划教育[EB/OL]. [2022-03-16]. https://max. book118. com/html/2017/0911/133421478. shtm.

非常明确自身担负的责任,不断出台各种教育政策来推动本省变革与教育的发展,始终以"学生成功"作为教育的主要目标,更加重视学生的终身发展。因此,本节关于加拿大中学生涯教育发展历程的介绍主要以安大略省为主。

（一）加拿大安大略省生涯教育的衍生阶段

加拿大的生涯教育主要衍生于其职业教育。加拿大职业教育发展较早[①],第二次世界大战之后,随着政治、经济迅速发展,加拿大教育部颁布了多部支持职业教育发展的法案,成立了多所职业技术专科学校,例如多伦多的瑞尔森理工学院、蒙特利尔综合理工学院以及 1964 年建立的不列颠哥伦比亚理工学院等。[②] 20 世纪 60 年代末,加拿大教育水平在国际范围内已经处于优势地位,其职业教育发展得比较完备,这也为生涯教育的衍生创造了条件。

随着经济的不断增长,新的工业部门不断增加,新的职业类型不断诞生,服务业迅速成长。在此背景下,人才市场上面临着学校培养的毕业生缺乏劳动技能的困境,加拿大教育学者们意识到对学生实施生涯教育的重要性,从而促进了加拿大生涯教育理论与实践的发展。1938 年,杜威在其著作《经验与教育》一书中认为,传统学校确实具有种种"经验",但这些"经验"是不够正确的。[③] "教育是在经验中、由于经验和为着经验的一种发展的过程。"[④]他建议学校课程以经验为基础,从纷繁复杂的现实经验之中选择那些实用且丰满并具有创造性的生活经验为未来的生活做准备。[⑤] 杜威的教育思想对加拿大基础教育产生了重大影响,但当时遭到了保守派顽固抵制。直到第二次世界大战之后,社会的飞速变革对教育提出了新挑战,进步主义逐渐复苏,各种以学生兴趣为中心的课程不断出现[⑥],这给加拿大教育带来了新的活力。

---

① 诸芋桦.加拿大职业教育立法研究[D].重庆:重庆大学,2016.
② 陈万红.西方社区学院的发展对我国高等职业教育的启示[J].现代农业科学.2008(6):91-92.
③ Dewey J. Experience and Education[M]. New York:Macmillan,1938.
④ Dewey J. Experience and education[J]. The Educational Forum,1986(3):241-252.
⑤ 吕达.杜威教育文集[M].北京:人民教育出版社,2008.
⑥ 强海燕.中、美、加、英四国基础教育研究[M].北京:人民教育出版社,2005.

（二）加拿大安大略省生涯教育的发展阶段

20 世纪 60 年代以后，加拿大在生涯教育领域进行了多种尝试，例如合作教育和学徒制教育等，学生生涯教育与指导相关协会建设也有了重大进展，加拿大生涯教育有了明显的发展与进步。合作教育为学生提供了理论联系实际的机会，是加拿大生涯教育的重要组成部分。自 1957 年滑铁卢大学引进合作教育模式以来，合作教育在加拿大生涯教育领域取得了巨大成就，学术界对合作教育的研究也有了比较大的进展。例如，加拿大合作教育协会 1997 年出版的《合作教育研究手册》（*Handbook for Research in Cooperative Education and Internships*）中对合作教育研究的进展和核心问题进行了详细论述。[①] 1970 年，雨季河学区的方特弗朗西斯高中（Fort Francis H. S）成为安大略省第一个正式实施合作教育课程计划的中学。该计划备受省教育部、社会各机构、学校、教师、研究者的重视与关注，各学区争相效仿，到 1972 年，全省有 15 个学校在传统职业课程中实行合作教育模式。

除合作教育取得迅速发展外，这一时期的加拿大还成立了许多指导学生生涯发展的协会，这些协会的出现对加拿大生涯教育发展产生了巨大推动作用。20 世纪 60 年代中期以后，加拿大人在世界舞台上非常活跃，加拿大标准委员会的执行理事会成员参加了促进职业辅导与咨询的国际圆桌会议以及国际教育和职业指导协会，加拿大在职业辅导与咨询领域取得了重大进展，例如 1965 年加拿大生涯辅导协会与生涯咨询中心（Canadian Guidance and Advisory Association）成立后，全国性的生涯辅导与咨询就此开展，也为生涯辅导员提供了信息交流平台。1977 年，很多中学加入安大略省合作教育协会成为会员，同年，安大略省颁布规定，鼓励中学利用社区资源整合可实施合作教育的课程资源，很多学校开始不仅为本校学生提供课程，还面向本学区所有学生提供合作教育课程计划，为更多学生提供服务。

20 世纪 70 年代末，随着世界经济发展和科学技术水平的提高，国家工业化水平不断深化，加拿大从自身国情出发，提出一系列教育改革措施，提

---

① Linn P. L., Howard A., Miller E. Handbook for Research in Cooperative Education and Internships[M]. New York：Routledge，2003.

高中学生涯教育水平。1982 年,合作教育课程领域扩大。1983 年,加拿大保险局设立条款,对高中生在雇主工厂学习的安全与保险问题做出规定,要求参加工作学习的学生交付保险后方可进行校外实习①。

(三)加拿大安大略省生涯教育的改革完善阶段

加拿大在生涯教育领域取得了飞速发展,在实施各种生涯教育政策过程中积极发现各种不足,并对相关政策做了十分深刻的研究与分析,对以往实施的政策进行不断改革与完善。同时,为帮助学生适应飞速发展的社会和不断变化的就业形势,加拿大政府提出了许多新的适合本国国情的生涯教育政策,不断促进生涯教育的发展。

21 世纪以来,加拿大安大略省教育部颁布的生涯教育政策中,最重要的文件是《职业生涯教育与指导》(The Curriculum Guidance and Career Education)课程指南。1999 年的 9—10 年级《职业生涯教育与指导》课程指南和 2000 年的 11—12 年级《职业生涯教育与指导》课程指南是安大略省教育部以政策文件的形式为安大略省各中学提供的正规的、可供参考的生涯教育课程指导,其中共包括五项课程,即"学习策略 1:在中学获得成功的技能"(Learning Strategies 1:Skills for Success in Secondary School)、"职业生涯研究"(Career Studies)、"设计你的未来"(Designing Your Future)、"领导与同伴支持"(Leadership and Peer Support)、"高级学习策略:在中学后获得成功的技能"(Advanced Learning Strategies:Skills for Success after Secondary School)。2004 年,安大略省教育部又补充出台 10—12 年级《职业生涯教育与指导开放课程(草案)》,新增了"发现职场"(Discovering Open the Workplace)和"驾驭职场"(Navigating the Workplace)两门课程②,并要求于 2004 年 9 月起配合上述两个课程指南一起实施。2006 年,安大略省教育部又颁布了新的 9—10 年级和 11—12 年级《职业生涯教育与指导》课程指南,基于时代和社会的发展对生涯教育课程提出了新的课程期望。《职业生涯教育与指导》课程指南是安大略省中学实施生涯教育的主要课程指

---

① 祁琳.生涯发展取向课程的研究——基于对加拿大安大略省高中合作教育的分析[D].北京:中央民族大学,2009.

② 杨燕燕.加拿大安大略省中学《职业生涯教育与指导》课程述评[J].比较教育研究,2005(12):73-77.

南,在安大略省中等教育中占有举足轻重的地位。除了此课程指南,安大略省教育部还颁布了许多政策,以指导中学生涯教育,提高学生生涯知识与技能,促使学生成功。

从 1968 年的《学会与生存》教育改革报告,到 1996 年的《为了热爱学习》①,再到 2003 年的《激发学生潜力》②,安大略省一直在积极研究和探索促进学生发展的路径。2003 年,安大略省教育部为 7—12 年级的学生提供了一份项目报告,即《建构成功之路》(Building Pathways to Success)。该报告是为了帮助那些刚刚进入中学或者即将进入工作岗位但仍存在困惑的学生,旨在为中学生的在校学习和未来职业奠定基础,帮助学生在顺利完成中学学业的基础上实现由学生到从业者的角色转变。③ 随着时代与社会的发展,劳动力市场对人才的需求不断更新,对安大略省的生涯教育提出新的挑战。安大略省不断调整生涯教育政策,经过多次教育改革与探索,安大略省学校生涯教育取得了十分突出的成绩。2013 年,安大略省的生涯教育实现了由"好"到"优"的跨越,据调查统计,安大略省 5000 多所学校的学生在主要学业测试中表现十分优异。④ 这对世界各国的生涯教育发展具有借鉴意义,为世界做出了重要贡献,因此安大略省也被认为是拥有最佳教育体系的地区之一。⑤

三、加拿大中学生涯教育的理念、目标、内容与途径

20 世纪后期,职业发展理论认为,如果可以为个人提供准确的职业信息和指导,那么将有助于培养和提高他们独立制定有效职业规划的技能。⑥

---

① 戈白文.《为了热爱学习》——加拿大安大略省第二个有全国影响的教改报告[J].上海教育,1998(3):64.

② NCCE. The Cooperative Education Model[EB/OL]. [2022-03-16]. http://www.co-op.edu/aboutcoop2.html.

③ Division of Student Affairs. Building Pathways to Success[EB/OL]. [2022-03-16]. https://www.queensu.ca/gazette/stories/building-pathways-success.

④ 吴晓威,邹天鸿,唐泽静.加拿大安大略省"创建成功之路"项目研究[J].外国教育研究,2015(9):51-58.

⑤ Rick Hansen Foundation. Great to Excellent: Launching the Next Stage of Ontario's Education Agenda[R/OL]. [2022-03-16]. https://www.rickhansen.com/sites/default/files/downloads/sch-36110-school-materials-webepcconen_0.pdf.

⑥ Krumboltz J D, Worthington R L. The school-to-work transition from a learning theory perspective[J]. The Career Development Quarterly,1999(4):312-325.

传统的生涯教育理念认为,生涯教育的对象仅仅是一部分需要指导的学生,且只在他们自认为需要时才提供帮助。然而现实情况是,21世纪学生面临的挑战和机遇不同于以往任何一个时代,今天所有学生都需要生涯教育方面的特定知识和技能,以支持他们在一生中做出明智的选择。加拿大学者密切关注21世纪政治、经济、文化等各方面变化对学生提出的挑战,因此加拿大生涯教育在近年间发展迅速。

（一）加拿大安大略省中学生涯教育的理念

1. 以生为本,注重学生多样性的理念

20世纪中叶,安大略省教育部就已经开始探索以学生为本的课程体系、教学方式和课程辅助项目,并针对安大略省中学教育发展过程中出现的辍学问题、教育资源不平衡、教育部—教师—学生三者矛盾问题进行了尝试性探索和改革。[①] 进入21世纪,"遍及每一位学生"(Reach Every Student)、"良好到优秀"(Great to Excellent)和"学生成功"(Student Success)是安大略省中学教育课程所贯穿的核心思想[②],致力于帮助学生做好人生规划。安大略省在以学生为本的生涯教育实施过程中,还有许多问题亟待解决。因此,为满足不同学生学习需要,安大略省教育部开设了各种课程和辅导计划,鼓励各地区中学采用以学生为主体的教学方法和活动方式,促进全体学生在掌握基本知识和基本技能的基础上,制定适合自己的人生规划。[③]

2. 因材施教,创建成功之路的理念

安大略省拥有丰富的教育资源,而且一直是加拿大的教育大省。安大略省教育部非常重视本省的教育事业发展,且为了继续推动本省教育发展,不断出台各项政策。2013年,安大略省认识到当前社会迅速发展,当代学生面临的是前所未有的挑战与机遇,提出开展"创建成功之路"(Creating Pathways to Success)项目。[④] 在这种现实环境下,安大略省基于"创建成功之路"的基本理念,分析影响学生生涯选择的原因,进而制定合适的生涯教

---

① 梁瀛尹. 加拿大安大略省高中课程设置研究[D]. 重庆:西南大学,2015.

② The Minitiy of Education. More Ways to Succeed in High School: A Guide for Parents and Students. [EB/OL]. [2022-03-16]. https://mary. hwcdsb. ca/learn/studentsuccess/? fileID=15481.

③ 梁瀛尹. 加拿大安大略省高中课程设置研究[D]. 重庆:西南大学,2015.

④ The Minitiy of Education. Creating Pathways to Success[EB/OL]. [2022-03-16]. http://www. edu. gov. on. ca/eng/document/policy/cps/index. html.

育战略。需要注意的是,此处的"成功"并不是浅显的"高收入、高地位"的成功,而是指学生找到适合其自身发展的职业并能在这份职业中实现自身价值。经过安大略省教育部的深度调查,发现影响学生职业选择和目标实现的因素有很多,涉及家庭、学校和社会等方方面面。其中对学生产生重大影响的是学生的自我认知和面对机遇的敏感程度,以及同龄人和成年人对其的看法。基于此,安大略省教育部制定的中学生"创建成功之路"教育和职业生涯计划政策包含了三个核心理念:一是每一个学生都能成功;二是成功有多种形式;三是通往成功的道路不止一条。① 也就是说,安大略省中学生涯教育旨在为学生提供优质的学习资源,同时让学生有机会选择适合他们能力和兴趣的课程,帮助学生获得"成功"。除此之外,更新后的安大略省生涯教育课程在结合传统课堂教学的基础上为学生提供更广泛的学习选择,为学生量身定制适合其自身发展的生涯教育规划,提高学生"成功"的概率。

3. 家校共育,贯彻家校合作的理念

家校合作是安大略省中学生涯教育的又一重要理念,因为父母对孩子成长起着至关重要的影响,所以学校和家庭的合作会使学生的生涯发展事半功倍。研究表明,如果学生的父母或监护人参与他们的教育,那么他们会有更加突出的表现:家长需要了解学生的生涯教育课程,知道孩子正在学习什么以及还需要学习什么,这样可以增强家长与孩子以及老师交流的意识,也有利于帮助学生进步。除了支持正常的学校活动,家长还可以鼓励孩子参加社区活动,以此拓展孩子的发展可能性。同时,家长还可以参加家长会、家长工作坊和校董会等组织,时时关心孩子的学习发展。

教师与学生有着相辅相成的关系。教师通过探索多样的教学和评估方法,满足每一位学生的需要,保证每个学生都可以获得合适的学习环境与机会。除了系统的学科知识,教师还要发展学生的探索精神、人际交往技能,以及管理、学习和就业技能等,并将这些技能与现实生活中的情况联系起来,以便学生更好地理解与应用。校长应与老师、家长合作,致力于支持和鼓励学校与社会各界建立合作伙伴关系,确保每个学生都能获得最好的教育体验。

为了支持学生的生涯学习,每一位校长都应确保学校生涯课程的正常

① The Minitiy of Education. Creating Pathways to Success[EB/OL].[2022-03-16]. http://www.edu.gov.on.ca/eng/document/policy/cps/index.html.

开展,并为教师和学生提供适当的资源,确保他们可以以多种教学方法开展生涯教育。同时,校长还应推动学术团队与教师合作,为教师提供进修学习机会,提高教师的生涯教育能力。①

（二）加拿大安大略省中学生涯教育的目标

加拿大安大略省发布了多部关于中学生涯教育的政策文件,其中 2004 年的《职业生涯教育与指导开放课程（草案）》提出的目标包括以下三点:一是让学生了解与终身学习、人际关系和职业规划相关的概念;二是培养学生的学习技能、社交技能、社会责任感以及制定和追求生涯目标的能力;三是将以上的学习所得应用到学校和社区的生活和工作中。② 2013 年,安大略省教育部提出的"创建成功之路"项目中对生涯教育提出以下三个目标:一是通过有效应用四步调查方式,确保学生发展他们所需的知识和技能,为未来做出明智的职业生活选择做准备;二是为学生提供课堂内外的学习机会;三是加强家长与生涯活动的联系,使家长参与到生涯学习项目的开发、实施与评估过程中,以支持学生的学习。③ 加拿大学者比尔·巴里(Bill Barry)于 2001 年开发了"现实系列游戏",其基本目标是为不同年龄、不同年级的学生提供真实的工作环境,增加学生对学校学习、未来生活以及工作的理解,最终帮助学生掌握自我职业生涯规划能力。④《职业生涯教育与指导开放课程（草案）》、"创建成功之路"和"现实系列游戏"是安大略省主要的生涯教育指导方案,根据上述课程、项目及活动方案的培养目标总结可知加拿大安大略省的生涯教育目标,主要集中在三个方面:一是培养学生的生涯规划意识,使学生能够清晰地辨析有关生涯概念;二是帮助学生掌握生涯知识、培养生涯技能、获取生涯信息和端正生涯态度的能力,以积极地促进学生自我生涯发展;三是通过家庭、学校和社会的合作,开展广泛的生涯活动,为学生提供社会实践机会⑤。

① The Ministry of Education. The Ontario Curriculum Guidance and Career Education Open Courses (Draft) Grades 10 and 12 [R/OL]. [2022-03-16]. https://www. edu. gov. on. ca/eng/ curriculum/secondary/fsl912curr2014. pdf.

② The Minitiy of Education. The Ontario Curriculum Grades 9 and 10 Guidance and Career Education[R/ OL]. [2022-03-16]. https://www. edu. gov. on. ca/eng/curriculum/secondary/guidance910currb. pdf.

③ The Minitiy of Education. Creating Pathways To Success[EB/OL]. [2022-03-16]. http:// www. edu. gov. on. ca/eng/document/policy/cps/index. html.

④ 王华. 加拿大"现实的系列游戏"生涯指导课程及其启示[J]. 中小学教师培训,2014(8):62-64.

⑤ 陈岸. 新高考背景下普通高中生涯发展指导课程的研究[D]. 长沙:湖南大学,2018.

1. 培养学生生涯规划意识

为学生提供生涯教育课程,让学生了解生涯相关概念,培养学生生涯规划意识,是安大略省生涯教育的目标之一。生涯教育课程是学校实施生涯教育的第一步,课堂是学习生涯理论概念的主要场所,也是培养学生生涯意识的第一步。步入青春期的中学生,在心理和生理上都发生了比较大的改变,其思维能力、自我认知、甄别能力和自主意识都获得了进一步的发展和提升,此时的学生十分期盼可以按照自己的主张来发展,主要体现在以下几个方面:一是在自我认识方面,中学阶段,一部分学生开始思考自己将来的人生发展,因此他们开始有意识地发展自己的个性;二是在价值观方面,他们开始思考未来人生的含义,但是其人生观还未稳定,因此经常会受外界的影响而发生改变;三是在个人管理方面,中学生要求独立决定涉及个人的各种问题,期望从家长和老师那里获得一定的自由。中学生的心理特点决定了生涯教育在这一阶段的重要作用,既能给学生提供相应的指导,又能培养学生的生涯意识,为其一生幸福打下坚实的基础。安大略省生涯教育的目标是让中学生了解生涯规划对于未来发展的重大意义,启迪学生对生涯规划的思考,为以后开展的生涯技能训练活动打下基础。安大略省中学生涯教育的课程目标划分十分详细,但主要也是以上述三个总目标为导向。例如中学生涯教育课程由四个单元组成,即自我意识、职业生涯管理技能、教育规划以及职业意识探索和规划,每个单元的基本目标下设有多个学习目标。例如第一单元的基本目标就包括基本目标一:认识和理解职业生涯的概念;基本目标二:认识自我与建构积极的自我意识等。其中,基本目标一下设的学习目标包括界定职业生涯、能力与兴趣的定义,了解不同职业角色所需的技能,了解家庭、社区和学校中与工作有关的活动,基本目标二下设的学习目标则包括认识自己的独特性以及理解价值观的内涵和重要性等。[①]

2. 发展学生生涯技术能力

安大略省中学生涯教育的目标之二是帮助学生掌握生涯知识、培养生涯技能、获取生涯信息和端正生涯态度的能力,以积极地促进学生自我生涯

---

① Saskatchewan Education. Aim and Goal of Middle Level Career Guidance [EB/OL]. [2022-03-16]. http://www.sasked.gov.sk.ca/docs/midcareer/introduct.htm#aim.

发展。2004 年发布的《职业生涯教育与指导开放课程（草案）》中提出学校生涯教育课程旨在帮助学生成为更自信、更积极、更高效的学习者。[①] 学校应为学生提供各种各样的体验式学习机会，积极探索与学习、工作和社区参与相关的广泛课程选择，培养学生与学习、就业相关的技能，并且这些技能可以应用于在校期间和毕业后的学习和工作中。安大略省中学致力于培养学生在工作中成功所必需的基本技能和工作习惯。[②] 在安大略省的生涯教育课程中，学生可以了解到工作性质的变化和工作变迁的趋势，并深入了解他们将在现代社会经济中遇到的挑战和机遇。安大略省认为，中学各学科教师都有责任培养学生的学习能力、人际交往能力以及与职业规划相关的知识和技能，帮助学生们将所学的各种科目与他们的个人志向和兴趣以及可能从事的工作和扮演的生活角色联系起来，这种联系增加了课程与学生的相关性，既有利于学生学习，又增强了学生追求职业目标的动力。安大略省中学生涯教育课程的第二单元基础目标就是发展学生的生涯技能[③]，包括掌握做出适当决策和制定目标所需的知识、技能和态度，掌握生活变迁所需的知识、技能和态度，以及养成良好的工作和学习习惯。这一基础目标还下设了许多学习目标，例如培养决策所需的技能、学习解决问题和做出决策的技巧、掌握减轻压力的方法、培养适应工作的能力以及培养工作所需的个人素质等。

3.促进学生生涯发展实践能力

安大略省中学生涯教育的目标之三是通过家庭、学校和社会的合作，开展广泛的生涯活动，为学生提供社会实践机会。家庭、学校和社会合作是各国生涯教育实践活动的主要途径，加拿大也不例外。安大略省的中学生涯教育密切联系家长和社会，通过三方合作努力丰富中学生的生涯知识，提高其能力，为学生以后的生活和工作服务。教育途径并不是只有学校一种，只把教育寄希望于学校是片面的和不切实际的，家庭教育与社会教育是学校教育的必要补充，家长和社区有责任也有义务参与到教育实践之中[④]，安大

---

① The Minitiy of Education. The Ontario Curriculum Grades 9 and 10 Guidance and Career Education[R/OL]. [2022-03-16]. https://www. edu. gov. on. ca/eng/curriculum/secondary/guidance910currb. pdf.

② 邓璐.生涯规划教育文献研究综述[J].中小学心理健康教育,2017(32):4-7.

③ Saskatchewan Eduction. Aim and Goal of Middel Level Career Guidance. [EB/OL]. [2022-03-16]. http://www. sasked. gov. sk. ca/docs/midcareer/introduct. htm♯aim.

④ 郭时永.浅谈家庭教育对青少年成长的影响[J].科教文汇(中旬刊), 2010(3):196-197.

略省教育部门历来重视家、校、社会全体参与,生涯教育更是需要全方位多成员参与才能收获成效。安大略省"创建成功之路"项目很好地体现了教育的全体参与性特征,例如家长被要求参与学生"我的一切"及"个人道路规划"的记录与回顾,发挥家长辅助教师的作用,帮助学生总结学习的兴趣与优势,帮助学生做决定、立目标,从而更好地规划学习、职业以及人生道路。同样,社区也在支持"创建成功之路"项目实施及学校活动中扮演着至关重要的角色。[①] 同时,社会也要充分参与"创建成功之路"项目,为学生提供模拟求职的机会,让学生切身感受职业选择的过程、困难以及意义。安大略省中学课程目标中也提出要从多方面促成家庭、学校和社会三方合作,例如组织在家庭、社区和学校中与工作有关的活动、了解家庭成员的工作、将学到的技能应用到学校和社区的生活和工作之中等,在学生获得生涯知识和技能后,给予他们成为社区、公共场所、家庭和同伴群体中负责任的、有贡献的成员的机会。这将有助于学生把学习变成终身事业和提升自信心,积极地促进自我发展,为未来做准备。

(三)加拿大中学生涯教育的内容

加拿大安大略省中学共设置了 16 门课程,即艺术、商业研究、加拿大和世界研究、古典与国际语言研究、计算机研究、合作教育、英语、法语、职业生涯教育与指导、健康与体育、跨学科研究、数学、母语、本土研究、社会科学与人文科学和技术教育,其中与生涯教育直接相关的课程主要有职业生涯教育与指导、合作教育和技术教育三门。

1. 全面实施生涯指导核心课程

《职业生涯教育与指导》课程是安大略省中学生涯教育的核心指导课程,为安大略省各中学提供规范的生涯教育指导。1999 年和 2000 年,安大略省教育部制定了 9—10 年级《职业生涯教育与指导》课程指南和 11—12 年级《职业生涯教育与指导》课程指南,代替了 1995 年制定的 9 年级课程指南和 1984 年制定的 10—12 年级课程指南,2004 年又对《职业生涯教育与指导》加以修正,为 10 年级和 12 年级分别增加了"发现职场"和"驾驭职场"两个课程[②],由此组成安大略省

① 吴晓威,邹天鸿,唐泽静.加拿大安大略省"创建成功之路"项目研究[J].外国教育研究,2015(9):51-58.

② 杨燕燕.加拿大安大略省中学《职业生涯教育与指导》课程述评[J].比较教育研究,2005(12):73-77.

中学生涯教育课程体系,共七个课目(见表 5-1),2006 年又再一次进行了修订。2006 年新修订的课程指南在安大略省中学生涯教育中扮演着核心角色,其目的在于为学生提供实现未来职业期望的技能和工具,帮助学生取得人生成就,走向成功。特别值得一提的是,该课程侧重于技能发展,致力于帮助学生更好地管理他们的时间和资源,培养学生的沟通交流能力,以提高他们在学校和未来生活中成功的概率。《职业生涯教育与指导》课程指南提出学校应积极地让学生参与到高等教育、培训或与工作相关的研究和调查过程之中,解决实际问题,有利于了解学生的各种能力、长处和抱负,为他们提供知识和技能帮助,使他们终身受益。

表 5-1　加拿大安大略省 9—12 年级《职业生涯教育与指导》课目一览

年 级	课目目标	课目类型	课目代码	学 分	先决条件
9	学习策略 1: 在中学获得成功的技能	开 放	GLS1O	1.0	无
			GLS1O（特殊教育）	1.0	校长推荐
10	职业生涯研究	开 放	GLC2O	0.5	无
	发现职场	开 放	GLD2O	1.0	无
11	设计你的未来	开 放	GWL3O	1.0	10 年级的职业生涯研究
	领导与同伴支持	开 放	GWL3O	1.0	10 年级的职业生涯研究
12	高级学习策略: 在中学后获得成功的技能	开 放	GLS4O	1.0	10 年级的职业生涯研究
			GLS4O（为有 IEP 的 12 年级学生修订）	1.0	校长推荐
			GLS3O（为有 IEP 的 11 年级学生修订）	1.0	校长推荐
	驾驭职场	开 放	GLN4O	1.0	无

注: IEP 是指 Individual Educaton Plan(个人教育计划)。

资料来源:The Minitiy of Education. The Ontario Curriculum Grades 9 and 10 Guidance and Career Education ［EB/OL］. ［2022-03-16］. http://www. edu. gov. on. ca/eng/curriculum/secondary/guidance. html.

安大略省课程指南为中学提供系统的生涯教育指导,从 9 年级开始,每一年级的课程都为高一年级课程奠定基础,每高一年级的课程都是低年级课程的提升和深化,通过逐年增加课程难度循序渐进地增强学生的生涯意识,提高学生生涯能力。"学习策略1:在中学获得成功的技能"是9年级的开放生涯教育课程,该课程主要侧重于向所有学生传授基础的生涯知识与技能,主要包括学习技能、个人知识管理技能、人际交往知识与技能和探索机遇能力。在学习技能方面,主要是向学生传授学习策略和思考能力,使学生学会管理自己的学习,获得知识和技能,并可以将这些能力应用到各种情境中去。在个人知识管理技能方面,培养学生的自我评估能力,力求使每一个学生都能正确评估自己的优势和兴趣,培养学生的决策能力,并在制订计划中运用这种能力,这也有利于培养学生在工作、学习和生活中取得成功所需的个人知识管理技能。在人际交往知识与技能方面,可以培养学生的沟通、团队合作和领导能力,学生将会学会如何在学校、工作和社区中与他人相处,并理解尊重他人的重要性。在探索机遇能力方面,可以帮助学生学会如何获取学习、工作和社区机会的相关信息,学生可将有效信息与他们的个人职业目标联系起来,并学会为中学后的职业成功制订计划。[1] "学习策略1:在中学获得成功的技能"课程提高学生在学校和其他环境中的个人管理能力,帮助学生养成自主学习的习惯,学生将在生涯学习中学会运用广泛的策略提高学习、读写、计算、交流与规划的能力,同时还可以增强自信心和进取心,为实现个人成功做准备。[2]

《职业生涯教育与指导》课程指南中为10年级设置了两门生涯课程,分别是"职业生涯研究"和"发现职场"。"职业生涯研究"课程教授学生如何为参与未来的学习、工作和社区活动制订计划和实现个人目标,培养观察当前经济和职业趋势的意识,抓住工作机遇并寻求就业途径。[3] 该课程探索学生在中学后的各种学习选择,为学生毕业后向工作和生活的转变做好准备,

---

[1]　The Minitiy of Education. The Ontario Curriculum Grades 9 and 10 Guidance and Career Education[R/OL]. [2022-03-16]. https://www.edu.gov.on.ca/eng/curriculum/secondary/guidance910currb.pdf.

[2]　杨燕燕. 加拿大安大略省中学《职业生涯教育与指导》课程述评[J]. 比较教育研究,2005(12):73-77.

[3]　The Minitiy of Education. The Ontario Curriculum Grades 9 and 10 Guidance and Career Education[R/OL]. [2022-03-16]. https://www.edu.gov.on.ca/eng/curriculum/secondary/guidance910currb.pdf.

并通过制定职业规划帮助学生专注于他们的职业目标。"发现职场"将为学生提供实习机会,提高其职业成功所需要的通用技能,学生可以参加学校和社区提供的社会实践以体验真实的工作情境,使用真实的职场材料,进而对工作有一个全面系统的了解。[1] 该课程的主要内容如下:一是工作和学习所需的基本技能,包括阅读文本、文档使用、写作、计算、口头交流、思考技巧、与他人合作、计算机使用和持续学习,这是加拿大政府和其他国家及国际机构确定的职业成功所必需的九项技能;二是个人知识管理技能和探索机遇,这是对 9 年级生涯课程的延伸和发展,包括人际交往的知识、技能和培养机会意识,组成 9—12 年级生涯教育链;三是为过渡和变革做准备,培养学生获取知识和提高技能的能力,以适应其在人生不同阶段转变所扮演角色的过程,使学生学会预测和应对变化,再根据变化评估和修改计划,帮助学生在学校与工作之间、工作与工作之间平稳过渡。[2]

安大略省高中为 9—12 年级,12 年级毕业后学生即将面临升学或就业的选择。对此,《职业生涯教育与指导》课程指南设定的 11—12 年级的生涯教育课程分别是"设计你的未来""领导与同伴支持"和"高级学习策略:在中学后获得成功的技能""驾驭职场",从这些课程可以看出,安大略省生涯教育课程的设置具有明确的策略性,在高中毕业前期主要教授学生与未来职业密切相关的课程,以此帮助学生减少就业迷茫感。11 年级的"设计你的未来"和"领导与同伴支持"两门课程的课程内容都是对 9—10 年级生涯课程内容的扩展和延伸,主要包括个人知识管理技能、人际交往技能、探索机遇和为过渡和变革做准备。[3] "设计你的未来"为学生成功进入中学后的工作、学习或培训做准备,在提升学生的就业技能和规划职业生涯的同时,还将探索现代职场的现实情况与机遇。[4] "领导与同伴支持"致力于提高学

---

[1]　The Minitiy of Education. The Ontario Curriculum Grades 9 and 10 Guidance and Career Education[R/OL].[2022-03-16]. https://www. edu. gov. on. ca/eng/curriculum/secondary/guidance910currb. pdf.

[2]　The Minitiy of Education. The Ontario Curriculum Grades 9 and 10 Guidance and Career Education[R/OL].[2022-03-16]. https://www. edu. gov. on. ca/eng/curriculum/secondary/guidance910currb. pdf.

[3]　The Minitiy of Education. The Ontario Curriculum Grades 11 and 12 Guidance and Career Education[R/OL].[2022-03-16]. http://edu. gov. on. ca/eng/curriculum/secondary/guidance1112currb. pdf.

[4]　杨燕燕.加拿大安大略省中学《职业生涯教育与指导》课程述评[J]. 比较教育研究,2005(12):73-77.

生的领导能力,教授学生与人沟通,锻炼学生人际交往、团队合作和冲突处理等方面的能力,并运用在各种情境角色中。该课目也会让学生体会到社会价值观的多元性和复杂性,认识到终身奉献社区、帮助他人的重要意义。①

12 年级是安大略省高中的最后一年,也就是说 12 年级的学生面临的是升学或就业的选择。"高级学习策略:在中学后获得成功的技能"旨在提高学生的学习和个人管理技能,使学生能够顺利过渡到工作、培训或高等教育之中,培养学生独立学习和终身学习的能力。在此阶段学生需要做出正确的自我评估,并使用读写能力、计算能力、研究技能和个人管理技巧来最大化地深入学习,为下一步接受高等教育或走入职场做好准备。另外,学生需要调查职场趋势和就业资源,以帮助实现中学后的学习和职业目标。②"驾驭职场"是《职业生涯教育与指导》课程指南中的最后一门生涯课程,它主要是为学生提供实习机会,帮助学生获得在各种职业情境中取得成功所必需的基本技能和工作习惯,学生将通过参与真实的职业环境,在现场探索他们感兴趣的领域并制订学习或工作计划,以顺利过渡到中学后的学习或工作。③

2.积极推进体验式生涯实习项目

加拿大滑铁卢大学于 1957 年率先引入了合作教育理念,可以说加拿大的合作教育首先是在大学中开展的。但随着时代的发展,加拿大政府也逐渐认识到生涯教育的起点不应是在大学,而是应该贯穿于初等、中等和高等教育乃至个体一生之中,因此合作教育也逐渐被纳入初等、中等教育体系。体验式合作教育的本质特征是通过将学习与工作结合起来实现理论与实践的结合、学校与社会的结合,进而提高生涯教育质量。加拿大的合作教育理念已经被普遍接受,其机制健全、应用广泛、成效显著。④

合作教育计划是加拿大安大略省中学实施生涯教育的重要组成部分,

---

① The Minitiy of Education. The Ontario Curriculum Grades 11 and 12 Guidance and Career Education[R/OL]. [2022-03-16]. http://edu.gov.on.ca/eng/curriculum/secondary/guidance1112currb.pdf.

② The Minitiy of Education. The Ontario Curriculum Grades 11 and 12 Guidance and Career Education[R/OL]. [2022-03-16]. http://edu.gov.on.ca/eng/curriculum/secondary/guidance1112currb.pdf.

③ The Minitiy of Education. The Ontario Curriculum Grades 11 and 12 Guidance and Career Education[R/OL]. [2022-03-16]. http://edu.gov.on.ca/eng/curriculum/secondary/guidance1112currb.pdf.

④ 黄斌.加拿大合作教育的实践及启示[J].职教论坛,2009(33):62-64.

是促使学生实现从学校到社会的过渡的经典模式。合作教育提供了将课堂学习与职业生涯规划联系起来的机会,为学生在学校、工作和生活中取得成功做好准备。合作教育以体验式学习为基础,是一种高度沉浸式的体验式学习形式。该形式通过校外社区活动,为学生创造了一个共同的学习环境,反思已获得的经验,并通过学习影响学生在生活各个方面的决定和行动,这种学习过程根植于"体验式学习周期",有助于深化学生学习,并使他们能够顺利地掌握未来所需要的技能、知识和思维习惯。[①] 通过体验式学习方式,学生可以成为知识建构者而不是被动的知识接受者[②],这种学习方式在学生身心发展和个体社会化两个方面起到了促进作用,包括提高自尊心、参与度和社交与领导能力。[③] 体验式学习为中学生涯教育提供了一个重要工具,各个社区可以通过这种工具进行协作,以确保学生的兴趣、需求、优势和愿望得到认可和满足并反映在教育体验中,同时还为安大略省的学生提供丰富的学习经历,培养他们成为成功的和富有同情心的公民,以应对快节奏和全球性的挑战。

为了确保学生获得宝贵的教育经验,合作教育计划的制订和实施,严格遵循六步学习基本过程,包括确保学生健康安全和福祉、应用体验式学习周期、制订和实施学生合作教育计划、统筹学生学习、监督学生进步和评估学生学习。这六个步骤之间并非相互分离的,而应被视为是相互关联的,在实施这些基本流程时,教育工作者应遵循确保公平和包容的原则。一个学生的合作教育计划由合作教育课程与其他相关课程组成,其中相关课程指学校开设的学科课程如英语、数学、生涯辅导、地理、历史、生物、化学、物理等课程,合作教育课程由课堂学习和岗位学习组成,其中课堂学习为对学生进行 15—20 小时的岗前培训和七小时的反思讨论活动。[④] 教师为学生讲解工

① The Minitiy of Education. The Ontario Curriculum:Secondary Cooperative Education[R/OL]. [2022-03-16]. https://www. edu. gov. on. ca/eng/curriculum/secondary/cooperative-education-2018. pdf.

② Ontario Ministry of Education. Capacity Building Series-Inquiry Based. Learning. [R/OL]. [2022-03-16]. http://www. edu. gov. on. ca/eng/literacynumeracy/inspire/research/CBS_InquiryBased. pdf.

③ Canadian Council on Learning,Lessons in Learning:The Benefits of Experiential Learning[R/OL]. [2022-03-16]. http://en. copian. ca/library/research/ccl/benefits_learning/benefits_learning. pdf.

④ The Minitiy of Education. The Ontario Curriculum:Secondary Cooperative Education[R/OL]. [2022-03-16]. https://www. edu. gov. on. ca/eng/curriculum/secondary/cooperative-education-2018. pdf.

作中的健康与安全等事项,教师还会选择合适的时机,召集学生就岗位学习情况开展研讨,对自己的工作表现进行反思性讨论及评价,以巩固他们在工作场所的学习(见表 5-2)。

表 5-2　安大略省体验式生涯实习课程安排

课程安排	具体实施步骤和关键指标	
课前咨询与面试	了解学生兴趣、基础知识和基本素质	
课堂部分	岗前指导 (15—20 小时)	学习工作技能
		了解健康与安全知识
		理解岗位安全与保险金条款
		了解工会组织和集体谈判权
	整合	召集学生讨论并反思岗位学习情况
岗位部分	"一对一"岗位学习	对学生进行"一对一"指导
		撰写"个人学习计划书"
评估与评价	校内学习评估与评价	
	岗位学习评估与评价	
	出勤率考核	

资料来源：Ministry of Education. Cooperative Education and Other Forms of Experiential Learning Policies and Procedures for Ontario Secondary Schools[EB/OL].[2022-03-16]. https://kanataacademy. com/assets/docs/Cooperative-Education-Ministry-Policies-and-Procedures. pdf.

　　目前,加拿大安大略省高中合作教育取得了较为突出的成效,提高了学生学术学业成就,提升了高中生毕业率,增强了学生对学习的兴趣,提高了全体学生为升学和就业做好充分准备的能力。除了学校—工作场所—学校循环的学习模式,合作教育还与其他职业生涯教育计划相联系,包括安大略省青年学徒计划、高技能专业课程计划和学校工作转型计划等。安大略省青年学徒计划(OYAP)让学生通过参加社区学徒的合作教育课程以获得安大略省中学文凭的学分。OYAP 的申请十分严格,学生必须年满 16 岁且已修满 16 学分,并在一所中学注册为全日制学生,才有资格申请。作为OYAP 的参与者,学生在上中学时,可以有机会成为一名学徒,并与培训机构签订注册培训协议,同时作为学徒,学生有机会完成由高等教育和技能发展部

(MAESD)批准的培训机构(TDA)提供的一级学徒培训。① 合作教育计划为学生提供了一种全新的学习机会,这个机会有助于提高学生理论联系实际的能力和丰富学生真实的工作经验,有效地实现了让学生在工作中学习的目的,促使他们在经历过实践工作之后,进一步确定自己日后的职业发展目标。②

3. 重视并加强发展生涯技术教育

加拿大十分重视对学生职业生涯技术的培养,安大略省在中小学生涯教育阶段便把技术教育课程作为重要组成部分,经历了一个多世纪的发展,在吸收国外优秀经验的同时,安大略省的中小学技术教育也颇具特色,一定程度上代表了加拿大中小学技术教育的发展特点。从 1910 年加拿大皇家工业培训与技术教育委员会 (Royal Commission on Industrial Training and Technical Education)资助各省提供小学手工技能教育开始,安大略省教育部便认识到在中小学开展技术教育的重要性。至今安大略省教育部已颁布了多份政策文件,用以支持中小学技术教育的发展。《安大略省 1—8 年级课程:科学与技术(草案)》(1997),《安大略省 9—10 年级课程:技术教育》课程标准(1999),《安大略省 11—12 年级课程:技术教育》课程标准(2000),这三个文件构成了目前安大略省中小学技术教育的主要学习内容。③ 2009 年,安大略省教育部又对中学阶段技术教育的内容进行了修订,颁布了《安大略省 9—10 年级课程:技术教育》(修订版)和《安大略省 11—12 年级课程:技术教育》(修订版),沿用至今。④ 安大略省技术教育的重点是培养学生进行创造性工作的能力,并使他们能够胜任至关重要的技术工作⑤,让学生在完成中小学教育的同时,能够积累一定程度的技术素养,这有利于提高学生在中学毕业后或未来在职场上取得成功的能力,而对于那些不选择从事技术工作的学生来说,技术教育也可以为他们提供日常生活所需要的知识和技能。除此之外,技术教育还有利于促进跨学科学习的融合,例如,当学生设计一个产品时,他们会探索产品所涉及的社会或人类需求(社会科学范畴),设计和构造的科学原理

---

① The Minitiy of Education. The Ontario Curriculum: Secondary Cooperative Education[R/OL].[2022-03-16]. http://www.edu.gov.on.ca/eng/curriculum/secondary/cooperative-education.html.

② 王妍.加拿大高中职业合作教育计划之研究[J].职业教育研究,2009(1):155-156.

③ 张大伟.加拿大安大略省中小学技术课程述评[J].教育研究与评论:技术教育,2011(4):67-71.

④ 刘润杰.中加高中通用技术课程标准比较研究[D].聊城:聊城大学,2019.

⑤ The Minitiy of Education. The Ontario curriculum grades9—10: technological education.[R/OL].[2022-03-16]. http://www.edu.gov.on.ca/eng/curriculum/secondary/teched.html.

（科学范畴），尺寸和形状（数学范畴）以及设计的美学质量（艺术范畴）；当他们评估新产品对社会的影响时，则涉及历史或时事；当他们推测新产品对人类身体健康的影响时，则会涉及健康和体育教育。除此之外，技术教育还有利于帮助学生提高研究技能，培养创造力、批判性思维和解决问题的能力。

　　安大略省中学技术教育课程以广义的技术为基础，强调"做中学"，采用以活动为基础、以项目为驱动的方法，让学生在选择的技术学科领域学习知识和技能的同时，也提高了解决问题的能力。所谓广泛的技术是指探讨特定学科领域内的相关职业和行业部门，而不侧重于具体职业①，这将有利于促进学生知识技能的迁移，将学到的技术运用到多个领域中去。9—12 年级的技术教育课程包括十个领域，即通信技术、计算机技术、建筑技术、绿色工业、设计、旅游服务、制造、健康与个人保健、交通运输以及美容美发。技术教育为 9 年级学生提供了技术入门课程——探索技术（TIJ1O），旨在向学生介绍一般的技术概念，使他们浅触一系列技术学科领域，为 10 年级开设的技术课程奠定基础。10 年级开始学习十门技术课程，各学校可以根据《安大略省 9—10 年级课程：技术教育》课程标准中概述的期望选择开设多个探索技术课程（见表 5-3）。9—10 年级的技术课程主要的目的是加强学生对技术的认识，为进一步学习奠定基础。11—12 年级的技术教育课程主要聚焦在相对具体的职业领域，为学生中学毕业后选择升学或就业奠定基础。学生根据自己的特长、爱好和需求，可以在每一学年自由选择某一项或多项课程进行学习。修满一项课程，可获得一个必修学分，多选可以增加毕业学分。② 11—12 年级的学生可以选择他们感兴趣的课程，为未来的学习打好基础，也为工作做好准备。

表 5-3　安大略省 9—10 年级技术教育课程一览

年　级	课程名称	课程类型	课程编号	条　件
9	探索技术	开　放	TIJ1O	无
10	通信技术	开　放	TGJ2O	无
10	计算机技术	开　放	TEJ2O	无

---

①　The Minitiy of Education. The Ontario curriculum grades9—10：technological education.［R/OL］.［2022-03-16］. http://www. edu. gov. on. ca/eng/curriculum/secondary/teched. html.

②　张大伟. 加拿大安大略省中小学技术课程述评［J］. 教育研究与评论：技术教育，2011（4）：67-71.

续 表

年 级	课程名称	课程类型	课程编号	条 件
10	建筑技术	开 放	TCJ2O	无
10	绿色工业	开 放	THJ2O	无
10	美容美发	开 放	TXJ2O	无
10	健康与个人保健	开 放	TPJ2O	无
10	旅游服务	开 放	TFJ2O	无
10	制 造	开 放	TMJ2O	无
10	设 计	开 放	TDJ2O	无
10	交通运输	开 放	TTJ2O	无

资料来源：The Minitiy of Education. The Ontario Curriculum Grades 9—10：Technological Education.［EB/OL］.［2018-11-02］. http：//www. edu. gov. on. ca/eng/curriculum/secondary/teched. html.

技术教育十分强调培养学生的问题解决能力,让学生为未来所要面对的挑战做好准备。[①] 在职场中,学生将要面对各种各样的工作任务,而这些任务并不总拥有清晰的定义或解决办法。在这种情况下,如果学生能够解决棘手的问题,就能增强他们完成任务的信心和决心,使其更有勇气应对各种背景下的新挑战。通过培养解决问题的能力使学生认识、了解问题的性质,使学生相信,所有的挑战无论是大的还是小的、复杂的还是简单的,都能通过系统的、便捷的方法得到最有效的解决。因此技术教育教师可以通过帮助学生理解问题的性质和范围,以及寻找最适合解决问题的方法来指导学生解决问题,同时教师还需要提醒学生解决问题的方法往往不止一种,给学生自由的思路探索空间,鼓励学生开阔思路。

4.完善学生进阶生涯四步探究规划

"创建成功之路"项目是加拿大安大略省教育部提出的一个生涯教育规划项目,于 2013 年 9 月开始实施。教育部希望通过该项目以及相关政策的实施,使中学生获得专业知识和技能,在个人的人生和职业发展问题中做出

---

① The Minitiy of Education. The Ontario Curriculum Grades 9—10：Technological Education.［R/OL］.［2022-03-16］. http：//www. edu. gov. on. ca/eng/curriculum/secondary/teched. html.

恰当选择,使学生成为"自己人生的建筑师"。① "创建成功之路"是支持学生获得人生成功的生涯教育计划,因此其具有明确的目标,通过全面阐释学生"学什么、在哪里学、如何记录验证学习"三个问题,为学生设定生涯学习内容、途径、方式以及学业的记录与评估办法,为安大略省教育的发展提供清晰明确的思路。② 同伴、家人以及学生个人对机遇的看法将会对学生的选择及其目标实现程度产生重大影响。基于此,"创建成功之路"项目秉持着三个核心理念,即:所有学生都可以成功;成功有多种形式;成功有多种途径。由此可以看出"创建成功之路"是面向全体学生的生涯教育计划。

"创建成功之路"提出了一个基于探究的概念框架和支持政策的流程,以指导学校开展从幼儿园至高中12年级完备的生涯教育计划。该项目的课程框架是一个四步探究过程,建立在"我是谁""我的机会是什么""我想成为谁""我实现目标的计划是什么"这四个问题的基础之上。这四个问题的提出则建立在生涯教育规划的四个学习领域之上,即认识自我、探索机遇、做出决定并设定目标以及实现目标并进行过渡(见图5-1)。③ 这四个问题将贯穿学生从幼儿园到高中12年级的整个学习生涯,随着年龄的增长划分为不同的发展阶段,根据每个阶段的背景设置不同的学习重点,将生涯教育与学生不同年龄发展阶段的特点相结合,力求在了解学生的基础上实施有效的生涯教育。这个四步探究过程是持续性、周期性的,学生在完成不同学习阶段后定期回到这四个问题上,通过越来越了解自己,进而成功塑造未来。

(1)认识自我

"创建成功之路"项目提出从三个方面帮助学生认识自我并回答"我是谁"的问题。首先,描述自己的特征,例如,从兴趣、优势、智力、成就、价值观和技能等方面对自己进行全方位了解和审视;其次,找出影响自身性格养成的因素,并分析这些因素将影响他们成为什么样的人;最后,思考以上因素

---

① 吴晓威,邹天鸿,唐泽静.加拿大安大略省"创建成功之路"项目研究[J].外国教育研究,2015(9):51-58.

② The Minitiy of Education. Creating Pathways to Success[EB/OL]. [2022-03-16]. http://www.edu.gov.on.ca/eng/document/policy/cps/index.html.

③ The Minitiy of Education. Creating Pathways to Success[EB/OL]. [2022-03-16]. http://www.edu.gov.on.ca/eng/document/policy/cps/index.html.

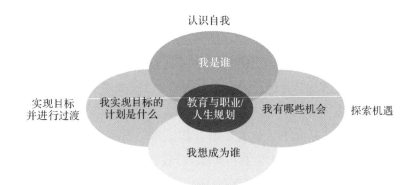

图 5-1　生涯规划四步探究框架

资料来源：The Minitiy of Education. Creating Pathways to Success[EB/OL]. [2022-03-16]. http://www.edu.gov.on.ca/eng/document/policy/cps/index.html.

是否会对他们的思想和行为产生影响，以及这些思想和行为如何反过来影响他们的学习、人际交往和职业生涯的选择。[①] 安大略省中学通过记录学生在课堂上和各项活动中的表现，帮助学生逐步认识自己，特别是在学习领域，通过个人发展档案的记录，学生对自己的认识可以做到心中有数，发掘自己的长处和潜力以及自己的价值等。

（2）探索机遇

安大略省以"创建成功之路"为契机强化学生的机遇意识。首先，学校通过课堂教学使学生充分理解"机遇"的深层含义，了解他们做出的选择会对其未来发展产生什么样的影响；其次，以多样化的社会活动扩大学生与工作情境的接触面，强化学生的机会意识；再次，培养学生调查社会各项工作所需技能和要求的能力，以此促进学生获得基本知识和特殊技能并养成良好的工作习惯，并提高学生对当地甚至全球人口、技术、经济趋势对其工作机会影响的认识程度；最后，通过体味和领会各个学习阶段中的教育机会，来提升学生在未来的生活、学习和工作中发现和抓住机遇的能力，从而拥有更多成功的机会。[②]

---

①　The Minitiy of Education. Creating Pathways to Success[EB/OL]. [2022-03-16]. http://www.edu.gov.on.ca/eng/document/policy/cps/index.html.

②　The Minitiy of Education. Creating Pathways to Success[EB/OL]. [2022-03-16]. http://www.edu.gov.on.ca/eng/document/policy/cps/index.html.

（3）做出决定并设定目标

"做出决定并设定目标"就是要求学生思考"我想成为谁"，即"我想成为什么样的人，以后会从事什么样的职业"。为了回答这一问题，学生首先需要明确了解未来工作的要求，并反思这些要求与其个人特征之间是否具有契合度；其次，在确定个人与工作的契合度之后决定个人目标和职业生涯目标；最后，随着学习的不断深入和认识的逐渐加深，来审查和修改他们的目标。[①]　为了使学生更好地了解工作要求与自身特征之间的契合度，安大略省为学生建立了个人档案以及个人道路规划（Individual Pathways Plan，简称 IPP），使得学生对自己的兴趣、特长和需要有了明确的认知，并具有总结在不同情境和场所之中抓住机遇的能力。[②]　基于以上基础，用"设目标"来确定个人目标和人际关系目标以及生涯目标，从而为自己未来的人生做出正确抉择。

（4）实现目标并进行过渡

基于目标制订计划是安大略省"创建成功之路"项目的最终目的，学生通过制订计划一步步稳扎稳打地实现未来人生的成功。学生要达到这些目标，应着重做好以下三点：首先，学生在制订计划时，要清楚设置达成目标的步骤；其次，通过学习和课堂内外实践积累的经验，明确实施方案所需资源；最后，要求学生具备在计划实行过程中克服障碍和应对挑战的能力。[③]

从这一框架中可以看出，"创建成功之路"以学生为中心，不放弃任何一个学生，既为学生提供了生涯学习的起点，又通过对学习范围和内容的设计，为学生的各个学习阶段提供了过程指导，并使学生在相应的领域得到提高。随着学生对四个问题做出适合自己的解读，学生的选择逐步明晰，知识范围不断拓展，并且每个阶段学习的领域之间都在一定程度上相互关联，从而呈现出过渡关系。通过四步探究过程使学生按部就班、潜移默化地掌握实现目标的必要的技能和思维方式，为学生未来人生的成功奠定坚实基础。

---

① The Minitiy of Education. Creating Pathways to Success[EB/OL]. [2022-03-16]. http://www. edu. gov. on. ca/eng/document/policy/cps/index. html.

② 吴晓威，邹天鸿，唐泽静. 加拿大安大略省"创建成功之路"项目研究[J]. 外国教育研究，2015（9）：51-58.

③ The Minitiy of Education. Creating Pathways to Success[EB/OL]. [2022-03-16]. http:// www. edu. gov. on. ca/eng/document/policy/cps/index. html.

（四）加拿大中学生涯教育的途径

为了保证生涯教育的有效实施，安大略省设计了多种途径，逐步完善与课程有关的学习活动和项目。广泛开展的校园活动以及社区活动，使学生能够获得更丰富的职业知识和技能。

1. 传统课堂生涯教育

在理论课程方面，安大略省的学校为学生创造了非常多的理论知识学习机会，以帮助学生进一步提升和巩固生涯知识与规划能力。"指导和职业教育课程"中所提供的课程都与生涯相关，学生完成选修课程后，其学分可计入加拿大高中毕业标准规定的必修学分。在课堂活动方面，开设了两种方式：生涯探索活动和生涯经验学习。在联系实际方面，"创建成功之路"分别开展了合作教育项目和聚焦路径项目等。[1]

2. 建立"个人道路规划"网站

"个人道路规划"是指学生进入指定网站并在网站上记录他们所有与职业生涯规划有关的学习成果，以此为学生建立个人生涯规划档案。同时"个人道路规划"还为学生提供宝贵的学习档案并为他们提供生涯规划的机会。"个人道路规划"可以增进学生对自身优势和兴趣的了解，加深对未来学习和工作机会的认识，除此之外还可以促进学生与教师和家长之间的合作，在教师和家长的帮助下做出决定并制定目标。学校对每一位学生的规划进行每年两次的审查和修改，参与审查和修改的成员有生涯指导教师、学科任课教师、专业生涯顾问以及家长。"个人道路规划"在不同的年级具有不同的侧重点，7 年级和 8 年级时的"个人道路规划"强调从小学到中学的过渡规划；10—12 年级时，则强调为学生的未来职业期待和目标做计划，并将"个人道路规划"的审查作为 10—12 年级年度课程选择上的一个必修科目。将"个人道路规划"审查与课程选择相结合将帮助学生选择更有益于他们生涯规划目标的课程。[2]"个人道路规划"还可以为学校提供一种项目实施情况的评估方法，因为它记录下学生们做过什么以及要做什么，有利于帮助学

---

① The Minitiy of Education. Creating Pathways to Success［EB/OL］. ［2022-03-16］. http://www.edu.gov.on.ca/eng/document/policy/cps/index.html.

② The Minitiy of Education. Creating Pathways to Success［EB/OL］. ［2022-03-16］. http://www.edu.gov.on.ca/eng/document/policy/cps/index.html.

生、教师和家长对生涯规划发展过程做出评估。

3. 开展社区生涯实践活动

社区生涯实践活动的主要任务是在一定的情境中,帮助学生学习知识、技能、实际操作能力和创造性思维。在加拿大安大略省中学的学历文凭认证过程中,每个学生都被要求完成 40 个小时的社区服务,社区生涯实践活动让学生有机会把他们在学校里学到的知识与技能和学校以外的世界联系起来,这些活动应该以最能满足学生学习兴趣、长处、需求和愿望的方式进行规划。生涯实践活动可以安排在课堂上,例如客座演讲、模拟演讲等;也可以以学校为单位进行,例如职业招聘会、大型招聘会等;还可以在社区内组织学生生涯实践活动,例如工作访问、参观不同职业工作环境等。学校致力于为学生提供更多的生涯实践活动,不断丰富与提高学生的生涯知识和技能,同时也在与当地社区的学生生涯实践合作之中收获更多益处。

4. 设立中学生职业指导与培训中心

加拿大联邦政府负责劳动就业和职业培训的部门为人力资源开发部,经费由财政拨付,该部主要职责是负责制定薪酬、工时、工作条件、职业安全和卫生方面的法律,管理就业保险基金、职业培训、就业服务、劳动力市场信息和就业援助计划等方面的工作。[①] 加拿大的职业培训体系发展较完备,包括中学职业教育、社区学院职业教育、学徒职业培训计划、青年实习计划和就业培训计划,主要目标是促进就业和再就业。[②] 职业指导与培训中心的设立是为了满足中学生的职业生涯规划需要,旨在协助学生了解和探索各种职业及中学后教育,以提升其生涯规划能力。

四、加拿大中学生涯教育的质量保障

加拿大没有全国统一的大规模评估系统,每个省都有自己的教育问责机构、评估工具和行政程序,并自行选择实施评估的年级。[③] 评估是指从各种渠道收集信息,以确定学生从课程中能知道什么或完成什么,从而指导课程设置、内容、教学方式和学习方法等方面的改进。评价是指根据已经建立

①　马永堂.加拿大职业培训促进就业的政策[J].中国劳动,2003(5):57-59.
②　马永堂.加拿大职业培训促进就业的政策[J].中国劳动,2003(5):57-59.
③　吴志华,王红艳,王晓丹.大规模教育评估的兴起、问题与发展——加拿大教育评估的启示[J].外国中小学教育,2011(8):1-5.

的标准判断学生的学习质量和价值。评估与评价同时进行有利于准确有效地对课程实施者和受用者做出积极的反馈。[①] 安大略省生涯教育的评估与评价主要是基于《职业生涯教育与指导》课程指南中既定的课程期望而开展的。

（一）中学生涯教育评估主体

安大略省生涯教育评估的一个显著特点是教师广泛参与评估和标准制定活动，并在过程中发挥领导作用，即教育工作者参与确定政策和实践测试规范，为项目评审编写测试项目和绩效任务，标记测试论文和分析试用材料。虽然安大略省教育部负责组织开展省级评估活动，但评估活动的规划和开发团队都由从该领域借调的教育工作者组成，并与内部技术支持人员合作，所有的评估活动都以在职教师为主要参与主体。教师持续参与课程评估可以增加教师对课程和教学的理解，并使课程标准直接应用于课堂实践。虽然评估程序有时相对比较复杂，占用了大量的课堂时间，但许多教师认为这是值得自己去做的，评估程序也得到了教师联合会的认可。[②] 具体教学策略及评价关系见表 5-4。

表 5-4　教学策略及评价的关系

教学策略	指导方法	评估方法
直接教学	演　示 讲　座 结构概述	团体或个人：业绩评估、书面评估 小测试
间接教学	概念形成 概念获得 发　问 问题解决	小组讨论 口头测试 业绩评估 书面评估
经验教学	进行试验 实地考察 建构模型 模　拟	团体或个人：业绩评估、书面评估、个人表现、讨论 口头测试 技术技能测试

---

① 申克.学习理论：教育的视角[M].韦小满，等译.南京：江苏教育出版社，2003.

② Earl L M. Assessment and accountability in education in Ontario[J]. Canadian Journal of Education，1995(1)：45-55.

续　表

教学策略	指导方法	评估方法
自主学习	计算机辅助教学 论文和报告 家庭作业 研究项目	绩效评估 演　讲 测　验 书面作业
互动学习	头脑风暴法 合作学习小组 讨　论 实　验	个人或团体：口头测试 书面评估 自我评估

资料来源：Saskatchewan Education. Instructional Approaches：A Framework for Professional Practice. [EB/OL]. [2018-11-11]. http://www. Education. gov. sk. cn.

（二）中学生涯教育评估标准

为进一步评估安大略省中学生涯教育的实施情况，同时也为了清晰明确地看到学生的生涯知识与能力的发展情况，安大略省教育部制订了"省级标准"——生涯成就图表。该图表确定了中学指导生涯教育中的四类知识和技能，为中学教师提供了用于评价学生生涯学习成果的省级标准指南。生涯成就图表具有五个目的，即：①为中学生涯教育提供一个通用框架；②为质量评估提供指导；③帮助教师规划对学生的生涯学习指导方案；④辅助老师为学生提供有意义的反馈；⑤提供各种类别和标准用来评估学生的生涯学习成果。[①]

生涯成就图表包含知识与理解、使用批判性和创造性思维的技能、沟通技能和熟练运用生涯知识的技能以及在各种环境之间建立联系的技能四个方面，这四个方面是相互关联的，反映了学习的整体性和互连性。为了进一步明晰学生的生涯学习程度和状况，在生涯成就图表中，每种技能的学习分为四个等级，即 1 级 50％—59％、2 级 60％—69％、3 级 70％—79％、4 级 80％—100％。[②] 在这四个等级中，3 级代表了生涯课程中预期成绩的"省级

---

①　The Minitiy of Education. The Ontario Curriculum Grades 9 and 10 Guidance and Career Education [R/OL]. [2022-03-16]. https://www. edu. gov. on. ca/eng/curriculum/secondary/guidance910currb. pdf.

②　The Minitiy of Education. The Ontario Curriculum Grades 9 and 10 Guidance and Career Education [R/OL]. [2022-03-16]. https://www. edu. gov. on. ca/eng/curriculum/secondary/guidance910currb. pdf.

标准"，这表示生涯成绩达到 70％的学生具备较为充分的生涯知识与能力。1 级认定成绩远远低于"省级标准"，但仍反映为及格；2 级被认为是接近"省级标准"的成绩；4 级即为超过"省级标准"的成绩。需要注意的是，4 级的成绩并不意味着学生达到了超出特定课程期望的要求，而是表明学生已经达到了该课程的所有要求，并且具备比 3 级学生更复杂更全面的生涯知识和技能。

"省级标准"为中学生生涯评估提供了参考，将学生成绩放在明确清晰的标准下，有利于发现学生的学习长处和短板，有利于帮助教师调整生涯教学内容和策略，有利于安大略省教育部了解课程实施情况并就当前问题提出下一步对策。

（三）中学生涯教育评估程序

加拿大中学生涯教育针对不同生涯课程采用不同的评估策略，评估程序一般由准备阶段、评估阶段、评定阶段和反思阶段四部分组成。准备阶段主要确定评估内容、评估类型、学生学习成果评估的标准以及针对学生学习进展的有效评估策略，该阶段的决策直接影响下一阶段的进行。评估阶段的主要任务是由教师确定信息搜集的方法，形成或选用与学生学习进度相关的资料，选择评估工具。评定阶段要根据搜集到的资料对学生的发展状况进行评价。反思阶段要想一想前几个阶段的成功和不足，并考虑进行修改，以完善以后的教学。

为了正确反映教学方法的有效性，安大略省中学生涯教育评估方式包括学生学习进展评估、项目评估和课程评估。其中，项目评估是指对学校教育项目进行收集和分析，以确定项目效果，主要分两个层次进行，分别是相对不正式课堂一级和更正式学校课堂一级。课程评估以省级课程为主，包括三个步骤：①信息收集与评价；②根据收集的信息做出评价与评定；③确定课程效果。[①]

（四）中学生涯课程评估内容及结果反馈

评估是指从各种来源收集信息，准确地表达学生在这一门课程中是否达成课程期望的活动。通过评估获取的信息可以让教师明晰学生在生涯教

---

① 彭妙.加拿大中学生生涯辅导实践及对我国的启示[D].长沙:湖南大学,2010.

育中的学习成果,进而检验现行生涯教育课程的质量。同时评估结果还有助于指导教师根据学生需要调整课程和教学方法。为了确保评估的有效性和可靠性,教师可以采取以下评估策略:①指出学生学到了什么以及他们学得怎么样;②基于知识和技能的类别,根据成就图表中给出的成就进行级别描述;③为学生提供展示其全部学习过程的机会;④适用于所采用的学习活动、教学目的、学生的需求和经验;⑤满足有特殊教育需求学生的需要,符合他们个人教育计划中列出的策略;⑥满足使用不同语言开展教学的需求;⑦确保每个学生都有明确具体的改进方向;⑧提高学生评估自身学习和设定具体目标的能力;⑨保存学生的作品样本;⑩在课程或学期开始时以及在学年的其他适当时间,与学生和家长进行有效的沟通。①

在中学生涯教育教学中所有的课程期望都必须被考虑在内,但评价的重点是学生整体期望的实现情况。因此,如何对学生的整体期望完成程度进行评估是生涯教育课程效果评估的重点,通常情况下学校会根据学生的生涯相关具体期望成就来评估。总体期望是广泛的,具体期望与总体期望中涉及知识和技能的特定内容或范围密切相关。教师将根据专业判断来确定学生的哪些具体期望应该被用来评估总体期望,哪些期望应该包含在教学之中但不需要被评估。加拿大安大略省教育部为对安大略省中学生涯教育课程做出具体可靠的评估,特别制定了生涯指导课程"省级标准"。

安大略省教育部要求各中学在每一学期末向学生家长提供"生涯成绩评估报告"。该报告是主要针对中学生的生涯学习"成绩报告单",每一个学生的生涯课程成绩必须以省级成绩单形式正式传达给学生和家长。成绩单以百分制的形式记录学生在学年或学期特定时间内每门生涯课程所取得的课程成绩,分数代表该生生涯课程学习的总体情况以及所达成的总体成就,同时结合学科成就图表可反映该生相应生涯成就水平。安大略省中学生的每门生涯指导课程都会记入期末成绩,9—12 年级的期末成绩主要由两部分组成,即 70% 的平时成绩和 30% 的期末考试成绩。70% 的平时成绩可以反映出学生在整个课程开展期间的各项成绩水平,30% 的期末成绩包括考

---

① The Minitiy of Education. The Ontario Curriculum Grades 9 and 10 Guidance and Career Education〔R/OL〕.〔2022-03-16〕. https://www. edu. gov. on. ca/eng/curriculum/secondary/guidance910currb. pdf.

试、行为表现、论文或其他适合课程内容的评估方法。学生的成绩超过50％即为及格,就会被授予学分并被记录。[①]"生涯成绩评估报告"还记录了学生在每门生涯课程中表现出来的学习技能,即独立工作、团队合作、组织能力、工作习惯和主动性五项技能的发展情况。学习技能的评估主要采用四分制,即优秀、良好、满意、需要改进四个等级,对上述五个领域的学习技能分别进行评估,可以从中反映出学生对这五项技能的掌握情况。

五、加拿大中学生涯教育的案例分析

(一)安大略省HB比尔中学

加拿大安大略省辖有50个县级行政区,主要城市有渥太华市(加拿大首都)、滑铁卢市、温莎市、哈密尔顿市、伦敦市以及省会多伦多市等。安大略省伦敦市是一个平和静逸、保守而井然有序的文化之都,环境美丽而安逸,富饶的土地养育着50多万人口。伦敦学区是安大略省最大的公立学区之一,学区内有154所小学和30所中学。加拿大著名的大学西安大略大学就坐落于伦敦市,为当地的高中教育提供了良好的升学环境。HB比尔中学(H. B. Beal Secondary School)位于伦敦市市中心,是一所普通中学课程与职业中学课程混合设置的规模较大的综合中学。HB比尔中学成立于1912年,是以学校的第一任校长赫伯特•本森•比尔(Herbert Benson Beal)的名字命名的。HB比尔中学是泰晤士河谷公立教育局下设的第二大公立学校,能容纳学生约2000人,HB比尔中学9—12年级开设包括高级技能专业课程、艺术、商业、加拿大与世界研究、土著研究、实习、社会科学与人文、科学和数学等在内约225门课程,还有加拿大全国著名的专业艺术课程——舞蹈、音乐剧和戏剧等等,是一所提供学术教育探索与专业技能课程的大型综合中学。

1.生涯课程:开设职业规划必修课程

HB比尔中学是加拿大一所典型的综合中学,其学校课程由普通中学课程和职业中学课程混合组成,在重视培养学生学术理论研究能力的同时,

---

① The Minitiy of Education. The Ontario Curriculum Grades 9 and 10 Guidance and Career Education〔R/OL〕.〔2022-03-16〕. https://www. edu. gov. on. ca/eng/curriculum/secondary/guidance910currb. pdf.

还十分注重对学生生涯职业规划、职业技能与理论的教育。安大略省教育部规定所有中学生必须获得 30 学分才能取得高中毕业证书,其中 18 学分为必修课程,12 学分从各个学校所提供的选修课程中修得,必修课与选修课的比例大致是 3∶2。① 学生在获得 30 学分的基础上还必须完成 40 小时的社区活动,且必须通过安大略省的语言能力测试方可毕业。由此可见,安大略省对中学毕业生的要求不只限于学术理论学习方面,对社会实践以及职业技能的培养也十分重视。HB 比尔中学十分重视对学生生涯知识与能力的培养,在必修课的 18 学分中职业规划也占有一席之地(如表 5-5 所示)。职业规划课程主要为学生提供职业预备课程,因为中学毕业后学生即将面临就业或升学的选择,因此 HB 比尔中学的职业规划课程开设在 11—12 年级。职业规划课程内容主要依据《职业生涯教育与指导》课程指南和本学校的实际情况设置。

表 5-5　**HB 比尔中学必修课表及学分分布**

课程名称	学分/学时	课程名称	学分/学时	课程名称	学分/学时
英语 9	1	英语 10	1	英语 11	1
英语 12	1	数学 9	1	数学 10	1
数学 11	1	科学 9	1	科学 10	1
第二语言 9	1	加拿大地理 9	1	加拿大历史 10	1
健康及体育 9	1	艺　术	1	第一组课程	1
第二组课程	1	第三组课程	1	职业规划	0.5
公民教育	0.5				

资料来源:HB 比尔中学必修课表及学分分布[EB/OL].[2022-03-16]. http://www.jiafanedu.com/PublicSchool/detail/School/H％BB％2B_Beal_Secondary_School.

　　除了必修的职业规划课程,HB 比尔中学还为学生提供了丰富的特色生涯课程与项目,例如合作教育、实习教育、安大略省青年学徒计划、生涯规划师项目等,力求为学生提供多方位的生涯教育。

---

① 赵慧.安大略省高中教育模式[J].上海教育,2005(6):37-38.

2. 生涯实践:积极实施合作教育与工作实习项目

合作教育是一项把校内学习与校外真实的工作经历相结合的课程计划①,有利于学生把在学校课堂上学习到的理论知识通过实践运用到生活或工作之中,以便学生更加深入熟练地掌握所学知识与技能。HB 比尔中学通过设置学分的方式来保障合作教育的实施,学生可通过完成相关学科的合作教育课程获得学分,如此既完成了毕业学分任务又得到了专业的技能锻炼。合作教育强调多方合作,合作主体包括学生、雇主、学校和家长,不同主体在合作教育中扮演着不同的角色。

HB 比尔中学开展合作教育是为了满足那些希望增加工作知识、探索职业内容、获得宝贵工作经验的学生而设置的,学生在学校学习了相关职业理论之后具有强烈的参与实际操作的愿望,合作教育恰好为学生提供了实现愿望的机会。学生通过实践锻炼增进了对其感兴趣职业的了解,为未来的职业规划奠定了基础。合作教育对学生要求严格,坚决杜绝蒙混过关的情况。合作教育教师和实习指导老师须对实习学生进行现场学习评估,参与合作教育的学生必须完成作业、报告、测试等,还要记录学习工作日志,若无法完成上述要求,须向雇主和负责教师说明情况。HB 比尔中学是合作教育的积极实施者,并且明确其实施合作教育的目的即:为学生提供探索职业选择的机会;促进学生从学校到工作、大学或学徒的转变;培养学生的自信以及就业相关技能。因此 HB 比尔中学积极与当地社会企业合作,争取尽可能多种类的职业实习机会,满足学生对各种职业的实习愿望。合作教育对企业雇主也有种种益处。通过合作教育,雇主可以预先了解、培训和招聘未来的员工,为自己的企业吸收更多的优秀人才,可以提升企业知名度并树立良好的企业形象,还可以提升学生对职业机会的认识。② 家长也是合作教育的重要主体之一,合作教育要求家长了解学生的职业期望与诉求,支持学生的职业选择,获得家长支持的学生更愿意从事其选择的职业并表现出极大热情与动力。合作教育是"以社区为教室"课程的一部分,是学校生涯教育的重要组成部分,参与该项目的学生是全日制学生而不是实习雇员,

---

① 祁琳.加拿大安大略省高中合作教育初探[J].科教文汇(下旬刊),2009(1):44.

② H. B. Beal Secondary School. Cooperative-education[EB/OL]. [2022-03-16]. https://www.tvdsb.ca/en/programs/cooperative-education.aspx.

合作教育对这些准备上大学、工作或当学徒的学生在增加职业知识、发展职业技能和端正职业态度以及增强学生在社会生活中的竞争力等方面起到了非常积极的作用。

工作实习项目与合作教育有着异曲同工之处。工作实习项目是泰晤士河谷设置的实习项目,为学生提供高中毕业后直接进入职场所需技能的实习机会。工作实习项目结合了行业培训和个性化学校计划,让学生有机会为他们选择的职业做准备。这个项目的目的是让学生在工作实习后获得个人成功的体验,继而带着丰富的经验步入未来职业生涯中。HB比尔中学切实贯彻了工作实习项目,这让学生们不再把重点只放在传统课堂的学术研究上,而是开始重视在工作场所中获得实践经验。泰晤士河谷数百个社区合作伙伴全年为学生提供工作机会,学生在实习过程中能够学到至关重要的就业技能,并且可以深入了解当地的就业环境和职业关系网络,获得丰富的就业信息。

3.实施途径:建设生涯规划网站

除了职业规划必修课和各种工作实践锻炼计划,HB比尔中学对学生的生涯教育还包括myBlueprint教育规划师网站。myBlueprint教育规划师是一个在线网络生涯规划工具,可服务于所有7—12年级的学生、教师和家长。网站为学生提供调查和研究未来所有的选择路径的工具,同时还提供发现学习方式、探索职业兴趣、计划中学课程、设定短期或长期目标和建立简历等服务。[①] myBlueprint教育规划师网站可以帮助学生利用网络获取升学或就业的各类实时信息,及时获取有效信息为自身生涯规划服务,同时myBlueprint教育规划师网站除为学生提供各类信息外,还具有促使学生进行自主有意义学习的作用,强调要发挥学生在学习过程的主动性和建构性。网站可以通过设计丰富有趣的页面吸引学生的学习兴趣,促使学生自主自愿地进入网站学习,实现学生对所学内容的有意义建构,从而帮助学生在充分了解自身的情况下进行未来生涯规划。[②]

---

① H. B. Beal Secondary School. Cooperative-education[EB/OL]. [2022-03-16]. https://www.tvdsb.ca/en/programs/cooperative-education.aspx.

② 赵艳忠.高中职业生涯规划研究及其网站建设[D].开封:河南大学,2010.

（二）安大略省特蕾莎中学

特蕾莎中学全名为圣母特蕾莎修女天主教中学（St Mother Teresa Catholic Academy Secondary School），创建于 1985 年，位于多伦多东部的士嘉堡区，以特蕾莎修女的名字命名。多伦多市内有多所著名大学，例如多伦多大学（University of Toronto）、约克大学（York University）等，教育资源非常丰富，这也为多伦多市内中等教育的发展奠定了坚实的基础。特蕾莎中学是一所多元化的社区学校，该校注重学生在学术、文化、道德、艺术和运动方面的综合发展，非常鼓励学生参加多样化的课外活动。特蕾莎中学开设的课程种类丰富，包括艺术、商业研究、合作教育、英语、加拿大和世界研究、健康与体育教育、数学、宗教、科学、特殊教育、社会科学等。为了提高学生的生涯职业技能，学校还开设了各种特色课程，例如安大略省青年学徒项目、计算机网络艺术设计、宽带领域技术学习、个人天赋课程、酒店管理与旅游课程和高技能培养课程等，多方位对学生进行生涯教育。

1. 生涯课程：开设《职业生涯教育与指导》课程

特蕾莎中学的生涯教育课程主要是参照安大略省教育部 2006 年修订的《职业生涯教育与指导》课程指南制定的，课程主要开设在 9 年级、10 年级、11 年级三个年级。特蕾莎中学开设的生涯教育课程将帮助发展学生评价自己的学习能力、个性特点和志愿抱负的能力[①]。

特蕾莎中学在《职业生涯教育与指导》课程指南的指导下，结合学校自身实际情况共开设了三门生涯教育指导课程，分别分布在三个年级。9 年级开设"学习策略 1：在中学获得成功的技能"，课程内容包括学习如何提高和应用读写与计算技能、个人管理技能、人际和团队合作技能等，以提高学生在不同的学习场所获得成功的能力。该课程有助于帮助学生建立信心，激发学生学习动力，增强学习能力。10 年级开设"职业生涯研究"课程，该课程主要教授学生如何为未来的学习、工作和社区生活制定个人目标，以及如何实现个人目标。该课程致力于提高学生的自我评估能力，帮助并教导学生调查当前经济市场的变迁趋势、把握工作机会以及寻找工作方法。此阶段的生涯课程主要探讨中学生毕业后的职业选择，并帮助学生通过制定

---

① 杨燕燕.加拿大安大略省中学《职业生涯教育与指导》课程述评[J].比较教育研究，2005(12)：73-77.

个人的职业规划来专注于自己未来的职业目标。11 年级开设"领导与同伴支持",该课程旨在培养学生的领导能力和获得同伴支持的能力。在这节课上学生被要求设计并实施一项为学校或社区做出贡献的计划,以培养学生的沟通交流能力、人际交往能力、团队协作能力、问题解决能力以及管理能力,同时还要学习如何将这些能力应用于领导和同伴支持角色中去。该课程有助于学生学会如何了解群体动态,感受群体和社区内的多样性,为以后进入职场奠定坚实的基础。[①]

2. 生涯实践:安大略省青年学徒计划

安大略省青年学徒计划是安大略省教育部发布的一个学校工作计划,它为学生们打开了一扇通向未来职业的门。学生从 11 年级或 12 年级开始通过合作教育计划从事学徒工作,学生对从事工作达到熟练程度并且顺利完成学徒工作后,才有机会成为注册学徒,这些学生在获得中学文凭的同时努力成为技能行业的合格熟练技工。青年学徒计划是特蕾莎中学生涯教育的重要组成部分,其目标是为学生提供机会,让他们在完成中学文凭要求的同时,开始接受技能方面的培训,帮助学生顺利从学校过渡到工作,同时还可以为雇主提供熟练工人,以解决一般熟练技工短缺的问题,特别是那些缺乏年轻人加入的行业。申请安大略省青年学徒计划是学生开始有价值职业生涯的第一步,也是通向未来自我职业道路的第一步。

特蕾莎中学的青年学徒计划依据安大略省教育部的文件为学生提供了12 个职业岗位的学徒机会,包括汽车服务技术人员、面包师、儿童发展实践者、建筑工艺工人、厨师、涂料工人、发型美容师、电工、地板安装工、木匠、水管工和空调系统机械师,学生可根据自己的职业规划和爱好进行选择,这些学徒机会将在 12 年级的第二学期开放给学生进行选择。[②] 为了让学生深入了解青年学徒计划,安大略省专门建立了"安大略省青年学徒计划网站",网站内为学生、雇主和家长建立了不同的介绍入口,学生可以在网站里了解到

---

① Toronto Catholic District School Board. Guidance-and-Career-Education[EB/OL]. [2022-03-16]. https://www. tcdsb. org/schools/stmotherteresacatholicacademy/academics/Pages/Guidance-and-Career-Education. aspx.

② Toronto Catholic District School Board. Guidance-and-Career-Education[EB/OL]. [2022-03-16]. https://www. tcdsb. org/schools/stmotherteresacatholicacademy/academics/Pages/Guidance-and-Career-Education. aspx.

如何申请青年学徒计划、青年学徒计划有哪些益处等,雇主也可以了解到接收青年学徒对其自身发展的益处以及雇主应该承担的责任等。[①] 因为特蕾莎中学将青年学徒计划与本校课程学分相结合,该校学生通过青年学徒计划不仅可以获得熟练工作技能和丰富工作经验,还能获得中学毕业所要求的学分,这将提高学生参与该计划的热情,减少敷衍情况出现,促使学生自主自愿地参与,为其个人生涯规划积累经验并奠定基础。

六、加拿大中学生涯教育的特点分析

(一)生涯教育核心理念:以人为本

纵观加拿大生涯教育体系建设,从《职业生涯教育与指导》的制定到合作教育的发展,再到技术教育的兴起,生涯教育发展的全过程贯穿着一个核心理念,即生涯教育要"以人为本",将学生作为生涯教育发展的中心本位,关注每一个学生的发展,从学生的切实需求出发,培养学生的生涯发展理念和终身学习意识。"遍及每一位学生""良好到优秀""学生成功"是贯穿于安大略省中学教育课程的核心思想。加拿大不列颠哥伦比亚省在设置的中学生涯教育指导课中,将学生的职业生涯教育视为"在教育教学、职业工作、日常生活中所进行的认识自我、提高能力和积累经验的过程"[②]。为了使学生能更好地适应变幻莫测的世界,他们在生涯课程中积极引入新时代工作生活中产生的新元素,以便增强学生进入职场时的适应性和发展性。将以人为本的理念运用到教育教学中即体现为"以学生为中心",加拿大生涯教育目标是使学生养成生涯发展理念,提高生涯决策能力,在中学生涯教育中支持教师不断提高生涯教育技能,为学生营造良好的生涯教育环境,打造"以人为本"的生涯教育学习新模式,将生涯教育贯穿于学生发展的全过程并纳入个体终身学习。

---

① Toronto Catholic District School Board. Guidance-and-Career-Education[EB/OL]. [2022-03-16]. https://www. tcdsb. org/schools/stmotherteresacatholicacademy/academics/Pages/Guidance-and-Career-Education. aspx.

② Ministry of Education. Area of Learning:Career Education[R/OL]. [2022-03-16]. https://curriculum. gov. bc. ca/sites/curriculum. gov. bc. ca/files/curriculum/career-education/en _ career-education_k-12. pdf.

（二）生涯教育课程建设：动态融合

随着时代的发展和社会进步，生涯教育观念也在发生着相应的变化，从注重社会环境适应和职业兴趣培养，到注重不同发展阶段和个体差异性之间相互影响的生涯发展理论，再到将生涯教育视为一个动态变换过程、开放复杂体系和一个非线性动态变化过程的生涯混沌理论。① 学科教学作为高中教育或初中教育的主战场，也应该成为生涯教育的主要阵地，因此建立完善的生涯教育课程体系是学校培养学生生涯意识、提高学生生涯技能的主要手段和方法。加拿大安大略省中学建立了以《职业生涯教育与指导》为主、合作教育课程和技术教育课程为辅的生涯教育课程体系。学生从 9 年级入学起，每一学年都有相应的生涯教育课程，逐步培养学生的生涯意识，逐年提高学生的生涯技能，同时还间或插入合作教育和技术教育课程。安大略省的生涯教育课程所占课时与其他课程基本持平，由此可见安大略省教育部对中学生涯教育的重视程度。加拿大不列颠哥伦比亚省的中学生涯教育课程不是单独设置的，而是融入一个系统完整的职业生涯教育体系。加拿大中学阶段的生涯教育课程既有自身的教育内容，同时也与幼儿园、小学阶段以及大学阶段的生涯教育课程紧密相连，形成前后衔接的一体化生涯教育体系，这样既有利于学生生涯教育的连续性和持续性，也最大限度保证未来生涯发展的稳定性和多样性②。

（三）生涯教育实施路径：三方协同

加拿大在中学生涯教育实施过程中，实现多方主体共同参与，形成了多元主体通力协作推动生涯教育发展的新格局。家庭教育、学校教育和社会教育是个人终身教育的重要组成部分，也是实施全方位、多阶段生涯教育的主要路径。家庭教育在学生初始生涯教育中具有基础性，通过家庭教育让学生更早、更快地形成生涯教育理念。学校教育在学生生涯教育中具有主体性，学校教育是有目的、有计划地培养人的活动，通过学校教育提高学生生涯决策能力。社会教育在学生生涯教育中具有延展性，社会教育是人力

---

① 姜飞月.生涯混沌理论:心理学理论的新视角[J].南京师范大学学报(社会科学版),2007(4):104-108.

② 康洁雨,黄艺沁,杨莫凡,高芳祎.加拿大不列颠哥伦比亚省初中生涯教育课程的设计与实施[J].教育科学论坛,2020(25):75-80.

资源再生产的过程,通过社会教育帮助学生形成终身生涯教育观,同时,"终身学习"也是加拿大安大略省生涯教育的重要理念之一。若将生涯教育比喻为承载学生前行的马车,那学校教育无疑是带动马车前行的马匹,而家庭教育和社会教育就是这辆马车的两个车轮,三方协同才能让这辆马车走得更远。生涯教育涉及范围之广绝对不是学校教育可以一力承担的,加拿大安大略省教育部一直将校、企、家三方合作作为中学生涯教育的主要实施途径。安大略省中学密切联系家长和社会,通过三方合作努力丰富中学生的生涯规划知识并提高其生涯管理能力,为学生以后的生活和工作服务。家庭教育与社会教育是学校教育的必要补充,家长和社区有责任与义务参与到教育实践之中,安大略省教育历来重视家、校、社的三方协同,其生涯教育主体参与得以收获成效。

（四）生涯教育评估体系:教师广泛参与

建立与生涯教育体系相匹配的质量评估体系有利于监督生涯教育的实施情况,也有利于发现其中不足,继而加以改革完善。加拿大安大略省中学生涯教育具备较完善和全面的质量评估体系,其中包括对中学生的生涯课程成绩评估、中学生涯教育省级评估标准和教师评估等,每种评估都配备完整的评估程序。充分保证教师在评估活动中的参与性,即一线教师参与活动设置和规范制定,并为学校、同事和学生提供服务支持。教师持续参与课程评估,可以增强教师对课程和教学的了解,并使课程标准直接应用于课堂实践,同时也有助于开发符合良好课堂实践的评估标准。评估完成后,学校会将评估结果反馈给学生和家长,学校也会根据评估结果不断完善本校的生涯教育体系。

第六章 澳大利亚中学生涯教育的研究

一、澳大利亚中学生涯教育概况

澳大利亚是一个幅员辽阔、资源丰富、奉行多元文化的联邦制国家,澳大利亚有六个州和两个地区,六个州分别为新南威尔士州、维多利亚州、昆士兰州、南澳大利亚州、西澳大利亚州、塔斯马尼亚州,两个地区分别为澳大利亚首都行政区以及北领地行政区。澳大利亚中小学教育为 13 年制,具体见表 6-1,其中,中学包括初中 4 年,高中 2 年。在整个生涯教育体系中,初中是基础阶段,开设生涯教育启蒙课程,培养学生生涯意识。大部分州和领地,如澳大利亚首都行政区、塔斯马尼亚州、新南威尔士州和维多利亚州的初中为 7—10 年级,如同我国的初一到高一;而在昆士兰州、西澳大利亚州、南澳大利亚州和北领地,初中为 8—10 年级。澳大利亚普及性义务教育为 10 年制,毕业生可以自主选择继续求学还是直接就业,大部分学生会进入高级中学的 11 年级和 12 年级学习,这相当于我国的高二和高三,见表 6-2。[①] 然后到大学攻读学位,或者是走入社会参加工作。[②] 大学毕业生可以直接就业或参加生涯教育后再就业。

表 6-1 澳大利亚中小学学制一览

年　龄	学　制
自 5 岁起	幼儿园一年
6—11 岁	小学六年

---

① 刘佳.澳大利亚中学职业教育研究[D].西安:陕西师范大学,2008.
② 陶秋燕.高等技术与职业教育的专业和课程:以澳大利亚为个案的研究[M].北京:科学出版社,2004.

续 表

年 龄	学 制
12—15 岁	初中四年
16—17 岁	高中两年

资料来源：Australian Governemnt. Study Australia［EB/OL］.［2022-09-06］. https://www.studyaustralia. gov. au/english/study/education-system.

表 6-2　澳大利亚各州初中学制一览

地 区	年 级	按我国学制对应
新南威尔士州	7—10 年级	初一到高一
维多利亚州	7—10 年级	初一到高一
澳大利亚首都行政区	7—10 年级	初一到高一
塔斯马尼亚州	7—10 年级	初一到高一
西澳大利亚州	8—10 年级	初二到高一
南澳大利亚州	8—10 年级	初二到高一
昆士兰州	8—10 年级	初二到高一
北领地地区	8—10 年级	初二到高一

资料来源：刘佳. 澳大利亚中学职业教育研究［D］. 西安：陕西师范大学，2008.

澳大利亚中学生涯教育始于 20 世纪 90 年代，20 多年来的发展卓有成效，在澳大利亚教育体系中占据着不可忽视的重要地位。[①] 1999 年，生涯教育就被认为是澳大利亚学校教育的一个重要组成部分。由于澳大利亚是联邦制国家，每个州及领地教育情况以及制度政策各不相同，致使澳大利亚整体中学生涯教育体系庞杂，本章选取新南威尔士州作为主要对象，将它作为一扇窗户，从中管窥整个澳大利亚中学生涯教育。位于澳大利亚东南部，拥有着最多人口的新南威尔士州，教育体系发达，共有 13 所大学坐落于此，数量居全国之首，公立中学的数量也达到了 2200 余所。[②] 每年新南威尔士州培养出数量众多且质量优良的中学毕业生。新南威尔士州拥有先进的生涯教育体系，贯穿中小学教育和中学后教育。在中小学教育中生涯教育占很

---

① 陶倍帆. 澳大利亚职业生涯教育研究［D］. 上海：华东师范大学，2014.

② Polesel J，Teese R，Lamb S，et al. Career Moves：Destination and Satisfaction Survey of 2005 HSC VET Students in New South Wales［M］. Sydney New South Wales：NSW Department of Education and Training，2007.

大比重,学生不仅可以选修学校开设的生涯教育课程,而且作为学习课程的一部分,还可以到工作场所去进行实践操作,两相结合构成了新南威尔士州中学生涯教育的主要部分。①

二、澳大利亚中学生涯教育的发展历程

澳大利亚于 20 世纪 70 年代起借鉴英国生涯教育的先进经验,聚焦本国生涯教育活动的开展,将生涯教育界定为学校和培训机构通过系统的课程传递知识、技能以及态度的综合性教育,以帮助学生做出关于他们学习、工作的理性决策,为他们有效规划自己的人生提供有力的保障。1974 年,以迈雅坎甘为主任的澳大利亚技术和继续教育委员会发布了《关于发展技术和继续教育》(Technical and Future Education,简称 TAFE)的报告。该报告的发布标志着技术和继续教育的地位在澳大利亚正式确立,自此,澳大利亚"技术教育"正式发展成为著名的"技术和继续教育"。②

20 世纪 80 年代,随着澳大利亚社会不断发展,人们对职业教育的需求越来越大,各州的技术和继续教育水平虽有较大的进步,但也遇到了许多问题,在这种情况下,澳大利亚联邦政府于 1990 年发布了《迪弗逊报告》,之后又在 1991 年发布了《费恩报告》。这两份报告分别申明和强调了私营企业在改善教育和培训质量方面起到的重要作用以及应当增加不同年龄的人接受教育培训的机会。1992 年,澳大利亚成立了澳大利亚国家培训局(Australian National Training Authority,简称 ANTA),这是一个由大量专家组成的专门机构,由澳大利亚职业教育和培训部长联席会(MINCO)授权其负责澳大利亚的职业技术教育与培训的质量监督和评估。③ 1997 年,麦克恩和麦考齐向澳大利亚中小学生涯教育工作人员发布了生涯教育向导,介绍了 1992 年澳大利亚教育委员会生涯教育工作组的成果,该向导主张将生涯教育视为学校发展关键领域之一,此后生涯教育愈发受到关注。④ 1999 年 4 月 22 日,澳大利亚颁布了著名的《21 世纪关于学校教育国家目标的阿德莱德宣言》(以下简称"阿德莱德宣言"),"阿德莱德宣言"指出:学校

① 刘佳.澳大利亚中学职业教育研究[D].西安:陕西师范大学,2008.
② 王继平.澳大利亚职业技术教育的创新[J].中国职业技术教育,2003(6):7-9.
③ 刘佳.澳大利亚中学职业教育研究[D].西安:陕西师范大学,2008.
④ 陶倍帆.澳大利亚职业生涯教育研究[D].上海:华东师范大学,2014.

应充分发掘学生的潜能,学生毕业离校时,应了解与职业相关的技巧和方法,了解工作环境,并把其作为生涯教育和终身教育的基础。[①]

2001 年,总理青年行动计划小组发布了《通往未来的足迹》(Footprints to the Future)报告,该报告进一步强调了应该向全部年轻人提供接受专业生涯教育的机会,指出年轻人非常需要生涯教育,生涯教育能为年轻人提供可利用的信息,并提供生涯指导和后续服务,这些信息和服务把教育和社会相联系,可以帮助年轻人做出合适的选择。[②] 2003 年,《技能融合》(Bridging the Skills Divide)报告提出所有学生都要接受生涯顾问的辅导,这些生涯顾问必须受过专业培训且具有良好知识结构。澳大利亚教育部建议每所学校都要至少聘任一位全职的职业生涯顾问,这个顾问必须具有专业的知识背景和合格的能力素养,可以在学校里提供详细而富有成效的生涯教育咨询,并积极寻求与学校里的职业教育和培训协调者进行合作。[③]

伴随着澳大利亚经济、政治和社会的发展与革新,生涯教育系统越来越趋于完善,这不仅对澳大利亚的教育系统有着巨大的影响,而且还会让受到生涯教育指导的年轻人成为澳大利亚国家建设不可或缺的力量。澳大利亚中学生涯教育在经过几十年的发展之后,现已基本成形。它的实施内容、方式以及评估方法都是独树一帜的,对澳大利亚产生了积极的影响。

(一)澳大利亚中学生涯教育的兴起与发展

澳大利亚早期的生涯教育主要沿袭了英国的教育模式,在 20 世纪 90 年代中期兴起并蓬勃发展。

早期,澳大利亚把生涯教育普遍称为"技术教育",主要在机械学校以及艺术学校开展相关课程。1901 年澳大利亚联邦成立,技术教育由各州和领地政府自行负责。20 世纪 70 年代,澳大利亚的传统行业(如农业和传统制造业等)开始衰败,以金融和通信为主的新兴产业开始蓬勃发展,越来越多

---

① Australian Bureau of Statistics. Adelaide Declaration on National Goals for Schooling in the Twenty-First Century [EB/OL]. [2022-09-06]. https://www. abs. gov. au/ausstats/abs @. nsf/featurearticlesbytitle/A0C19C769B9B284BCA2569DE002539EE ♯ ~: text = The% 20new% 20goals% 20were% 20released% 20in% 20April% 201999,Declaration% 20of% 201989% 2C% 20and% 20supersedes%20these%20earlier%20documents.

② 陶倍帆. 澳大利亚职业生涯教育研究[D]. 上海:华东师范大学,2014.

③ 郑钢. 澳大利亚中学生开展生涯教育[EB/OL]. [2022-03-16]. https://m. sohu. com/a/194863377_161623.

的人开始进入或重新进入劳动力市场,开始接受义务教育后的继续教育与培训。① 1974 年,随着《关于发展技术和继续教育》报告的发布,"技术和继续教育"这一称呼在澳大利亚正式确立,此后澳大利亚"技术教育"就演变为"技术与继续教育"。②

虽然技术和继续教育是各州自行负责,但澳大利亚联邦政府对此投入了大量资金。伴随《关于发展技术和继续教育》报告的发布,这一时期的澳大利亚出现了一大批全国性的技术和继续教育学院。为了适应社会的不断变化,人们亟须接受生涯教育,澳大利亚各州和领地的技术和继续教育进而得到迅速发展,但也出现了一些问题,例如生涯教育内容与社会相脱节,造成教育资源和人才浪费等。针对这些问题,澳大利亚政府在 1990 年和 1991 年相继发布了《迪弗逊报告》和《费恩报告》。《迪弗逊报告》阐述了私营企业与工业系统在改善生涯教育质量方面的根本性作用,而《费恩报告》则提出了要增加不同年龄的人接受教育和培训机会的建议。1992 年,澳大利亚联邦成立了澳大利亚国家培训局(ANTA),其职能是负责澳大利亚的职业技术教育与培训质量的监督与评估。③ 这些举措标志着澳大利亚的职业技术教育发展到了一个新的阶段,越来越受到社会各界的重视。职业技术教育获得了蓬勃发展,并逐渐成为澳大利亚职业教育体系中不可或缺的关键一环。随后,澳大利亚建立起正式的国家生涯教育体系。④ 在生涯教育快速发展的同时,劳动力市场结构也发生了翻天覆地的变化,不同的工作性质需要不同种类的人才,人们对生涯指导产生极大的需求。因此新南威尔士州在原有基础上进一步发展生涯教育,以此指导人们选择更适合自己的职业,规划自己的职业生涯。20 世纪 90 年代中期,新南威尔士州在中学课程中引进生涯教育,与中学的课程相融合,引导学生规划未来职业生涯。随后昆士兰州各个中学也陆续引进生涯教育,开设生涯教育课程,由教师进行讲解与指导,将生涯教育融入各个学科,由学科教师渗透,从而培养学生的生涯意识和生涯规划能力。

---

① 刘佳.澳大利亚中学职业教育研究[D].西安:陕西师范大学,2008.
② 王继平.澳大利亚职业技术教育的创新[J].中国职业技术教育,2003(6):7-9.
③ 王继平.澳大利亚职业技术教育的创新[J].中国职业技术教育,2003(6):7-9.
④ 王继平.澳大利亚职业技术教育的创新[J].中国职业技术教育,2003(6):7-9.

（二）澳大利亚中学生涯教育的推进：两个框架的构建

1.学校职业教育新框架

1999 年，"阿德莱德宣言"申明了一系列学校教育的目标，并规定了学校应尽的义务以求适应 21 世纪对于职业人才的需要。2001 年，澳大利亚政府发布了《学校职业教育新框架：关于澳大利亚青年过渡时期途径的综合指南：政策方向》(New Framework for Vocational Education in Schools：A Comprehensive Guide about Pathways for Young Australians in Transition：Policy Directions)，新框架明确表述了为年轻人提供生涯指导教育和信息的愿景，承认年轻人有必要接受有效的生涯培训。[①] 新框架有六个要素：职业教育和培训、企业和职业学习、学生支持服务、行业合作伙伴关系、有效的制度和资金安排以及监测和评估。新框架认为当前向年轻人所提供的信息支持是不够强大的，因此有必要建立一个路径，让年轻人在学校和更大的社区都能够接受专业的生涯咨询服务。[②]

新框架指出，学校的职业教育要向更广泛的课外选择和途径过渡，建立起学校、商业、工业和更大的社区的战略伙伴关系，在此基础上，让学生能够积极地参加与工作相关的学习。学校职业教育新框架建立在七大原则之上：①职业教育是对全体学生进行教育的必要且有效的组成部分；②承认终身学习的重要性，通过职业教育改善年轻人从学校到工作的过渡适应情况；③职业教育将促进年轻人在各种环境中继续学习，包括在课堂、工作场所以及更大的社区等；④职业教育将结合一系列从学校到工作的倡议，促进雇主、工业界和一般社区的参与；⑤职业教育是社会的共同责任，要极力促进教育界、商界、政府和社会的合作；⑥职业教育将通过具有创造性和灵活性的方法，确保所有学生都尽可能地接受大量的课程，从而获得与工作相关的知识和能力，并达到较高的水平；⑦职业教育将在确保学生及学校、社区为

①　Australia Ministerial Council on Education，Employment，Training and Youth Affairs (MCEETYA). New Framework for Vocational Education in Schools：A Comprehensive Guide about Pathways for Young Australians in Transition：Policy Directions [EB/OL]. [2022-09-06]. https://www. voced. edu. au/content/ngv%3A1741.

②　Australia Ministerial Council on Education，Employment，Training and Youth Affairs (MCEETYA). New Framework for Vocational Education in Schools：A Comprehensive Guide about Pathways for Young Australians in Transition：Policy Directions [EB/OL]. [2022-09-06]. https://www. voced. edu. au/content/ngv%3A1741.

社会经济发展做出贡献方面,发挥重要且有价值的作用。

　　当今社会竞争愈演愈烈,仅仅学习教科书上的理论知识是远远不够的,充分掌握并利用好所学知识才能够生存下去。因此,澳大利亚学校致力于使学生掌握未来职业所需的信息技术、工作技能以及与他人沟通的能力,把中学阶段的生涯教育课程作为中学学习的重要一环。至此,中学生涯教育已经提升到了一个全新的高度。学校要履行对学生的责任,就必须为学生提供更广泛的技能学习机会,使他们能够拥有更多的选择,可以有多种就业途径和就业过渡方式。新框架旨在帮助学校做到这一点,要求利益相关方做出长期承诺,共同努力,提高对所有年轻人职业教育成果的认可程度。同时新框架鼓励社区、企业和政府之间发展合作伙伴关系,规定协调总方向、战略和行动,通过共同努力逐步实现商定的目标。新框架由六个相互关联的关键要素共同组成,如图 6-1 所示。新框架的有效实施将会帮助年轻人在当地甚至全球范围内为澳大利亚的社会、文化和经济发展做出贡献。

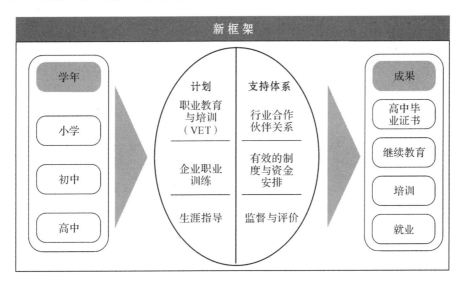

图 6-1　澳大利亚职业生涯教育新框架

资料来源:Australia Ministerial Council on Education,Employment,Training and Youth Affairs(MCEETYA). New Framework for Vocational Education in Schools:A Comprehensive Guide about Pathways for Young Australians in Transition:Policy Directions[EB/OL]. [2022-03-16]. https://www.voced.edu.au/content/ngv%3A1741.

2.职业和过渡服务框架

2002 年,澳大利亚联邦政府发布了《向前迈进:为所有年轻人改善途径》报告,该报告明确提出部长们将致力于发挥领导作用并确定共同方向,为年轻人,特别是那些有可能与社会脱节的年轻人创造职业过渡机会。此外,报告还评估了各地为处理有关与社会脱节或有可能与社会脱节的青年人所采取的举措等。① 2004 年,澳大利亚联邦政府发布的《职业生涯转型和过渡服务框架》(Career and Transition Services Framework,简称 CTS)指出,年轻人要完成从学校到继续教育、培训和工作的转变,并且能够做出有关学习、工作和未来职业路径等自身发展问题的重要决定,因此,中学生不仅需要由经过专业培训的教师支持与传授生涯教育课程,还需要咨询专业生涯顾问获取生涯信息。② 该框架的组成部分如图 6-2 所示。值得注意的是,根据该框架内容,生涯教师并不仅仅局限于支持与传授生涯教育课程,同时还应该在学校里担任其他重要的角色,这样才能使他们的生涯教师角色发挥出更大的影响作用。

(三)澳大利亚中学生涯教育的变革:蓝图创设与模型建立

随着澳大利亚经济和科技的迅速发展,劳动力市场结构发生了巨大变化,之前的中学生涯教育已不足以适应瞬息万变的劳动力市场,与此同时,世界经济大潮也在影响和冲击着澳大利亚的经济社会。在过去十年中,澳大利亚的生活和工作方式明显受到全球化、信息和通信技术的迅速发展以及人口结构的重大变化等因素的影响。"终身工作"的概念不再存在,大多数人在一生中会多次更换工作,一个人能一生从事同一份职业的时代一去不复返了。除了与工作有关的技能,个人现在还需要掌握沟通、解决问题、团队合作等能力以及形成适应性、弹性、积极性和对新思想的开放性等个人成长品质。许多人并没有机会去学习掌握他们所需要的生涯管理能力,在此背景下,澳大利亚对中学生涯教育进行了变革。

---

① Australia Ministerial Council on Education, Employment, Training and Youth Affairs (MCEETYA). Stepping Forward: Improving Pathways for All Young People [EB/OL]. [2022-09-06]. http://hdl.voced.edu.au/10707/17975.

② 陶倍帆.澳大利亚职业生涯教育研究[D].上海:华东师范大学,2014.

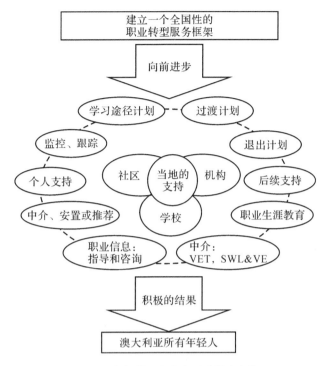

图 6-2　澳大利亚职业和过渡服务框架

资料来源：Australia Ministerial Council on Education，Employment，Training and Youth Affairs（MCEETYA）. Career and Transition Services Framework：An Effective National Approach to Youth Transitions［EB/OL］.［2022-03-16］. https://www. voced. edu. au/content/ngv％3A39899.

1.澳大利亚生涯发展蓝图的构建

澳大利亚的劳动力队伍目前由大量出生在"婴儿潮"时期即将退休的人以及占比较小的青年群体构成，面对这样的局面，公共和私营部门认识到需要配备相应人员以适应这个充满变化与挑战的时代。正是在这种背景下，2010 年，生涯发展从业者、教育工作者、研究人员、工业界和政府合作设计公布了《澳大利亚生涯发展蓝图》（Australian Blueprint for Career Development）。该蓝图的核心是帮助学生梳理生涯选项，做出合理选择，系统管理个体生涯规划所必备的知识、技能和态度。澳大利亚生涯发展蓝图是一个框架，可用于设计、实施和评估年轻人和成年人的生涯发展方案。蓝图的构建旨在鼓励学生把学习与未来的希望和梦想联系起来。^① 生涯教育所培养的技能还将帮助成年人进行学生角色与职业角色的转换,从而支持他们承担家庭和社区责任。蓝图的主要目的是使教师、家长、生涯发展实践者、就业服务提供者、雇主或其他有能力支持生涯教育转变的人一起工作,这将帮助所有澳大利亚人更好地管理他们的生活、学习和工作。^②

《澳大利亚生涯发展蓝图》一共列出了生涯规划管理所需要的 11 个元素,可分为三组。第一组是个人管理能力,包括建构和维持积极向上的自我概念;第二组是学习和工作的探索能力,包括参与终身学习,有效地定位和使用职业信息;第三组是生涯建设能力,包括创造和维护生涯发展,具有职业生涯的决策能力,理解、参与、管理职业生涯发展。每种能力在每个发展阶段都需要按照规定的四个学习层次制定考核指标。^③ 对于每个考核指标,各地可因地制宜地自主开发中小学学生生涯发展规划服务。生涯发展本质是一种独特、流动、创造性和个体化的过程,人在生活的不同时期需要不同类型的帮助,蓝图的实施方式灵活多变,重要的是理解框架中每个元素的内涵以及各元素间的关系,以提供一个全面、综合的框架,进而帮助人们在学习、工作和家庭转换中积极地管理他们的生涯。^④

2.生涯教育"蝴蝶模型"的建立

澳大利亚的普瑞(Pryor)与布赖特(Bright)将混沌理论引入生涯教育领域,对生涯的各种现象进行分析,并提出了生涯混沌理论(The Chaos Theory of Career)。以生涯混沌理论为基础,学者们将研究关注点放在生涯发展过程中出现的各种不确定性因素,并将其应用到学校生涯教育之中,提出了生涯教育蝴蝶模型。^⑤ 澳大利亚生涯教育蝴蝶模型把人的心理看作混沌系统,将生涯发展看作系统复杂工程,把职业发展的个人预期目标和环

---

① 杜浩.澳大利亚:构建国家生涯发展蓝图[J].上海教育,2014(29):36-38.

② 王显芳,葛玉良.澳大利亚职业生涯管理能力的构建与培育研究[J].思想教育研究,2014(11):101-103.

③ 杜浩.澳大利亚:构建国家生涯发展蓝图[J].上海教育,2014(29):36-38.

④ 王显芳,葛玉良.澳大利亚职业生涯管理能力的构建与培育研究[J].思想教育研究,2014(11):101-103.

⑤ Borg T,Bright J,Pryor R. The butterfly model of careers:Illustrating how planning and chance can be integrated in the careers of secondary school students[J]. Australian Journal of Career Development,2006(3):54-59.

境变化等复杂因素有机融于一体,鼓励学生在制定生涯发展规划时充分考虑到各种不确定性因素的影响。[①] 蝴蝶模型由左右两个椭圆构成(如图6-3所示),运动轨迹(图中箭头所示转动方向)代表了个人的生涯发展路径,这个发展轨迹没有起点和终点,标志着生涯规划可能会因为遇到突发随机事件而变动。[②] 无法预测系统在某一时刻的状态,只能知道系统运动的即时点肯定会在左翼或右翼中心附近,方向究竟是左还是右无法判断,这也就意味着在确定性系统中存在着不可预测性,在混沌系统中确定性与随机性共存。由此可见,混沌并不意味着无序,混沌中蕴含着有序,这种有序表现为系统不同标度下的自相似性,即分形结构。[③]

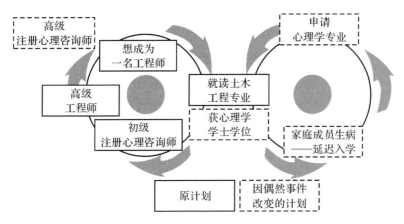

图 6-3　澳大利亚生涯教育蝴蝶模型

资料来源:Borg T, Bright J, Pryor R. The butterfly model of careers:Illustrating how planning and chance can be integrated in the careers of secondary school students[J]. Australian Journal of Career Development,2006(3):54-59.

(四)澳大利亚中学生涯教育的深化:成效取得与地区差异

近几年来,澳大利亚新南威尔士州在中学生涯教育方面取得了显著成绩。新南威尔士州不仅扩大了生涯教育的范围,提高了生涯教育的质量,而

---

① Borg T, Bright J, Pryor R. The butterfly model of careers:Illustrating how planning and chance can be integrated in the careers of secondary school students[J]. Australian Journal of Career Development,2006(3):54-59.
② 蔡婧.澳大利亚职业生涯蝴蝶模型及启示[J].中国成人教育,2015(20):116-118.
③ 周满玲,张进辅,曾维希.职业发展的混沌理论[J].心理科学进展,2006(5):737-742.

且提升了生涯教育的地位和办学效率。所有的这些成绩都应当归功于新南威尔士州政府为学生提供参加生涯教育的机会,确保他们掌握工业领域及企业要求的职业能力与技巧。① 新南威尔士州的中学生涯教育在政府以及学校的共同努力下,已经取得了显著的成绩,参加学校生涯教育的学生数量逐年上升,并且生涯教育的观念越来越深入人心,学生参加生涯教育的热情也越来越高。需要注意的是,学校生涯教育虽然在很大程度上得到发展,但是生涯教育在澳大利亚依然存在着明显的地区差异。② 值得关注的是,大多数参加生涯教育的学生都集中在中小城市,在大城市中参加学校生涯教育的学生人数依然不多。

根据新南威尔士州政府的报告,该州中小城市的学生比在州府悉尼的学生更乐意参加学校生涯教育课程。③ 2004 年,新南威尔士州西部地区学校的中学生参加学校生涯教育课程的人数占学生总数的 48.2%,不参加这些课程的占学生总数的 51.8%。而在悉尼,参加学校生涯教育的仅占学生总数的 29.6%,不参加学校生涯教育的占学生总数的 70.4%。④ 这一现象说明了生涯教育在澳大利亚仍然存在着明显的地区差异,来自中小城市以及边远城市的学生在课程选择上更加倾向于技术性课程,更愿意为了以后的就业做铺垫。而来自大城市的学生更加倾向于选择学术性课程,更愿意在中学毕业后升入更高一级大学继续深造。

三、澳大利亚中学生涯教育的原则、内容与途径

澳大利亚教育部为中学生涯教育制定了四个原则,分别为面向全体原则、社会认可原则、广泛适应原则和加强协作原则,以上原则相互补充,共同支撑生涯教育的发展与完善。澳大利亚中学生涯教育的内容主要包括学校

---

① Australian Government Department of Education. Australian Blueprint for Career Development [EB/OL]. [2022-03-16]. https://www.education.gov.au/school-work-transitions/australian-blueprint-career-development.

② Polesel J, Teese R, Lamb S, et al. Career Moves: Destination and Satisfaction Survey of 2005 HSC VET Students in New South Wales[M]. Sydney New South Wales: NSW Department of Education and Training, 2007.

③ Polesel J, Teese R, Lamb S, et al. Career Moves: Destination and Satisfaction Survey of 2005 HSC VET Students in New South Wales[M]. Sydney New South Wales: NSW Department of Education and Training, 2007.

④ 何晓芳.澳大利亚中学职业教育研究[J].世界教育信息,2006 (12):45-46.

生涯教育的课程和活动。澳大利亚中学生涯教育主要途径为组建生涯教育机构和建立生涯教师队伍。

（一）澳大利亚中学生涯教育的原则

澳大利亚中学生涯教育现在已经成为整个中学教育系统的重要组成部分。新南威尔士州作为教育大州，非常注重生涯教育的发展与完善，同时制定了中学生涯教育原则。

一是面向全体原则。中学生涯教育应面向所有学生，被全体学生所接受，课程的形式与内容应满足不同学生的需要。

二是社会认可原则。生涯教育课程应得到各层面教育机构的认可，当学生完成生涯教育课程学习时，应得到有关组织机构的认定。

三是广泛适应原则。中学生涯教育是在职业需要和州训练纲要的基础上建立起来的，生涯教育课程并不针对某特殊行业部门，课程设计应当与普通教育的课程结构相互协调，中学生涯教育应当与此后的生涯教育相互衔接。[①]

四是加强协作原则。应加强综合中学、技术与继续教育学院、大学、工业部门和企业的协作，共同完成中学生涯教育任务。

（二）澳大利亚中学生涯教育的内容

1.学校生涯教育课程

澳大利亚中学学科教师将生涯教育与所教学科相融合，在授课过程中渗透生涯意识，学校生涯教育课程作为生涯教育的一部分，已经初具形态。中学开设的生涯教育课程可以划分为职业倾向课程和中学高级职业证书课程。[②] 澳大利亚从1994年开始开设中学高级职业证书课程，但由于教育体系的原因，澳大利亚生涯教育并没有被中学作为单独的必修课程，也没有一个全国统一的课程标准。[③] 根据澳大利亚课程、评估与报告委员会介绍，澳大利亚在中学阶段并没有将生涯发展教育列为单独的科目，而是将生涯发

---

① Polesel J，Teese R，Lamb S，et al. Career Moves：Destination and Satisfaction Survey of 2005 HSC VET Students in New South Wales[M]. Sydney New South Wales：NSW Department of Education and Training，2007.

② 黄日强.澳大利亚综合中学的职业教育[J].安徽商贸职业技术学院学报（社会科学版），2005（1）：57-60.

③ 刘佳.澳大利亚中学职业教育研究[D].西安：陕西师范大学，2008.

展理念融入各门课程。澳大利亚生涯教育课程的开设是强制性的,但在实施中各州甚至各校具有灵活的实施权。①

(1)职业倾向课程的性质

职业倾向课程的目标不同于真正意义上的生涯教育,它是生涯课程的必要准备,为中学生学习生涯课程打下基础。职业倾向课程不是单纯的职业性课程,其传授的知识和技能面向全体行业。② 该类课程仍然属于普通教育的范畴,是通过将相关知识融入某些学科的教学,在过程中培养学生掌握最基础的一般性职业技能。除此以外,一些来自偏远落后地区以及特殊家庭的学生们,在完成了十年义务教育之后,很难升入高中进一步学习,职业倾向课程有助于他们在社会中选择适合自己的职业,或者为工作以后参加在岗培训奠定一些基础。③ 据资料显示,超过四分之三的中学毕业生说他们非常感谢 11 年级以前参加的职业倾向课程,职业倾向课程对于他们以后的职业选择、课程选择以及继续教育选择起到了非常重要的作用。

(2)职业倾向课程的内容

澳大利亚中学一般都会开设职业倾向课程,但是由于每个州的具体情况不同,课程的科目划分也就不尽相同。职业倾向课程是由澳大利亚国家技能委员会制定并通过发布的培训包来实现的。培训包主要包括能力标准、评估指南和资格三个部分的内容,其更多的意义在于对国家职业教育与培训资格标准的统一界定与规范。④ 在新南威尔士州,7—10 年级学生主要学习的课程见表 6-3。这些课程几乎在新南威尔士州每一所公立或私立中学开设,促进了中学生对基本技术知识的掌握以及基本职业观念的建立。⑤

---

① NSW Education Standards Authority. Industry Curriculum Frameworks[EB/OL]. [2022-03-16]. https://educationstandards. nsw. edu. au/wps/portal/nesa/11-12/stage-6-learning-areas/vet/industry-curriculum-frameworks.

② Australian Government Department of Education. AQTF 2007: Excellence Criteria for Registered Training Organisations: Draft. [R/OL]. [2022-03-16]. https://www. voced. edu. au/content/ngv%3A54018.

③ Australian Government Department of Education. AQTF 2007: Excellence Criteria for Registered Training Organisations: Draft. [R/OL]. [2022-03-16]. https://www. voced. edu. au/content/ngv%3A54018.

④ 姚凌. 20 世纪 90 年代以来澳大利亚高中职业教育与培训进展研究[D]. 武汉:华中师范大学,2007.

⑤ 姚凌. 20 世纪 90 年代以来澳大利亚高中职业教育与培训进展研究[D]. 武汉:华中师范大学,2007.

表 6-3　新南威尔士州 7—10 年级学生主要学习课程一览

主要课程	土著居民知识、农业知识、商业知识、舞蹈、设计与技术、戏剧、英语、食品技术、地理、历史、语言、数学、音乐、个人发展、健康以及身体教育、科学、技术、纺织与设计、视觉艺术
职业倾向课程	农业知识、设计与技术、食品技术、纺织与技术

资料来源:姚凌.20 世纪 90 年代以来澳大利亚高中职业教育与培训进展研究[D].武汉:华中师范大学,2007.

2.学校生涯教育活动

新南威尔士州每所中学都有一位全职生涯顾问为学生提供专业生涯咨询与指导服务。这些生涯顾问必须已经参加过培训课程或者具备相应的资格证,注册心理学专家也可以担任学校生涯顾问。新南威尔士州"学校到工作"(The School to Work)项目旨在为学生提供更为方便、快捷、有效的帮助,保证学生能够顺利适应从学校到职场的过渡,支持学生更好地做出有利于职业发展的选择。该项目由五个部分构成:①学校提供丰富的生涯教育资源,并与相关企业建立合作关系,帮助学生完成从学校到工作的各项转变;②教育和培训部(DET)设计生涯教育课程,并计划在 9 年级、10 年级保证 100 小时的课程时间,且保证生涯教育课程上通下达,与 11 年级、12 年级课程内容相衔接;③尽可能增加学生工作机会,提高工作质量,如提供职业见习课程、社会实践活动和实习机会;④以"从学校到工作"项目为纽带,将中学、技术与继续教育学院、相关企业相连接,实现资源并用、信息互通,让学生有机会与企业、雇主、培训人员进行更为直接有效的沟通交流;⑤在项目实施中利用数字网络体系,为生涯教育相关人员提供在线研习的机会,以便他们更好地开展生涯教育。①

(三)澳大利亚中学生涯教育的途径

澳大利亚中学生涯教育途径主要包括组建生涯教育机构和建立生涯教师队伍。广泛的生涯教育途径保证了学生接受生涯教育的广度和深度,提高了生涯教育的质量,促进了学校生涯教育的有效实施。

---

① 陶倍帆.澳大利亚职业生涯教育研究[D].上海:华东师范大学,2014.

1. 组建生涯教育机构

自 1995 年起,澳大利亚政府就组建了专门的就业服务机构。这些机构与政府和学校协调运作,同时也很大程度上与企业合作。联邦政府在国家优先领域和广泛领域发挥领导作用,在国家生涯规划中提供外包服务。[①]澳大利亚有很多机构专门提供生涯教育服务,例如,教育、科学和培训部(The Department of Education,Science and Training)为生涯教育发展提供所需的信息、辅导和咨询服务等,在政策、财政和项目开发等方面发挥着重要作用。澳大利亚就业和劳资关系部(The Department of Employment and Workplace Relations)管理公共雇佣服务,主要职能是提供基于职业的劳动力市场信息。[②]澳大利亚国家培训总署(Australian National Training Authority)负责职业教育与培训课程(Vocational Education and Training,简称 VET)的政策构想和财政支持。[③]

2. 建立学校生涯教师队伍

自 20 世纪 90 年代起,新南威尔士州的中学就开始着手建立一支专业的生涯指导团队和全职的生涯顾问教师队伍,这些生涯顾问都要具有研究生学历和教师资格证书,或统一接受过国家的专门培训。[④]昆士兰州的中学的生涯顾问多数由心理咨询师兼任;维多利亚州的中学拥有兼职的生涯顾问,但所做的工作只能被认为是职业教育,大多数生涯顾问目前都担任非高级职务。生涯教育作为一种独立的教学主体被纳入教学课程体系,占 28 个课时。[⑤]除教学之外,生涯教师顾问还需要为个别学生提供建议,收集、组织和更新生涯教育指导小册子,组织职业生涯之夜或观察项目等。2003

---

① Polesel J,Teese R,Lamb S,et al. Career Moves:Destination and Satisfaction Survey of 2005 HSC VET Students in New South Wales[M]. Sydney New South Wales:NSW Department of Education and Training,2007.

② Australia Department of Education,Science and Training(DEST),Miles Morgan Australia. Career Services in Australia:Supporting People's Transitions across the Lifespan.[R/OL].[2022-03-16]. https://www.voced.edu.au/content/ngv%3A40140.

③ 刘佳.澳大利亚中学职业教育研究[D].西安:陕西师范大学,2008.

④ 黄日强.澳大利亚综合中学的职业教育[J].安徽商贸职业技术学院学报(社会科学版),2005(1):57-60.

⑤ Australia Department of Education,Science and Training(DEST),Miles Morgan Australia. Career Services in Australia:Supporting People's Transitions across the Lifespan[R/OL].[2022-03-16]. https://www.voced.edu.au/content/ngv%3A40140.

年,《技能融合》(Bridging the Skills Divide)报告提出,除了中学生要接受来自专业生涯指导教师的辅导,他们的学科教师也应当进行生涯教育课程的学习。[①] 2003 年,经济合作与发展组织报告(澳大利亚卷)建议所有州和领地的学校都应该聘用一个具有生涯教育指导专业背景的工作人员。

四、澳大利亚中学生涯教育的质量保障

随着澳大利亚中学生涯教育的迅速发展,急需有效的保障体系去规范各个学校生涯教育的具体实施,与此同时,为保证中学生涯教育健康发展,政府在质量保障、财政保障和社会保障方面提供了支持,进而促使澳大利亚中学生涯教育有效发展。

(一)生涯教育制度保障

澳大利亚实行系统性的学历资格认证框架制度,即澳大利亚资格证书框架(AQF)。澳大利亚资格证书框架不仅包括职业教育类的资格证书和学历认证,也包括普通教育类的资格证书和学历认证。[②] 它涵盖中等教育和高等教育两个不同的教育阶段,包括普通教育和职业教育两个不同的教育类型。在这一框架下,建立普通教育和职业教育融通的体系,以形成普通教育和职业教育的互通互认机制。[③] 在澳大利亚中等教育阶段,学生除了学习必备的基础文化课知识,还要学习一部分的生涯教育类课程,进行初步的职业教育培训。职业教育类课程学习通过后,会获得相应的职业资格类证书,而在高等教育阶段仍然可以找到与中等教育阶段课程对应的教育资源,并进行更深程度的学习。学生在中等教育阶段学习课程所获得的学分和取得的职业资格证书,在学生进入高等教育阶段时同样适用。[④] 中等教育阶段所积累的学分在高等教育阶段可以进行学分转换,学生在继续教育的过程中不需要重复学习某一课程,从而提高学习效率,避免教育资源浪费。

---

① 刘佳.澳大利亚中学职业教育研究[D].西安:陕西师范大学,2008.
② 张世专.澳大利亚职业技术教育体系及其特点[J].基础教育参考,2008(4):29-32.
③ 陶倍帆.澳大利亚职业生涯教育研究[D].上海:华东师范大学,2014.
④ 陈思佳,米靖.澳大利亚资格框架(AQF)下的课程衔接路径研究[J].中国职业技术教育,2017(14):60-65,69.

（二）生涯教育财政保障

澳大利亚教育部门在为学校生涯教育发展提供资金方面发挥了重要保障作用。澳大利亚各州和领地并未建立起系统的财政体制机制来运作生涯教育资金，因此学校在生涯教育资金保障方面具有较大自由权。新南威尔士州政府在 2001—2002 年一年多的时间里提供了 570 万澳元以支持学校生涯教育发展，四年内为生涯教育提供了 2100 万澳元的资金支持；南澳大利亚州 1999—2002 年向 20 个地区的生涯教育分配了 219 万澳元；维多利亚州三年内提供了 4500 万澳元给"管理路径项目"。这些州和学校层面的财政支持，在某种程度上反映了澳大利亚对于职业生涯教育重要性的高度认识。[1] 1996 年，澳大利亚联邦通过了国家培训局（ANTA）和学生受训基金会"从学校到工作过渡"（School to Work，简称 STW）计划，1997—2000 年投资了 18700 万澳元资助相关项目，其中包括中学 VET 计划、中学生有组织工厂学习项目、学校和行业工厂协调者项目和工作路径计划（Job Pathway Programme，简称 JPP）等。[2] 其中，国家培训局的 8000 万澳元专项资助中学 VET 四年期计划（1997—2000 年），成为联邦政府为促进中学生将 VET 课程作为正统的、有价值的职业路径做出的最大努力。[3] 国家培训局的资助与学生数量的增加是中学 VET 计划的重要资金保障。

（三）生涯教育社会保障

澳大利亚还将生涯教育与社会教育相联系，打通社区生涯咨询服务通道，保证学生无论在校内还是校外都能接受到高质量的生涯咨询服务。[4] 学校与社区形成良性的合作关系，帮助学生完成由学生向工作者的转变，使其能够灵敏地感知市场前景和发展机会。[5] 澳大利亚生涯教育在实施的过程中得到了来自家长、社区、企业等各方面的支持，在各种各样的生涯教育实践活动中，学校、家长、社区和企业之间积极合作。每个学校提供的生涯

① 陶倍帆. 澳大利亚职业生涯教育研究[D]. 上海：华东师范大学，2014.

② 章鹏远. 澳大利亚高中职业教育培训[J]. 中国职业技术教育，2005(36)：36-39.

③ Trinity Bay State High School. [EB/OL]. [2022-03-16]. http://trinitybayshs. eq. edu. au.

④ 陶倍帆. 澳大利亚职业生涯教育研究[D]. 上海：华东师范大学，2014.

⑤ Australia Department of Education，Science and Training（DEST），Miles Morgan Australia. Career Services in Australia：Supporting People's Transitions across the Lifespan[R/OL]. [2022-03-16]. https://www. voced. edu. au/content/ngv%3A40140.

教育服务各不相同，一般学校会向学生提供以下服务：工作指导(The Job Guide)、工作展望(Job Outlook)、大量职业视频资料、网络生涯信息和生涯资源、获得工作路径项目(The Jobs Pathway Programme)、为有离校风险或已经离校者提供的生涯咨询项目(The Career Counseling Programme)以及技术和继续教育学院开放日机会等。诸多种类的服务已经远远超过了学校教育所能自主提供的范围，因此这需要家长、社区和企业等的密切配合，使学生获得直观且充分的职业探索的感知和体验。职业博览会是一个能让学生更直观方便地了解不同职业的途径。① 企业和社区机构可以通过职业博览会向年轻学生提供其所在领域的培训和劳动力市场信息。

五、澳大利亚中学生涯教育的案例分析

本节主要介绍澳大利亚三一湾州立高中和梅贝尔帕克州立高中的生涯教育具体实施情况，为我国发展中学生涯教育提供启发和思考。

(一)三一湾州立高中

三一湾州立高中(Trinity Bay State High School)建于 1960 年，是一所位于昆士兰州北部凯恩斯市的大型男女同校公立学校。② 学校提供了多种多样的学术课程，让学生们有机会参与其中，享受卓越的学术资源。近年来，随着社会经济和科技的飞速发展，学校人口结构发生了变化，生涯教育作为一种促进个体发展的途径显得尤为重要。学校提供生涯教育课程，让更多的学生能在学校和其他地方获得生涯规划指导，寻找到生涯发展的方向。

1.三一湾州立高中生涯教育概况

三一湾州立高中自建校以来，始终坚持与时俱进，关注学生的未来发展，并以"创新、奋进、关怀"为理念，培养学生对未来职业生涯的规划意识，鼓励学生参与职业生涯体验等实践活动。在三一湾州立高中，10 年级学生有机会选择自己感兴趣的职业教育课程；进入 11 年级，学校会根据学生的

---

① Trinity Bay State High School. VET Student Handbook. [R/OL]. [2022-03-16]. https://trinitybayshs. eq. edu. au/Supportandresources/Formsanddocuments/Documents/Senior％20secondary/vet-student-handbook. pdf.

② Trinity Bay State High School. [EB/OL]. [2022-03-16]. http://trinitybayshs. eq. edu. au.

喜好,派遣有资质的专业人员,为学生提供有针对性的生涯教育课程。三一湾州立高中的生涯教育课程资源已扩展至工作技能及职业道路相关课程、表演艺术相关课程和信息技术及商业领域课程等。三一湾州立高中不仅会开设教授广泛工作技能的课程,同时还具备颁发一些技能证书的资格,如数字信息媒体与技术证书Ⅰ和Ⅱ、商业证书Ⅰ和Ⅱ、职业道路技能证书Ⅰ和Ⅱ等。此外,三一湾州立高中是一所以音乐教育见长的学校,该校具备为完成相关培训课程的学生颁发证书的资质。学校选择生涯教育课程的另一个标准是围绕凯恩斯当地社会经济情况开展针对性课程,旅游业、酒店业和健康业是该地目前及今后一段时期内的主要行业领域,为这些领域培养更多合格的员工是学校推行生涯教育的重点方向。学校会让学生尝试实习,然后再签订工作合同,这样既有利于雇主也有利于学生。[①]

2.三一湾州立高中生涯课程设定的影响因素

三一湾州立高中生涯课程主要以学科融合为主,独立生涯课程为辅。生涯教育主要与学科教育相互融合,在学科教学中渗透生涯教育,培养学生的生涯规划意识和能力。在生涯课程设置上受以下因素影响:①学生需求。学校设置生涯课程的首要影响因素是学生对生涯教育的需求,一个有效的生涯课程必须是满足学生生涯需要的。②支持职业发展。生涯课程的内容应服务于学生未来的职业发展,促使学生学以致用。③学校部门或相关法律政策。生涯课程设定受国家和学校生涯法律政策影响,生涯课程内容和结构的选择以相关政策法律文件为依据。④针对特定职业实行优先原则,生涯课程内容应丰富多样。举例来说,三一湾州立高中附近有一所技术与继续教育学院。有兴趣从事健康医疗行业的学生,只要到卫生支持服务中心登记,就可以去学习。如果他们希望未来继续从事该领域的工作,技术与继续教育学院可以为他们提供付费的三级证书。他们中的一些人可以选择继续读大学,毕业后成为一名注册护士,其他人则进入技术与继续教育学院学习文凭课程,直接成为注册护士。

---

① Trinity Bay State High School. VET Student Handbook[R/OL]. [2022-03-16]. https://trinitybayshs. eq. edu. au/Supportandresources/Formsanddocuments/Documents/Senior％20secondary/vet-student-handbook. pdf.

3.三一湾州立高中生涯教育的具体措施

(1)与技术与继续教育学院合作,提供实习服务

学校与附近的技术与继续教育学院合作,为贸易课程和其他需要技术、资源和基础设施的课程提供支持。学校支持学校本位学徒制和培训制度,每年家长和公民协会都会雇佣少量的学生到学校信息技术部门工作,学生在那里可以接受到适当的培训,这是学校开展职业生涯教育成功的关键。三一湾州立高中职业生涯教育人员每年可能会有两个方面的培训:一是关于技术方面的最新进展,二是关于教学方面的评估,包括评估教学及资源是否适当、判断自身知识和经验是否存在差距和是否需要进一步的专业学习。与雇主合作是中学生涯教育工作框架的重要组成部分。在计划实施、交付和评估中学职业生涯教育时,雇主和行业的参与至关重要。与雇主合作,使学生有机会在高质量的工作场所学习,从而更好地适应工作环境。此外,三一湾州立高中还会与外部非营利机构合作以帮助周边学校,此举是为了更加方便地管理实习项目以及帮助学生就业。

(2)雇佣职业生涯教育协调员,搭建校企桥梁

学校每年会组织约 300 名学生参与实习,并会安排 100—150 名职业生涯教育协调员到企业陪同学生开展实习活动。与雇主一起合作时,一方面学校能清楚地了解雇主对学生的要求,另一方面学校也会帮助学生和雇主保持沟通,使双方都能通过良好的交流获得正面的经验。学校十分重视与用人单位之间的沟通,力求保障学生取得成功,避免其出现无法弥补的问题。

(3)注册生涯教育培训机构,给予技能证书

此外,三一湾州立高中注册生涯教育培训机构,在其注册范围内提供 11 种证书,所涵盖的行业领域包括商业、信息数字媒体和技术、工作技能和职业道路、视觉艺术、音乐和表演艺术等。此外,该生涯培训机构还与外部注册培训机构一起提供课程,特别是附近的技术与继续教育学院。该生涯培训机构有一位专门的注册培训机构经理,负责确保注册培训机构的注册范围资格得到确认,并确保学员的高参与度与高完成率。在选择外部注册培训机构时,学校会寻找那些学生满意度高、课程完成率高且能够构建良好师生关系的机构。

（二）梅贝尔帕克州立高中

梅贝尔帕克州立高中（Mabel Park State High School）是一所小型中学，成立于1984年，位于布里斯班和黄金海岸之间的洛根市。学校地理位置优越，自然环境优美，四周被绿荫环绕，为学生营造了安静的环境与浓厚的学习氛围。这所学校服务于一个多元文化社区，学生群体多元，包括47种不同的文化背景，7—12年级有大约600名学生。梅贝尔帕克州立高中致力于开辟积极且富有成效的途径使每一个学生都能接受生涯教育。[①]

1.梅贝尔帕克州立高中生涯教育课程结构

梅贝尔帕克州立高中所有8年级、9年级、10年级的学生都要完成三年的核心和选修科目课程。核心科目包括英语、数学、历史、科学与健康以及体育，选修科目包括商业、信息与技术、戏剧、家政学、手工艺术、音乐以及视觉艺术。10年级的学生还要参加一系列的职业教育计划，包括BEACON和史密斯家族的iTrak指导等。[②] BEACON是梅贝尔帕克州立高中的重点项目之一，旨在发起原创和创新的项目，展示解决青年失业问题的方案。梅贝尔帕克州立高中在对学生的需求、职业和就业途径、行业所需技能、管辖区政策以及职业教育培训的资金优先权等五方面因素进行综合梳理与分析后，建立起职业教育和培训课程的结构。此外，梅贝尔帕克州立高中还具备提供职业资格证书职教课程资格，这是因为学校是一些资格证书的注册培训组织（RTO），开办的九项VET专业培训课程中，有三项为三级证书课程，比如视觉艺术三级证书以及信息数字媒体与技术三级证书等。

学校规定所有10年级和11年级的学生每周都有一节职业教育课，在此期间，学校会提供工作场所实践。所有11年级和12年级的学生都要修习英语和数学课程，学生可以在其余所有的学术科目、学术和职教课程的混合科目以及职教课程科目中自行选择。学校依据社会就业需求、学生必备技能以及个人兴趣提供相应的职教课程。学校提供三门三级证书课程，每周六节课，其余职教课程为二级证书课程，每周三节课。

学校还与当地的技术与继续教育学院开展合作，为学生提供更多二级

①　Mabel Park State High School［EB/OL］．［2022-09-06］．https://mabelparkshs. eq. edu. au/.

②　Mabel Park State High School. Curriculum［EB/OL］．［2022-09-06］．https://mabelparkshs. eq. edu. au/curriculum.

证书课程。学校教师提供课程培训,由技术与继续教育学院作为注册培训组织提供相应的质量保障。技术与继续教育学院提供课程的理论基础,其中教师会根据其对雇主需求的理解以及学生在工作场所的经验,为课程增加实践的价值。

2. 梅贝尔帕克州立高中生涯教育实施的多重举措

(1)成立健康培训机构

学校注意到了澳大利亚人口老龄化的趋势,并认识到由此带来的相关领域的就业增长前景,因此,梅贝尔帕克州立高中建立了一个健康培训机构。该健康培训机构是昆士兰州的中学建立起的第一个健康培训机构,得到了业界的广泛认可。学校还获得了洛根市商会颁发的"健康中心"创新奖。60 年来,来自洛根市九个学校 10—12 年级的学生每周有一天可以进入该机构进行培训。这是一个注册培训机构,同时也是其他注册培训机构的合作伙伴。报名参加健康支持服务二级证书课程的学生将在这里进行为期九个月的训练,每周需要训练一天,课程要求学生在训练结束后积累 5—10 天的工作经验。通过该课程,学生能获得基本临床工作所需的基础技能,比如感染控制和药品处理等。有了这些技能,未来学生在报名参加三级证书的课程时,就可以直接过渡到病人护理内容的学习。此外,学校还争取到了工业界的支持,他们慷慨捐赠大量设备并提供了有效的建议,确保了该健康培训中心的设施设备符合工业标准。

(2)与雇主建立合作关系

梅贝尔帕克州立高中高度重视与社区和当地雇主建立合作关系,以便学校、学生以及学校所提供的培训和资质得到雇主认可。学校在与雇主合作的过程中发起了很多创新生涯教育合作项目,包括"快速职业"项目和"商业黑板"项目等。[①]

"快速职业"项目指的是选择来自不同行业的 10 位雇主,每名雇主每次都与大约 10 名学生组成一个小组进行短时间的合作,到达规定时间后,雇主转到下一小组继续开展合作。在这样的小群体中,学生们愿意积极向雇

[①] Australian Government. Mabel Park State High School QLD [EB/OL]. [2022-09-06]. https://www. yourcareer. gov. au/get-career-resources/preparing-secondary-school-students-for-work/vet-for-secondary-students/case-studies/mabel-park-state-high-school-qld.

主提问并投入其中。学校还邀请雇主与 12 年级的学生进行合作交流,雇主们可以向学生们提供有关面试和简历的建议,这比听老师传递类似的信息更加有效。同样,在为低年级学生提供的工作交流日上,雇主会告诉他们就业市场的竞争有多激烈,在面试或简历中选择应聘者是什么感觉,有时,学生甚至有机会在现场直接获得一份工作。这个活动为学生与他们的雇主建立联系提供了有效渠道。

"商业黑板"项目涉及与教师一起工作的雇主,该项目旨在向年轻人展示他们正在学习的知识和技能正是实际工作中所必备的。以前,雇主没有这么多的机会去到学校和学生接触,也很少有机会通过自身去激发学生对工作世界的浓厚兴趣。那些对年轻人有负面看法的雇主也会在与学校和学生的接触中改变他们的观点。同时,雇主雇佣学徒后,会在其工作期间给学校提供相应的反馈。雇主表达出自身想要学生拥有的技能,并希望学校加以培训,学校也会对此做出相应的回应。

(3)支持保障学生自主发展

梅贝尔帕克州立高中支持学生选择合适的职教课程,并积极探索为他们提供就业培训或进一步接受学校教育的途径。接受职业教育并获得工作技能准备,这将有助于学生做出明智的选择,并为他们日后在职业环境中工作做好准备。学校还设立了行业联络官职位,其职责是促进与雇主合作的澳大利亚学校本位学徒制的发展,并为学生寻找、安排工作,让学生积累工作经验。[①] 高级学校管理人员和行业联络官都要参加当地的商业活动,并且都要是洛根商会的成员。行业联络官要确保校内对学徒制感兴趣的学生能够充分了解他们的学业、未来工作、培训途径等一切相关知识。以学校为基础的学徒制学生每周有一天的外出工作培训,为了使他们能够补上这段时间错过的课程,学校允许他们少报一个科目。在这段时间内,他们可以向学校的行业联络官或其他生涯教育工作人员寻求帮助。这不仅仅是离开学校一天的问题,这还涉及工作和责任的承诺问题,学校需要负责事先进行工作培训,以确保学生和雇主都对工作培训的安排感到满意。学校还负责监

---

① Australian Government Department of Education and Training. Mabel Park State High School [R/OL]. [2022-09-03]. https://view. officeapps. live. com/op/view. aspx? src = https%3A%2F%2Fpssfw. myskills. gov. au%2Fmedia%2F1398%2Fmabel-park-state-high-school-qld. docx.

督考勤,确保学生在培训和其他课程学习中保持对理论知识的持续学习。除此之外,学校还会帮助解决学生与雇主之间可能出现的任何问题。

六、澳大利亚中学生涯教育的特点分析

(一)生涯教育模式:前瞻性和全程性

澳大利亚的生涯教育始于 20 世纪 20 年代,后来,职业生涯指导慢慢转变为生涯辅导并建立起了较为完善的教育体系。从了解职场、自我发现到职业规划、职业体验、反思调整,再到形成职业发展计划,各个环节循序渐进,环环相扣。澳大利亚在实施中学生涯教育的过程中始终坚持贯彻具有全程性、前瞻性的生涯教育理念和模式,并以此为指导制定其中学职业生涯教育的执行框架。澳大利亚生涯教育形成了"学习—工作—再学习—再工作"的良性循环,这样就形成了"职业教育—就业—继续教育—更高层次就业"的良性循环。生涯教育理念的指导以及生涯教育模式的确定是系统连贯的,有着其独特的循环教育培养模式,可以很好地体现澳大利亚生涯教育模式的前瞻性。澳大利亚生涯教育内容体系由此得到不断地完善,生涯教育模式展现出的全程性以及未来社会提倡的应重视终身教育的远见性,始终把终身教育思想融汇在中学生涯教育发展进程中。[①]

(二)生涯教育历程:模仿性和融合性

澳大利亚作为一个融合多元文化的开放性移民国家,十分注重和擅长接纳吸收外来文化,对先进经验成果抱以开放包容和互学互鉴的态度,形成了既有多元融合性又独具自身特色的文化。澳大利亚的生涯教育发展当然也不例外,不管是整体教育体系还是生涯教育,都在发展的历程中结合自身需要,积极广泛地吸收借鉴他国的经验,建立适合自己国情的中学生涯教育体系。澳大利亚大约从 20 世纪 90 年代开始广泛接触学习英国生涯教育优秀成果,并在分析自己国情的基础上,开始大力发展本国的中学生涯教育,且尤为重视开展生涯教育活动。经过近 30 年的沿袭变革,澳大利亚中学生涯教育在借鉴融合的道路上已经基本成形,成为澳大利亚整个教育体系中独具特色的一部分。

---

① 蔡婧.澳大利亚职业生涯蝴蝶模型及启示[J].中国成人教育,2015(20):116-118.

（三）生涯教育体制：差异性与灵活性

澳大利亚是一个幅员辽阔、物产丰富、推崇多元文化的联邦制国家，整个国家在联邦政府统领下划分为六个州和两个领地。在这样的背景下，澳大利亚中学生涯教育的实施有着明显的差异性。澳大利亚联邦政府并不统一为各州的学校设置生涯教育课程，只提供发展总框架，并为教师专业发展提供相应教学资源指导服务。① 由于澳大利亚中学生涯教育没有全国统一的课程实施标准，新南威尔士州在全国生涯教育基础上，结合当地特点，规划落实独具自身特色的生涯教育。随即维多利亚州和昆士兰州也在联邦总指导下分析自身特点并制定具体的生涯教育规划。② 澳大利亚教育和培训体制十分灵活，普通教育与职业教育之间相互衔接，互相包容，这种教育体系对于就业以及终身教育环境的形成都有较大作用。③

① 何晓芳.澳大利亚中学职业教育研究[J].世界教育信息，2006(12)：45-46.

② 张世专.澳大利亚职业技术教育体系及其特点[J].基础教育参考，2008(4)：29-32.

③ NSW Education Standards Authority. Industry Curriculum Frameworks[EB/OL].[2022-03-16]. https://educationstandards. nsw. edu. au/wps/portal/nesa/11-12/stage-6-learning-areas/vet/industry-curriculum-frameworks.

第七章　新高考时代我国中学生涯教育体系之本土构建

生涯教育自提出之日起就深受各国重视。中学阶段是学生自我意识觉醒的关键时期,在此阶段实施生涯教育,不仅有利于加深学生对职业生涯理念的理解,也可帮助学生减少对未来的迷茫感,因此中学生涯教育是中等教育阶段必不可少的组成部分。与其他生涯教育发展较早的国家相比,我国起步较晚,现阶段中学生涯教育体系还不够完善。近年来,国家高度重视中学生涯教育。加之"新高考"的实施,学校、教师、学生家长以及学生本人都开始认识到生涯教育的重要性。本章将从我国中学生涯教育的原则、内容、实施途径、质量保障以及案例进行分析研究。

一、我国中学生涯教育之原则

《国家中长期教育改革和发展规划纲要(2010—2020 年)》提出,国家鼓励有条件的普通高中根据需要适当增加职业教育的教学内容,采取多种方式,为在校生和未升学毕业生提供职业教育。该文件要求将职业教育与普通教育结合起来,对高中生实施生涯教育。2014 年,新一轮高考综合改革启动,进一步推动了我国中学生涯教育的发展,上海和浙江率先成为首批高考综合改革试点,全国范围的职业规划与生涯教育的浪潮也随之掀起。随后,浙江、海南、福建等省份相继出台相关政策文件。本书综合多方文件,总结出我国中学生涯教育原则主要包括:德育为先,树立正确导向原则;以人为本,突出学生主体原则;把握重点,加强学科融合原则;统筹安排,协同育人原则。[①]

（一）德育为先，树立正确导向原则

以前，中等教育特别是高中阶段教育通常被视为一种遴选性教育，是一种为高等教育输送人才的准备教育。在这种"应试"教育的影响下，对学生的评价体系以分数为主，学校格外重视学生成绩的提升而忽略了其他方面的教育。但是，随着近年来教育普及化逐渐推进，高等教育大众化业已实现，终身教育理念深入人心。社会各方呼吁普通教育应当与职业教育相互贯通、相互交融，促使中等教育走出以选拔为目的的"应试"情况，真正面向全体学生，迈向以人为本、德育为先的科学发展之路。中学生涯教育和德育之间存在密切联系，两者相互渗透。中学生涯教育是学校德育工作的重要组成部分，同时也是德育的新载体，通过把生涯教育统一于德育体系和道德培育过程中，使得德育更具针对性。因此我国中学生涯教育首先遵循的原则是德育为先，帮助学生树立正确导向。中学在进行生涯教育时首先要坚持正确的政治方向，坚持立德树人，坚持正确的教育质量观和人才观，帮助学生树立远大理想，主动践行社会主义核心价值观，培养中国特色社会主义合格建设者和可靠接班人，从而服务于我国社会的发展。无论是学生的学习生涯还是职业生涯，都是一个需要不断磨砺、不断调节、不断探索的过程，而在这个不断发展的过程中，正确的世界观、人生观与价值观是学生生涯成功的必备条件。一个人成功与否并不在于金钱的多少和权势的高低，而是在于是否可以为社会、为国家做出贡献。生涯教育与指导，既是一种思想，也是一种精神，当然，也是一种方法。[②] 因此，生涯教育作为中学教育的组成部分，应同时担当起思想教育的责任，培养学生树立正确的价值观念，而不是单纯的方法训练。中学生涯教育应以德育为先，践行社会主义核心价值观，树立正确导向。

（二）以人为本，突出学生主体原则

坚持以学生为本，要求学校从学生实际需要出发，加强培养学生的生涯

---

① 浙江省教育厅.浙江省教育厅关于加强普通高中学生生涯规划教育的指导意见[EB/OL].[2022-03-16]. http://jyt.zj.gov.cn/art/2015/5/22/art_1532973_27485157.html;海南省教育厅.海南省教育厅关于加强我省普通高中学生生涯规划教育的指导意见[EB/OL].[2022-03-16]. https://www.hainan.gov.cn/hainan/tjgw/201808/e41db143e1f44beab0f9285b43fc9670.shtml.

② 朱益明.论我国高中生涯教育与指导的原则立场[J].基础教育,2015(5):17-21,68.

理论知识,教授给学生未来求职谋业的必备技能。尊重学生主体地位,以学生为本,立足教育指导,培养学生自我发展能力,不替代学生做选择,把握社会发展的时代特征,为学生适应社会变化和实现自我价值奠定基础。[①] 同时,生涯教育不断为学生提供探索自我的机会,让学生通过经验、思维、感知、实践等方式充分了解和发展自身的能力,并促使自身更好适应环境,平衡自身需求与环境要求之间的关系,引导学生不断地进行自我实现。自我实现是积极心理素质所追求的理想状态[②],它是指充分利用和开发人的才能和潜力,帮助每个人都能达到自己能力的最高水平,体验人生的幸福和成功。生涯教育注重每个学生的独特性,鼓励学生不断发掘自己的独特才能,努力将其与实际需要相结合,不断提高自身能力,充分展示自己的才能,实现自我价值的最大化。

(三)把握重点,加强学科融合原则

中学生涯教育能够帮助学生认识自我、了解自我并发展自我,是创造自我价值的目标和途径,学生通过探索做出职业决策,提高职业选择和职业规划的能力,使个人有意识地由个体向社会过渡。将学科教育与生涯教育有机结合,不仅能够激发学生的内在学习动力,还可以帮助其发现自己的优势与兴趣。学科知识是未来职业的基础,也是培养学生思维的重要途径,它与职业密不可分,有着紧密的逻辑联系。因此要加强学科融合,将生涯教育与日常教育教学有机结合起来,以更好地促进学生发展。但需要注意的是,由于学生发展存在阶段性,因此要合理规划不同学年、各个阶段学生生涯教育的学习内容和重点。与此同时,因为学生具有差异性,每个人都是独立的个体,每个学生的需求也存在着不同,所以生涯教育内容的选择应当有所不同,力求能够满足学生个性化需求。

(四)统筹安排,协同育人原则

中学生涯教育的开展,不仅需要政府层面的政策引导,也需要社会、学

---

① 上海市教育委员会.上海市教育委员会关于加强中小学生涯教育的指导意见[EB/OL].[2022－03－16].https://edu.sh.gov.cn/xxgk2_zdgz_jcjy_01/20201015/v2－0015－gw_402152018002.html.

② 徐航航.学生发展核心素养视角下中学生涯教育的教育功能探索[J].中小学心理健康教育,2017(14):26-27.

校、企业和家长等主体的参与。因此要将生涯教育进行统筹安排,落实好全员育人、全方位育人、全过程育人,以多主体、多方位、多阶段为基础,形成生涯教育合力,构建生涯教育新格局。在日常教育教学、学校管理、家庭教育全过程中,融入生涯教育,在潜移默化中引导学生形成生涯教育观念,实现全员参与、全社会推动、全程性影响。政府应该对职业生涯规划教育给予明确的指导和定位,发布有关中学生涯教育的法律法规,将生涯教育课程从心理课、德育课等课程中抽离出来,重新设立为一个独立的新学科,使生涯教育成为学校开展教育教学的一项重要内容。同时,政府还应成立专门的监督管理部门,负责生涯教育相关制度的制定与实施,并监督学校不同生涯教育发展阶段的实施情况,确保相关制度政策的落实。[①]

二、我国中学生涯教育之内容

我国中学生涯教育内容均以学生的年龄特征和发展规律为依据。2014年 12 月,《闵行区高中生涯发展教育若干建议》中提出,高中生涯发展教育内容以学生的年龄特征和发展规律为依据,主要围绕自我发展、学业规划和生涯探索三大板块展开。[②] 2015 年 5 月,浙江省教育厅发布《浙江省教育厅关于加强普通高中学生生涯规划教育的指导意见》,提出生涯教育主要内容包括自我认知、学业规划和职业规划三部分。[③] 同年 6 月,河北省石家庄市教育局发布《石家庄市教育局关于开展初中生职业生涯规划教育的意见》,提出生涯教育内容主要包括生涯认知、生涯探索和生涯选择三部分。[④] 河南省教育厅于 2015 年 7 月发布的《河南省普通高中生涯教育课程指导纲要(试行)》中提出,生涯教育内容应包含四大模块,分别是了解生涯规划及其意义、认识与发展自我、探索环境与社会、生涯管理与决策。[⑤]《厦门市教育

---

① 国务院.国务院关于深化考试招生制度改革的实施意见[EB/OL].[2022-03-16]. http://www. gov. cn/zhengce/content/2014-09/04/content_9065. htm.

② 上海市闵行区教育学院. 生涯教育项目:闵行区高中生涯发展教育若干建议[EB/OL]. [2022-03-16]. https://jyxy. mhedu. sh. cn/extranet/web/index/index! info. action? id=1590000024103&code.

③ 浙江省教育厅.浙江省教育厅关于加强普通高中学生生涯规划教育的指导意见[EB/OL]. [2022-03-16]. http://jyt. zj. gov. cn/art/2015/5/22/art_1532973_27485157. html.

④ 石家庄市教育局.石家庄市教育局关于开展初中生职业生涯规划教育的意见[EB/OL].[2022-03-16]. https://www. shangyexinzhi. com/article/2266762. html.

⑤ 河南省教育厅.关于印发《河南省普通高中生涯教育课程指导纲要(试行)》的通知[EB/OL]. [2022-03-16]. http://jyt. henan. gov. cn/2015/07-27/1602812. html.

局关于在普通中小学开展职业生涯教育的通知》中提出，中小学生职业生涯教育要围绕各学段的教育目标，致力于培养学生人际交往能力、规划未来能力、职业理解能力、职业选择能力、职业发展能力等关键能力，提升中小学生的职业发展素养。① 2018 年 3 月，上海市颁布《上海市教育委员会关于加强中小学生涯教育的指导意见》，提出中小学生涯教育的主要内容包括自我认识、社会理解、生涯规划三个方面。② 2019 年 8 月，江苏省教育厅颁发《省教育厅关于加强普通高中学生发展指导的实施意见》，明确提出普通高中学生发展指导主要包括自我认知指导、社会理解指导、学业发展指导、健康生活指导和生涯规划指导等方面。③ 2021 年 9 月，广西壮族自治区教育厅发布《关于加强普通高中学生发展指导工作的意见》，明确高中学生发展指导工作的主要内容为理想信念指导、自我认知指导、学业发展指导、健康生活指导、生涯规划指导和专业报考指导。④ 2022 年 6 月，山西省教育厅发布了《山西省教育厅关于开展普通高中学生生涯规划的指导意见》，明确生涯教育内容包括以理想信念促立德树人、以自我认知促自主发展、以社会理解促职业体验、以学业发展促能力提升、以健康生活促健全心理以及以生涯规划促终身发展。⑤

虽然我国各地相关政策文件对中学生涯教育内容作出了不同的解读，但综合来看，中学生涯教育内容主要包括两个部分，即学业规划和职业规划，其中又具体分为自我认知、生涯探索、生涯决策、生涯管理四个板块。其中学业规划是中学生涯教育的主要内容，主要帮助学生了解初高中阶段的课程和学科知识体系、学习要求和必要的学习能力，树立积极的学习态度，依据自身情况制订相应的学习计划，并能够处理好学习与生活的关系，科学

---

① 厦门市教育局办公室. 厦门市教育局关于在普通中小学开展职业生涯教育的通知[EB/OL]. [2022-03-16]. https://edu. xm. gov. cn/xxgk/zfxxgk/zfxxgkml/yzdgkdqtzfxx/201611/t20161125_1383192. htm.

② 上海市教育委员会. 上海市教育委员会关于加强中小学生涯教育的指导意见[EB/OL]. [2022-03-16]. https://edu. sh. gov. cn/xxgk2_zdgz_jcjy_01/20201015/v2-0015-gw_402152018002. html.

③ 江苏省教育厅. 省教育厅关于加强普通高中学生发展指导的实施意见[EB/OL]. [2022-03-16]. http://jyt. jiangsu. gov. cn/art/2019/8/15/art_55510_8680660. html.

④ 广西壮族自治区教育厅. 自治区教育厅印发《关于加强普通高中学生发展指导工作的意见》的通知[EB/OL]. [2022-03-16]. http://jyt. gxzf. gov. cn/zfxxgk/fdzdgknr/tzgg_58179/t10130363. shtml.

⑤ 山西省教育厅. 山西省教育厅关于开展普通高中学生生涯规划的指导意见[EB/OL]. [2022-03-16]. http://jyt. shanxi. gov. cn/sjytxxgk/xxgkml/jytwj/202207/P020220926393101081718. pdf.

合理安排自己的学业生涯。职业规划这一部分主要是将学生中学阶段的学习与大学专业和未来就业紧密结合在一起,帮助学生进行初步的生涯规划,包括让学生了解不同院校的专业信息、自身专业发展趋势、社会需求情况等,选择适合自己的职业发展方向,在成长过程中不断明确学习成长目标,努力做一个对社会有贡献的人。

（一）自我认知

自我认知是生涯教育的重要内容之一,主要是通过生涯教育帮助学生正确认识、欣赏并发展自己,使其成为优秀的学生。自我认知在个体发展的过程中扮演着重要的角色。它是认识外部世界客观事物的条件,是人类自我意识和自我控制能力形成的前提,它使人不断地自我监督、自我反思、自我提高。可见,自我认知影响人的道德判断和人格形成。自我认知是开展中学生涯规划教育的基础,能够激发个体个性发展潜能,唤醒自我生涯规划意识,培养学生规划人生的能力,并学会对自己的选择负责。

（二）生涯探索

生涯探索主要是帮助学生了解大学专业、职业与就业等相关信息,并尝试利用社会资源探索适合自身的职业方向,形成一定的价值观念,并能进行初步生涯规划。生涯探索围绕学生认识社会、了解职业以及熟悉大学专业等相关问题,引导学生进行生涯规划与体验,从而培养学生解决问题和沟通合作等基本职业素养,更加明确自己的职业方向,储备必要的职业基础知识。在中学生涯教育过程中,不是教师直接为学生指明职业方向,而是学生在教师的指导下,根据自身的特点、爱好和能力,寻找并确立自己的发展方向。因此在新生入学伊始,教师应对学生进行身心健康筛查,建立心理档案,以学生生涯档案的形式记录和保存学生信息,引导学生进行自我探索、亲身体验和自我反思,从而为今后的学习生活养成系统的学习方法和思维方式。实践证明,档案管理有助于学生积累探索经验,沉淀探索成果,逐步明确未来的发展方向。

（三）生涯决策

生涯决策是我国中学生涯教育的另一个重要内容,是指个人职业生涯发展的选择过程。这一过程使学生能够在充分利用信息、建议和指导的情况下,了解不同的大学专业和职业,并做出初步生涯决策。每个人在职业发展的不同阶段都可能有多种职业选择，个体需要结合自身做出最佳决策，这些关键的决策决定了每个人独特的生涯发展道路。在学生志愿填报、择校升学和求职工作等方面，学生可以尝试自主进行生涯决策，习得相应的生涯决策能力和技巧，学校则帮助学生根据自身能力和当前社会发展趋势制定生涯规划，并做出合理的生涯选择。

（四）生涯管理

生涯管理是让学生强化自我监控、自我调节的意识，培养学生自我管理能力，从而顺利完成从学习到工作的过渡和转变，并有效应对生涯发展中的各种变化，是基于学生的多层次需求，以职业的主观和客观共同成功为导向，追求人自由而全面的发展，并能够为之持续开发自身潜能与终身学习。生涯管理是以人的终身学习为基础，解决理想、决策、责任等问题，引导学生树立正确的人生理想，对未来充满希望与期待，并有自己为之努力的方向，形成一个完整的自我意识，对自己的学习和职业生涯进行管理。树立一个系统的生涯发展理念，厘清自己与世界的关系，明确自己不同的角色和身份，成功地完成社会化，并按照自己的规划逐步实现目标，投入能够体现人生重要价值的实践活动，完成自我精神生活的绽放。

三、我国中学生涯教育之实施途径

我国中学生涯教育相比于英国、日本、德国、加拿大和澳大利亚等国家起步相对较晚。通过对浙江、北京、山东、河南、河北、黑龙江和福建等地颁布的中学生涯教育规划指导实施方案进行分析可以发现，我国中学生涯教育主要有以下几种途径：一是开发和开设生涯校本课程，发挥学校课堂作用，以课堂教学为主体，教师以课程和教材为载体，提高学生生涯规划能力；二是加强生涯教育在各学科中的渗透与融合，学科教师在讲授本学科知识的同时融入生涯教育内容以培养学生的生涯规划能力；三是开展生涯规划教育教师培训，采取建立"专兼职结合"的生涯教师队伍等办法，落实中学生涯师资配备；四是开展形式多样的生涯规划教育活动，开展历届校友进校园宣讲活动；五是开发学生生涯指导网络系统、完善就业信息服务系统和开放职教学校资源；六是加强普教职教融合，开发家长资源等。

四、我国中学生涯教育之质量保障

（一）在制度保障方面相关政策相继出台

《国家中长期教育改革和发展规划纲要（2010—2020 年）》中明确提出，要以服务为宗旨，以就业为导向，推进教育教学改革。推动普通高中多样化发展。鼓励有条件的普通高中根据需要适当增加职业教育的教学内容。国务院出台的《国务院办公厅关于新时代推进普通高中育人方式改革的指导意见》也指出，当前我国普通高中应加强学生发展指导，建立健全高中生涯教育指导机制。[①] 各个省市也依据本土实际情况，纷纷出台各项生涯教育保障政策。2015 年，浙江省教育厅发布《浙江省教育厅关于加强普通高中学生生涯规划教育的指导意见》，对浙江中学生涯教育内容和目标做出了明确规定。[②] 2018 年，上海市也颁布《上海市教育委员会关于加强中小学生涯教育的指导意见》，进一步推进上海中学生涯教育建设工作。[③] 一系列政策文件的出台，确保了我国中学生涯教育的稳步发展，为我国中学生涯教育质量建设提供健全的制度保障。

（二）在队伍建设方面形成了专兼结合的师资队伍

我国中学生涯教育师资队伍是由班主任、心理健康教师、生涯教育指导教师和各学科教师等共同组成的专兼职结合的综合性师资队伍。海南、河南、浙江发布的文件对专兼结合的生涯教育师资队伍提出了具体要求，即专业性生涯指导教师主要负责规划、组织、协调和管理生涯教育课程，而班主任、任课教师、心理健康教育教师及德育管理干部等都可以作为生涯教育兼

---

① 国务院办公厅.国务院办公厅关于新时代推进普通高中育人方式改革的指导意见[EB/OL].[2022-03-16].http://www.gov.cn/zhengce/content/2019-06/19/content_5401568.htm.

② 浙江省教育厅.浙江省教育厅关于加强普通高中学生生涯规划教育的指导意见[EB/OL].[2022-03-16].http://jyt.zj.gov.cn/art/2015/5/22/art_1532973_27485157.html.

③ 上海市教育委员会.上海市教育委员会关于加强中小学生涯教育的指导意见[EB/OL].[2022-03-16].https://edu.sh.gov.cn/xxgk2_zdgz_jcjy_01/20201015/v2-0015-gw_402152018002.html.

职指导教师。① 在河南省已公布的生涯指导试点学校中,专兼结合的师资队伍被作为重点考察的标准之一。海南中学也成立了学生发展指导中心,组建了专业生涯教育师资队伍,同时为参与职场生涯体验活动的学生配备了职场导师、高校导师、学术导师、随行导师、生活导师共五类导师,为学生生涯教育提供了坚实的师资保障。②

(三)在资金方面各级政府给予财政支持并有效利用

财政经费是实施生涯教育的基本保障,依照国务院要求,各级教育行政管理部门需加大对普通中学生涯教育的经费投入力度,为生涯师资培训提供经费支持,构建生涯教育的物化环境,整合社会资源,为高中生涯教育提供资料、实践场所等。③ 教育行政部门增加对生涯教育科研的投入,各级科研基金规划办公室设立并鼓励各高校和各级教育教学研究机构及基层学校对中学生涯教育问题开展课题攻关研究,从而解决当前中学生涯教育实施中遇到的理论和实践问题,在此基础上,通过在集中培训和外出调研等方面给予一定资金支持,促进基层教师开展生涯教育行动研究,促进基层教师通过生涯教育实践活动发现问题,并寻找到解决问题的方法。

(四)在机制方面生涯教育质量监督机制初步落实

目前,我国部分地区已经制定了中学生涯教育质量相关评价指标,完善了质量考核体系。教育行政管理部门统筹管理,统一制定课程实施标准;各级教育行政部门设立督查小组,定期监督检查当地普通高中实施生涯教育是否真实有效,是否符合学生身心发展规律。如山西省进一步细化了中学

---

① 浙江省教育厅.浙江省教育厅关于加强普通高中学生生涯规划教育的指导意见[EB/OL]. [2022-03-16]. http://jyt.zj.gov.cn/art/2015/5/22/art_1532973_27485157.html;海南省教育厅.海南省教育厅关于加强我省普通高中学生生涯规划教育的指导意见[EB/OL].[2022-03-16]. https://www. hainan.gov.cn/hainan/tjgw/201808/e41db143e1f44beab0f9285b43fc9670.shtml;河南省教育厅.河南省教育厅关于公布全省首批普通高中生涯教育试点学校名单的通知[EB/OL].[2022-03-16]. http://jyt. henan.gov.cn/2015/08-19/1656305.html.

② 黄婷.生涯教育|让学生做最好的自己:海南中学生涯教育获国家级教学成果奖[EB/OL]. [2022-03-16]. https://www.haizhong.cn/n9822c133.html.

③ 国务院办公厅.国务院办公厅关于新时代推进普通高中育人方式改革的指导意见[EB/OL]. [2022-03-16]. http://www.gov.cn/zhengce/content/2019-06/19/content_5401568.htm.

生涯教育的评价方式,通过多种形式监督学校生涯教育实施状况。① 浙江省也建立了检查、总结、评价、反馈、改进等保障生涯教育质量的长效机制。② 上海市也将生涯教育纳为学校发展性评估的一部分,并制定相关的督导评估指标体系,力求做到规范化、长效化的监督审查。③

五、我国中学生涯教育之案例分析

2014年,我国开始着手对高考进行改革,浙江、上海等地率先试行新高考"3+3"选科模式。新高考改革对高中教育提出了新的要求,学生在高一就要对大学的专业做出思考与初步定向,中学生涯教育由此开始进入大众视野,并受到广泛关注。北京师范大学附属实验中学和上海风华中学的生涯教育开展得比较成功,北京师范大学附属实验中学的成果《基于学生自主发展导向的生涯教育实践与研究》获2018年基础教育国家级教学成果一等奖,上海市风华中学的成果《自主选择、适性发展——高中学生成长系统的创建与应用》获2018年基础教育国家级教学成果二等奖。下文重点介绍上述两校之成功经验。

(一)北京师范大学附属实验中学生涯教育:以自主发展为导向

北京师范大学附属实验中学生涯教育从生涯课程、师资队伍、生涯基础资源入手,将中学生涯教育划分为三个阶段,并对中学生涯教育进行系统化、专业化、整体化的实施与规划,从而培养学生以自主发展为导向的生涯规划能力。近年来,北京师范大学附属实验中学生涯教师队伍积极开展中学生生涯发展、生涯规划及心理健康课程,同时生涯教师队伍在北京市政府的大力支持下对校本生涯教育课程、生涯规划体系、校本生涯教育模式和生涯实验室进行了研发和建设。④ 该中学在中学生涯教育领域课程研发、教材编写、师资培养、实验室建设和校本模式研究等方面也做出了积极的贡

---

① 山西省教育厅.山西省教育厅关于加强普通高中学生生涯规划教育的指导意见[EB/OL].[2022-03-16]. http://jyt. shanxi. gov. cn/sjytxxgk/xxgkml/jytwj/202207/P020220926393101081718.pdf.

② 浙江省教育厅.浙江省教育厅关于加强普通高中学生生涯规划教育的指导意见[EB/OL].[2022-03-16]. http://jyt. zj. gov. cn/art/2015/5/22/art_1532973_27485157. html.

③ 上海市教育委员会.上海市教育委员会关于加强中小学生涯教育的指导意见[EB/OL].[2022-03-16]. https://edu. sh. gov. cn/xxgk2_zdgz_jcjy_01/20201015/v2-0015-gw_402152018002. html.

④ 杨文芝.生涯教育专业化、系统化、整体化的操作与实施[J].中国德育,2012(1):28-31.

献,引领北京市乃至全国中学生涯教育发展,堪称国内中学生涯教育的领头羊。[①]

北京师范大学附属实验中学每年都会公费派遣教师参加全球生涯规划师(GCDF)培训,并组建了生涯教育专业教师项目组。学校很早就应用了"CareerSky高中生涯发展教育系统",学生通过对兴趣、性格、技能、价值观、学科偏好等方面的自我测评,在自我分析的基础上,由学校进行针对性的生涯辅导。[②] 2014年,在北京举行的全国科技活动周上,由北京市科学技术委员会资助、实验中学建立的"北师大实验中学生涯探索实验室"(Career Exploration Lab)正式亮相,推动中学生涯教育朝着信息化、数字化、专业化的方向发展。同时,实验中学也正在筹建"真人图书馆",把每个孩子中学的人生阶段用电子信息的形式记录下来,在总结归纳的同时为未来的其他学生提供借鉴。[③]

(二)上海市风华中学生涯教育:"线上＋线下""自主＋选择"

早在20世纪80年代,上海市风华中学就已经开展心理健康教育并提出"心理健康教育与训练"课题,形成了学校心理健康教育的模式,成效显著。2004年起,上海风华中学就在全市率先开展了"积极心理取向的学生生涯辅导""以生涯课程与生涯平台优化学生生涯辅导的实践研究"等学生生涯辅导课题的研究与探索,设计了一整套学生生涯辅导整体课程,目前该课程已经在国内众多学校应用、推广。

上海市风华中学主要通过"线上＋线下"模式开展生涯教育。2013年,为帮助高中生进一步学会自主规划人生发展,风华中学心理健康教研团队又研发并在全校推广使用"学生生涯发展规划信息平台",成为国内首个拥有自主知识产权和著作权的学生生涯规划计算机软件,并在国家版权局登记注册,成为全国首批心理健康教育示范学校之一。该信息平台包括三大板块,其中"生涯能力发展平台"主要供学生对自己的学习能力、学习习惯、

[①] 杨文芝.中学生要放眼未来,更要活在当下——记北京师范大学附属实验中学的生涯教育[J].中小学心理健康教育,2014(19):39-41.

[②] 杨文芝.中学生要放眼未来,更要活在当下——记北京师范大学附属实验中学的生涯教育[J].中小学心理健康教育,2014(19):39-41.

[③] 杨文芝.中学生要放眼未来,更要活在当下——记北京师范大学附属实验中学的生涯教育[J].中小学心理健康教育,2014(19):39-41.

情绪调控、人际交往、意志品质等方面进行自我测评,及时调整自己的行为,提升能力[①];"生涯方向测量平台"则把全国所有大学专业群与各类职业群进行匹配,供学生进行自我测试,合理选择专业;"生涯学习选择平台"主要结合学生职业兴趣测试结果与实际学业水平,自动生成"模拟志愿建议表",为学生和家长填报志愿提供具体的参考建议。家长可以通过信息平台了解孩子发展的动态,并探索不同职业和专业与孩子兴趣的匹配度,合理地指导孩子进行选择。

线下平台由生涯系列课程与综评课程组成,辅助线上平台。其中生涯课程包括学生生涯规划课程(认识探索课程、潜能开发课程、体验选择课程)、学生生涯规划教师培训课程、学生生涯规划家长指导课程。综评课程包括研究型学术专题课程以及综招文书(个人陈述、推荐信、简历)的设计。通过具体的生涯课程激发高中学生的学习积极性、唤醒学生的自我意识、督促学生的自我管理、挖掘学生的学习潜能,实现"自主＋选择"的学生生涯核心价值。[②]

六、英、德、日、加、澳五国中学生涯教育对我国中学生涯教育的启示

(一)加强生涯教师专业化培训,建立生涯教育教师队伍

教师是课程的组织者、建设者和引导者,建立具有专业化标准的生涯教师队伍是中学生涯教育实施的关键。英国中学生涯教育发展至今,已建立了非常专业的生涯教师队伍。在2017年的生涯教育改革文件中,也提出了每所中学都要安排一位专业的生涯领袖,以组织开展中学生涯教育活动。目前我国只有部分地区的个别学校配有专业生涯教师,多数学校生涯教育主要由班主任兼任,缺乏应有的专业性,因此我国中学应借鉴英国先进经验,培养具有专业性的中学生涯教师,在培养高校本科生和研究生的过程中开设生涯规划教育相关专业或方向。基于我国国情,可先派班主任参加专业的生涯教师培训,通过班会和校本课程形式开展生涯教育,再逐渐录用具

---

① 徐越蕾.【生涯专栏】体验让生涯更精彩[EB/OL].[2022-03-16].https://www.sohu.com/a/286978302_729869.

② 上海壹鼎国际.华鼎学生生涯规划系统在沪召开研讨会[EB/OL].[2022-03-16].https://www.sohu.com/a/168652196_527838.

有生涯规划学科教师资格证书的全职生涯教师,同时组建一支专业的生涯指导教师队伍,由具有相关资格证书的专业生涯教师主导,班主任和任课教师辅佐,共同致力于我国中学生涯教育的高效发展。

（二）提升生涯教育理念认同感,降低生涯教育实施难度

德国生涯教育发展程度高,除了政府积极推动,也离不开行业企业、职业指导机构、学校、教师、家长以及学生等众多主体的共同建设,究其原因是全社会对生涯教育都有清晰且正确的认识,社会认同生涯教育的理念,以及肯定生涯教育的作用。认识的结果应用于实践,在教育教学和日常生活中,对教育理念的理解与认识,可以帮助学生培养职业生涯教育观念,进而形成生涯发展意识,通过意识培育作用于现实实践,进一步推动生涯教育社会实践活动的开展。开展生涯教育的首要任务是向学生、家长、用人单位等介绍生涯教育,使各主体认识到生涯教育不会影响学生的学业,而是寻找学业与职业之间的平衡点,帮助学生认识到自己的能力所在和未来职业取向,有能力在未来做出适当的职业判断与选择。

（三）建立健全生涯教育法律法规,促进生涯教育法律化规范化

法律是规范行为最有效的措施,要建立完善的法律制度,为生涯教育保驾护航。人是社会关系的集合,生涯教育是培养"合格的社会人"的重要途径。发展生涯教育对社会政治稳定、经济长足发展、生态文明建设等都有重要影响,必须从国家层面进行立法,以保障其顺利有效开展。生涯教育立法既是生涯教育活动开展的保障机制,也是推动生涯教育落地施行的倒逼机制。从日本的经验来看,《未来的学习》《学习指导要领》《循环教育——为实现生涯学习的战略》等一系列的法律文件把握了生涯教育发展的大方向,在上下级政令一致性保障下,生涯教育在各地实施也没有发生变形,最终形成了良好的生涯教育体系。

（四）实现生涯主体多方协作,拓宽生涯教育实施路径

在我国,中学生涯教育越来越受到人们的关注,生涯教育的重要性也逐渐展现。但受我国传统教育思想的影响,大多数人认为学校是学生接受教育的唯一场所,学校应承担教育学生的全部职责。诚然,学校作为专门的育人场所,在生涯教育方面应承担更大的职责,但如果家长忽视生涯教育、企业漠视生涯教育,就会对生涯教育的实施产生不利影响。生涯教育不是单

纯的学校教育,而是需要多方参与实施的整体教育。加拿大一直将学校、企业、家庭三方作为生涯教育三大支柱,以学校教育为主,以家庭教育和社会教育为辅,搭建学校、家长、企业之间密切沟通的新桥梁。我国应借鉴加拿大的经验,让学校承担主要的教学任务,培养学生的生涯意识和生涯技能,教给学生基础的理论知识和基本技能。社会企业则应承担起为学生提供实践机会的责任,培养学生的社会实践技能。吸纳家长参与学生教育活动,对家长进行必要的家庭教育理念、知识、技能等方面的培训和交流,充分利用家长的社会阅历、专业背景、眼界视野、职场经验等,为学生提供丰富的"场外生涯指导"。

（五）创建生涯教育门户网站,提供在线生涯教育服务

澳大利亚中学生涯教育经历数十年的发展,已形成了比较完善的中学生涯教育体系,其丰富的中学生涯教育实施经验对我国中学生涯教育的开展具有一定的启示与借鉴作用。澳大利亚拥有高度发达的中学生涯教育网络资源系统,其拥有专门的生涯教育部门官方网站,其政策文件更新较快,传播较广。首先,可以借鉴其经验,积极建立相关官方网站,以便出台政策为中学生涯教育的顺利实施提供一定的方向性指导;其次,澳大利亚拥有专业化的生涯教育指导网络服务平台,这些平台可以帮助学生进行生涯测评、免费咨询,帮助学生定制生涯指导个性化服务,从而实现学生自我最大化发展;最后,应该借鉴澳大利亚利用网络对学生接受的生涯服务与参加的生涯活动进行建档,通过跟踪、观察、预测学生生涯发展轨迹,从中挖掘适合学生未来发展的最佳路径,及时调整发展现状,为学生进行个性化的生涯指导。

后　记

　　八月英伦中部，遍处湖光山色。身在异国他乡，我的第二本个人学术专著《中学生涯教育的国际比较研究》最后的定稿工作正在紧锣密鼓地进行。这本专著的写作起念萌发于 2018 年初，实际在 2019 年就已完成初稿，从完成初稿到最终定稿，前前后后之所以拖了这么长时间，原因主要有两个：一是我一直想进一步现场实地调研，去遍本书所涉及国家的中学，亲身体会该国中学生涯教育并搜集更加全面的资料，未曾想由于疫情等因素的耽搁尚未能全部成行；二是"丑媳妇怕见公婆"的想法作祟，总觉得自己的拙作难以付梓，在这前后四五年的时间里，我一直抽时间断断续续地修改着书稿，但自己总是不满意。之所以最终决定定稿并尽快出版，是因为感觉这个书稿要是再拖下去，很多前期搜集的资料就过时了，于是就决定抽出一段时间集中修改打磨，还好总算有了些眉目，自认为书稿还算可以与公众见面了，但还是觉得不够完善和成熟。

　　真正进入生涯教育研究领域，应该是 2014 年底 2015 年初的事情，但实际上我将高等学校和专业分类评价运用到高考报考指导相关工作已经有近20 年的时间了，对中学生涯教育的研究兴趣也来源于我多年的高等教育研究背景和高考报考实践指导经验。当我进入生涯教育这个领域时，才发现我从事的高考报考指导只是生涯教育的冰山一角。于是我就萌发了先结合我的学术背景和经历，从国际借鉴和比较入手的思路。2018 年开始，我和我的学生们先后在《教育研究》《比较教育研究》等国内权威和重要教育学期刊上发表近十篇关于国际生涯教育研究趋势和走向、英国生涯教育新变革和澳大利亚生涯教育新动向等方面的文章，以期能让国内学界更多地了解国际上生涯教育的最新动态。但自己始终总感觉应该写一本比较系统全面介绍各国中学生涯教育研究的书，所以从 2018 年开始就一直酝酿并断断续续地进行着，直到 2022 年底才鼓足勇气下定决心定稿，但又由于种种原因拖到了现在。十多年来我一直与全国特别是辽宁省内的多所中学开展了实质性的"高等教育与基础教育融合背景下师范大学与普通高中生涯规划教育共同体建设"的实践探索（2022 年初获得了辽宁省基础教育教学成果一等奖），在与广大中学教师有了非常深入的接触后，他们多次向我表达想了解国外发达国家中学生涯教育状况的想法，哪怕相对宏观一点的，也希望能参考借鉴一下，这也是一直支撑我把这本拙作完成的一大动力。

此书说是我的个人专著，在某种意义上更是集体劳作的结晶。感谢我的学生孙莉、安婷婷、邢颖、杨洪波、段琼、赵颖在编译方面所做的大量工作，感谢我的学生何阳阳、王菲、程铭、曹鑫、修南、郭文轩、李莉、田瑾、许文一、代天喜、李楠、吴楠、贾文秀、曹广莹、胡胜明、周晓航、邱梓溪、李业童等在校对排版和内容整合方面所做出的辛苦付出。感谢大连海洋大学外国语与国际教育学院副院长张苏老师对本书日本生涯教育部分给予的支持和帮助。感谢浙江大学出版社社科出版中心主任吴伟伟老师，从前期的书稿合同签订到中期的排版校对再到最后的出版发行，吴老师都耗费了大量的精力并提供了极大的帮助，在此深表感谢！感谢浙江大学出版社社科出版中心梅雪编辑对书稿全面精细地把关，感谢梅老师的辛苦工作。该书有一小部分选自我的博士后出站报告并进行了修改完善，感谢我的博士后导师傅维利教授的指导。感谢我在国家公派留学加拿大期间的合作导师，国际著名比较教育学家许美德教授（Ruth Hayhoe）一直以来对我的关怀和指导。感谢德国海德堡大学教育研究所的安妮・斯利沃卡（Anne Sliwka）教授邀请我访学，才得以让我有机会亲历德国中学生涯教育。还要感谢我的家人一直以来给予我的支持和鼓励。

特别要感谢英国德比大学发展指导国际研究中心（iCeGS）对我的邀请，得以促成我再次获批国家公派访问学者项目赴英专攻生涯教育研究，在刚到英国不久就赶上本书的最终定稿，在此过程中高级讲师妮琪・摩尔（Nicki Moore）和教授西沃恩・尼尔（Siobhan Neary）对本书内容给予了诸多具有建设性的意见，在一定程度上为本书的完善提供了很大的帮助。德比大学发展指导国际中心优良的软硬件设施和广泛的合作关系对我完善本书发挥了非常积极的作用。

本书所需资料繁多而庞杂，书中一些国家的资料由我的学生、同事和好友帮忙翻译，有他们的帮助和鼎力支持，我才得以使此书成稿。由于我水平有限,书中有些内容可能由于语言翻译习惯和文化差异等原因还做不到百分百准确,恳望国内外同行批评指正。书中所用资料和前人成果都尽了最大努力进行引用和推介,但难免挂一漏万,还请多多谅解!本书也有一个遗憾,由于资料来源和研究条件所限,没能引用和参考更多的国外学术期刊资料,特别是文中非英语语种国家的相关研究,争取在未来的研究当中再加以完善和补充。

潘 黎

英国德比大学

2023 年 8 月